Klaus Bölling

Die letzten 30 Tage des Kanzlers Helmut Schmidt

Ein Tagebuch

SPIEGEL-BUCH

71.–90. Tausend November 1982

Umschlagentwurf: SPIEGEL-Titelgrafik
Foto: J. H. Darchinger
Veröffentlicht im Rowohlt Taschenbuch Verlag GmbH,
Reinbek bei Hamburg, Oktober 1982
Copyright © 1982 by SPIEGEL-Verlag
Rudolf Augstein GmbH & Co. KG, Hamburg
Satz: Alfred Utesch GmbH, Hamburg
Gesamtherstellung Clausen & Bosse, Leck
Printed in Germany
ISBN 3 499 33038 5

Inhalt

Die letzten 30 Tage
des Kanzlers Helmut Schmidt   7
Ein Tagebuch
(30. 8. – 1. 10. 1982)

30. August	7	17. September	68
31. August	13	19. September	76
1. September	21	20. September	84
2. September	22	21. September	86
3. September	25	22. September	90
6. September	28	23. September	92
7. September	30	24. September	96
8. September	37	25. September	98
9. September	43	26. September	99
10. September	47	27. September	100
13. September	50	28. September	105
14. September	52	29. September	109
15. September	57	30. September	111
16. September	62	1. Oktober	113

Dokumentation   119

Das Scheidungspapier der sozialliberalen Koalition

Memorandum des Bundeswirtschaftsministers
Graf Lambsdorff vom 9. September 1982   121

Bruch der sozialliberalen Koalition

Bundestagsreden am 17. September 1982
von

Helmut Schmidt	142
Helmut Kohl	151
Willy Brandt	153
Hans-Dietrich Genscher	158

Kanzlersturz

Bundestagsreden am 1. Oktober 1982
von

Helmut Schmidt	162
Wolfgang Mischnick	174
Gerhart Baum	183
Hildegard Hamm-Brücher	188

Die letzten 30 Tage
des Kanzlers Helmut Schmidt

Ein Tagebuch

30. August 1982

Erster Tag nach den Sylter Ferien. Kanzleramtslage* läßt
von der fast körperlich spürbaren, seit dem Wochenende
abermals zunehmenden Spannung nichts erkennen.

Wir reden über AEG-Bürgschaft, über die zwischen uns
und den Dänen strittige Kabeljaufangquote, über Finanzausgleich zwischen den Krankenkassen. Ein Stück scheinbar intakter Regierungswelt. Hamlet-Fragen werden nicht
gestellt.

Nach der Lage zeigt mir Hans-Jürgen den Brief, den Helmut Schmidt am 25. August an Genscher geschrieben hat.
Der Kanzler, dem manche, die ihn nicht kennen, so gern
vorhalten, daß er im Stilistischen unsicher sei, eben ein wenig Barmbek, hat den Brief mit der Hand geschrieben. Er
erinnert den FDP-Vorsitzenden an die Begegnung in Hamburg-Langenhorn vor vier Wochen (31. Juli 1982). Da hatte
sich, meist kopfnickend, Genscher den Bericht des Regierungschefs über dessen Amerikareise angehört. Der Kanzler schilderte die langen Gespräche mit seinem Freund
George Shultz und daß er dem neuen Außenminister wenigstens einige und wichtige Überlegungen der Europäer hatte
vermitteln können. Genscher schien einverstanden. Über
seine Gedanken zur Koalition hatte er den Gastgeber im

Alle folgenden Fußnoten sind von der Redaktion verfaßt.

* Allmorgendliche Konferenz im Kanzleramt, Teilnehmer: Kanzler-
  amtschef Staatssekretär Gerhard Konow, der Staatsminister im
  Kanzleramt Hans-Jürgen Wischnewski, Regierungssprecher Klaus
  Bölling, deren persönliche Referenten, die sechs Abteilungsleiter
  des Kanzleramts, der Leiter des Kanzlerbüros Werner Bruns und
  Schmidts Redenschreiber Jens Fischer.

unklaren gelassen. Immerhin war Genscher am Neubergerweg mit dem Kanzler darin einer Meinung, daß man sich im
hessischen Wahlkampf, zumal er selber und der Kanzler, so
verhalten wolle, daß die Zusammenarbeit in Bonn nicht unnötig erschwert werde. Daran erinnert der Kanzler in seinem Handschreiben und ruft Genscher in Erinnerung, daß
man sich vorgenommen habe, offen und vertrauensvoll miteinander umzugehen. Dieser Brief, gerade anderthalb Seiten lang, ist für die Zeitgeschichte, ist auch für seine Partei
geschrieben. Der Brief ist ehrlich und klug. Der Kanzler war
gezwungen, ihn zu schreiben.

Wortlaut des Kanzlerbriefes:

Bundesrepublik Deutschland
Der Bundeskanzler   Bonn, 25. August 1982

Lieber Herr Genscher,
in den letzten Tagen hat eine Reihe von Erklärungen und
Kommentaren viel zusätzliche Unruhe und Unsicherheit in
unsere Arbeit gebracht. Dies schadet der Bundesregierung
und ihren beiden Partnern.

Ich habe heute morgen im Kabinett meine Meinung über
das Verhalten im Wahlkampf in Hessen gesagt und brauche
dem jetzt nichts hinzuzufügen. Bei meinem Appell an die
Mitglieder des Kabinetts ging ich von dem langen Gespräch
aus, das wir am 31. Juli 1982 bei uns in Hamburg geführt
haben. Für mich gilt auch heute und morgen – wie damals
zwischen uns besprochen –, daß beide Seiten sich während
des hessischen Wahlkampfes bemühen müssen, die Arbeit
der Bundesregierung und der sozialliberalen Koalition nicht
zu erschweren. Es hat dazu heute im Kabinett keinen Widerspruch gegeben. Es hat auch niemand angedeutet, daß er
eine Beendigung der gemeinsamen Arbeit im Kabinett an-
strebt.

Deshalb gehe ich davon aus, daß Sie mich ansprechen
würden, falls Sie inzwischen anders darüber denken sollten;
denn ich unterstelle, daß Sie genau wie ich gerade in schwierigen Zeiten (schwierig für beide Partner und für die Bun-

desregierung!) gegenseitige Offenheit und gegenseitiges Vertrauen für besonders notwendig halten.

Da wir nach Schluß der Kabinettssitzung keine Gelegenheit mehr hatten zu einem persönlichen Meinungsaustausch, wollte ich Ihnen meine Gedanken durch diesen Brief mitteilen.

Mit freundlichen Grüßen
stets Ihr
Helmut Schmidt

P.S.: Ich stehe Ihnen immer zum Gespräch zur Verfügung.

Wischnewski hat ihn bei der Abfassung beraten. Der getreue Staatsminister, lange Jahre ein nicht zu entmutigender Fürsprecher Genschers, gibt mir zu verstehen, daß er an der Loyalität des FDP-Vorsitzenden zu zweifeln beginnt.

Genscher, dieser heillose Advokat, der auch am schönsten Sommertag argwöhnt, daß gleich ein kalter Regen niedergehen kann, hat Schmidt nicht brieflich geantwortet. Er hat den Kanzler angerufen. Nur nichts Geschriebenes aus der Hand geben. Er hatte am vergangenen Freitag ja auch noch gar nicht gewußt, was er hätte schreiben sollen. Was er dem Kanzler fernmündlich gesagt hat, will dieser morgen (Dienstag) im «Kleeblatt»* berichten. Schmidt ist immer noch ein bißchen Innensenator. Gestern abend mochte er Genschers Reaktion nicht am Telefon wiedergeben.

Heute mittag zum erstenmal nach vier Wochen Begegnung mit der «Gelben Karte», einer Vereinigung tüchtiger liberaler und linker Journalisten. Claus Wettermann**, einer der besten analytischen Köpfe im Bonner Pressekorps, fragt, ob aus meiner nachdrücklichen Feststellung, der Kanzler werde sein Amt nicht im Zorn und nicht aus Resignation verlassen, der Schluß zu ziehen sei, Schmidt werde

---

* Regelmäßige Besprechung zwischen dem Kanzleramtchef Staatssekretär Gerhard Konow, dem Staatsminister im Bundeskanzleramt Hans-Jürgen Wischnewski, Regierungssprecher Klaus Bölling und Kanzler Helmut Schmidt.
** Bonner Korrespondent der Deutschen Presse-Agentur

bei Ausscheiden der FDP-Minister eine Minderheitsregierung bilden. Ich antworte, daß der Kanzler dieses Thema nicht im Kopf habe. Auch andere Szenarien für den Tag X wolle er nicht vorsorglich planen. Zu leicht können sich solche Überlegungen verselbständigen und eine Entwicklung begünstigen, die Schmidt gerade verhindern will. Einer der Teilnehmer beschert eine Stunde nach unserem Treffen seiner Agentur die Meldung, aus der Umgebung des Bundeskanzlers höre man, daß der Regierungschef zu einer Minderheitsregierung entschlossen sei. Wahrheitsgemäß berichte ich den fragenden Journalisten, daß der Kanzler mit diesem Thema überhaupt nicht beschäftigt sei. Daß die Spekulation an diesem Montag in Bonn als vermeintliche Sensation herumgereicht wird, kann ich dennoch so falsch nicht finden, denn die Logik der Kanzlerposition müßte tatsächlich zu einer solchen Konsequenz führen. Genscher hat mich dank seines stets zuverlässig funktionierenden Informationssystems noch am gleichen Tag als «Urheber» des Minderheitskabinetts ausgemacht. Er hat seine Sbirren fast überall in dieser Stadt. Die Bundespressekonferenz verläuft in einer irgendwie surrealistisch wirkenden Heiterkeit. Der Korrespondent der *Stuttgarter Nachrichten* will wissen, ob eine von Friedrich Zimmermann* genüßlich zitierte Bemerkung von mir tatsächlich getan worden ist, nämlich daß ich mich mittlerweile als Chef eines Bestattungsunternehmens fühle, der nur noch die Aufgabe hat, die Leiche mit Anstand unter die Erde zu bringen. So ähnlich, aber subtiler und witziger hatte sich Peter Boenisch** vor drei Monaten bei meinem Wechsel von Ost-Berlin nach Bonn geäußert. Ich sage, daß ich dem Prinzip Hoffnung huldige und sicher bin, daß auch Lahme eines Tages wieder kraftvoll ausschreiten können. Einer der Journalisten erinnert daran, daß es sich im Neuen Testament um eine Wunderheilung handelt. Ich ant-

---

* Chef der CSU-Landesgruppe im Bundestag
** Peter Boenisch, ehemaliger Chefredakteur der WELT und langjähriger Vertreter von Axel Cäsar Springer.

worte, daß ich an Ernst Bloch gedacht habe. Diese kleinen Späße können kaum noch verdecken, daß das Bonner Pressekorps, ob liberal oder Parteigänger der Union, die letzte, wenigstens die vorletzte Runde hat einläuten hören.

Am Nachmittag besucht mich Samjatin*. Der Doyen der Regierungssprecher in Ost und West und Freund Leonid Breschnews ist nach schwerer Krankheit wieder in guter Form.

Er zeigt eine echt wirkende Besorgnis über die Schwäche der Bundesregierung. Auf Propaganda verzichtet er. Die Moskauer Sorgen über Polen am Vorabend des 31. August sind ungekünstelt. Auf meine Fragen, wie ein Kompromiß zu finden sei, weiß er einen Ausweg nicht zu nennen. Klar wird allerdings, daß die Sowjetunion aus Gründen ihrer eigenen ökonomischen Lage die Hilfe für die Polen kaum noch verstärken kann. In Moskau und Leningrad, berichtet Samjatin, gäbe es nur wenig Fleisch zu kaufen, weil seine Regierung Jaruzelski helfen wolle, die Polen einigermaßen zufriedenzustellen. Er kommt auf jene denkwürdige Begegnung zwischen der sowjetischen Führung und dem Bundeskanzler im Juli 1980 zurück, als der Kanzler durch die Härte seiner Sprache Breschnew, Suslow und die anderen Politbüro-Mitglieder beinahe dazu brachte, die Tafel im Kreml zu verlassen.

Seinem Land sei es mit der Entspannungspolitik nach wie vor bitter ernst. Sarkastisch äußert sich Samjatin zu Reagans Spekulationen über einen in absehbarer Zukunft bevorstehenden ökonomischen Zusammenbruch der Sowjetunion. Mögen andere im Politbüro vielleicht völlig unbeteiligt auf die Bonner Szene Ende August blicken, Samjatin, der mit Breschnew aufgestiegen ist und vermutlich mit ihm fallen wird, zeigt großen Respekt vor dem Kanzler, der damals im Kreml die Bedrohung Westeuropas durch die SS-20-Raketen den Kremlherren so drastisch schilderte, daß Suslow

---

* Leonid Samjatin, Leiter der ZK-Abteilung für internationale Information der KPdSU.

zornig den russischen Text aus der Hand legte. Es ist dem ZK-Abteilungsleiter anzumerken, daß der unbequeme Schmidt für seinen Generalsekretär und manchen anderen jedenfalls ein berechenbarer Partner ist, ein nicht zu erweichender Gegner des Kommunismus, aber ein Politiker, der mit den Russen Frieden halten will, ihre Sicherheitsinteressen anerkennt und der die Vorstellungen Präsident Reagans über die Sowjetunion für realitätsfern, ja eigentlich für gefährlich hält.

Gleich danach besucht mich Hans-Jochen Vogel*, mit dem ich schon in der Schleyer-Krise und später zwischen Ost- und West-Berlin ein zuverlässig freundschaftliches Verhältnis entwickeln konnte. Eine DDR-Personalie ist schnell besprochen. In Wahrheit geht es ihm darum, von mir die Gedanken des Kanzlers dargestellt und gedeutet zu bekommen. Mit Helmut Schmidt lebt er seit seinen ernstgemeinten Bemühungen um einen Dialog mit den Alternativen in Berlin in einem nicht ganz spannungslosen Verhältnis. Genau wie Peter von Oertzen**, der sich in einem Brief an Schmidt letzte Woche dafür ausgesprochen hat, an der Regierungsverantwortung so lange wie irgend möglich, wenn auch nicht um den Preis der Selbstverleugnung, festzuhalten, will auch er heute abend in der Präsidiumssitzung der SPD den Kanzler in der Absicht bestärken, im Amt auszuharren und Genscher nicht den von diesem heiß ersehnten Vorwand für einen Rückzug aus der Regierung zu liefern. Aber auch Jochen Vogel hat keine Hoffnung mehr, daß wir die Regierung noch einmal wirklich stabilisieren können. Das Interview Genschers mit dem Hessischen Rundfunk Mitte August hat er genau wie ich selbst als Dokument einer inneren Entscheidung des FDP-Vorsitzenden begriffen. Vogel bittet mich, den Kanzler so zu beraten, daß er in der letzten Phase in guter Tuchfühlung mit der Partei bleibt. Natürlich habe Schmidt Anspruch darauf, auch an sein eigenes

---

 * Mitglied des SPD-Präsidiums und Oppositionsführer in Berlin.
** Mitglied des SPD-Bundesvorstandes.

Bild in der Geschichte zu denken, nur dürfe es nachher nicht so aussehen, als habe sich der Kanzler in Wahrheit nicht nur von Genscher, sondern auch von der eigenen Partei verraten gesehen. Dabei weiß Jochen Vogel so gut wie ich, daß das Ende nun wirklich nicht allein von Genscher verschuldet sein wird. Die Querelen in der Partei sind von der Springer-Presse ausgebeutet, aber doch nicht von ihr erfunden worden.

Heute nachmittag hat das am Freitag vergangener Woche zwischen Schmidt und Genscher verabredete Gespräch über die Lage der Koalition stattgefunden. An der Seite des Kanzlers saß Wischnewski, der Vizekanzler ließ sich von Lambsdorff begleiten. Morgen im Kleeblatt werden wir erfahren, ob es irgendein klärendes Wort der Liberalen gegeben hat. Es braucht eine Menge Einfalt, daran zu glauben.

Mit Anflügen von Euphorie erzählt der Kanzler von der großen Kundgebung der SPD in Wiesbaden. Da hat er offenbar noch einmal etwas von jenem «Wir-Gefühl» erlebt, das für ihn und andere in der Partei rar geworden ist. Doch hier zeigt sich, wie so oft in letzter Zeit, daß Helmut Schmidt eben doch bei solchen Gelegenheiten sehr isoliert ist.

Erst von Wischnewski erfährt der Kanzler, daß die SPD Hessen viele Genossen zu dieser Versammlung in Bussen herangekarrt hat, weil die Anhänger von Holger Börner nicht mehr in der Lage waren, 50 000 verläßliche Genossen zusammenzubringen. Allein tausend Leute sind aus dem Bezirk Westliches Westfalen als Statisten für einen guten Zweck nach Wiesbaden gebracht worden. Sie sind überdies gern gekommen.

31. August 1982

Genscher hat in der telefonischen Reaktion auf den Brief besorgt getan und eine Unterhaltung angeregt. Das Gespräch, an dem Wischnewski und Lambsdorff teilnahmen, hat wiederum keinerlei Aufschluß über die Absichten des

FDP-Vorsitzenden gebracht, kein Ja, kein Nein, nur schwammige Rhetorik. Der Kanzler charakterisiert die einstündige Begegnung mit dem Wort «inkonklusiv». Immerhin hat er Lambsdorff im Klartext gesagt, daß dieser ihm bis zum heutigen Tag kein wirtschaftspolitisches Konzept vorgelegt habe, das als Alternative zur Linie der sozialliberalen Regierung brauchbaren Diskussionsstoff liefern könne. Schmidts Instinkt ist heute nachmittag, daß er dem Wirtschaftsminister wegen dessen *Bild*-Interview morgen in der Kabinettssitzung «eins auf den Hut» geben solle. So harmlos ist es nicht gemeint. Wir diskutieren eine Erklärung, die der Kanzler dann in einem Zug diktiert. Man spürt, daß er die bösen Eskapaden des Mannes kaum länger ertragen kann. Ben Wisch sucht den Text abzuschwächen. Er meint zu wissen, daß Genscher das *Bild*-Interview vorher weder gekannt noch nachher gebilligt hat, in dem Lambsdorff, alle Sachfragen wegschiebend, gesagt hat, daß der hessische Wähler darüber zu entscheiden habe, was er von einem Wechsel der FDP in eine andere Bonner Koalition halte. Das hat den Kanzler empört, denn ungenierter konnte die heuchlerische Devise nicht widerlegt werden, wonach die FDP zu Dregger wechselt, um der Bundesregierung das Arbeiten zu erleichtern.

Im Kleeblatt wird abermals deutlich, daß Schmidt den Kampf nicht aufgeben will, solange auch nur die kleinste Chance gegeben ist, die Freien Demokraten auf den Boden vernünftiger Zusammenarbeit zurückzuholen. Seine Zweifel, daß das noch einmal gelingen kann, verschließt er in der eigenen Brust. Um Machterhalt geht es ihm bestimmt nicht mehr. Als Sozialdemokrat möchte er, die Ungenauigkeit der geschichtlichen Parallele genau kennend, nicht wie der Reichskanzler Müller* aus nichtigem Anlaß das Amt verlassen. Für die Partei und natürlich für sich selber will er klarstellen, daß ein Scheitern der Koalition von den Liberalen

---

* Der letzte sozialdemokratische Reichskanzler der Weimarer Republik, Hermann Müller, trat 1930 zurück.

verantwortet werden muß. Darin findet er sich durch den Brief bestärkt, den er von Peter von Oertzen bekommen hat. Oertzen, der ihm über die Jahre kritisch, aber mit ungekünstelter Sympathie begegnet, fordert ihn auf, «wegen der Bewahrung des äußeren und inneren Friedens die Regierungsverantwortung mit Klauen und Zähnen zu verteidigen.»

Bei Oertzen liest der Kanzler allerdings auch, daß die Partei wie eine brennende Kerze von beiden Seiten abschmilzt. Wir wissen auch von Engholm und anderen Ministern, die an beinahe jedem Wochenende in ihren Bezirken zu reden haben, daß die eigenen Anhänger schrecklich mutlos sind, daß auch gute Argumente kaum noch wahrgenommen werden.

Wir diskutieren darüber, auf welchen Politikfeldern der Konflikt mit Genschers Partei am besten zu führen sei. Richtig analysiert Schmidt, daß sich außen- und sicherheitspolitische Themen dafür weniger eigenen. Der Koalitionspartner wird uns sogleich vorhalten, eine kritische Haltung gegenüber Reagan werde in Washington als antiamerikanisch mißverstanden und als eine gefährliche Vernachlässigung der Allianz denunziert werden. Auch eine wirkungsvolle Politik zur Eindämmung der Zahl ausländischer Gastarbeiter wird von vielen Sozialdemokraten und natürlich von den Kirchen ohne Verständnis, ja mit hartem Widerstand aufgenommen werden. So konzentriert sich das Nachdenken auf die Komplexe Wirtschaft, Finanzen, soziales Netz. Hier muß Genscher als der Mann vorgeführt werden, der trotz seiner raffinierten Argumentation (er tut so, ausgerechnet er, als gräme er sich bei Tag und bei Nacht um die Arbeitslosen. Er will suggerieren, für die sozialdemokratischen Planwirtschafter seien die beschäftigungslosen Menschen nur noch ein betrübliches statistisches Phänomen) die unvermeidbaren Opfer in Wahrheit fast nur den kleinen Leuten aufbürden und die eigene Klientel schonen will.

Ben Wisch glaubt zu spüren, daß Genscher zu Beginn dieser Woche wiederum nicht genau weiß, wohin er gehen soll.

Der Staatsminister will noch öfter mit dem Vizekanzler Kontakt halten und sich als dessen Seelenarzt versuchen. Da täuscht er sich über seine Möglichkeiten. Genscher schätzt den Staatsminister auch menschlich, aber nutzt dessen Gutmütigkeit ungeniert aus. Das war von mir oft zu beobachten. Heute ist Genscher völlig vereinsamt. Klaus Kinkel*, einst beinahe ein «alter ego», sitzt in Pullach, und Genschers alter Freund Gerwald** hat, so gescheit er ist, nicht die Statur, um den Freund in dessen gedanklichen Strukturen zu beeinflussen. Das hat früher Kinkel gekonnt und Widerspruch gewagt. Der junge, politisch ungemein sensible BND-Präsident sagt mir im Kanzleramt, daß auch er den alten Chef nicht mehr verstehe. Kinkel ist gewiß nicht ein «klassischer» Sozialliberaler, doch er hat sich über viele Jahre als unbedingt loyal bewiesen und auf durchaus ehrliche Weise Konflikte zu verhindern oder auszuräumen versucht.

Helmut Schmidt erwähnt einen Brief von Marion Dönhoff***. Die Gräfin zeigt sich um das Ansehen des Kanzlers besorgt. Sie fürchtet, daß er in diesem elenden Gewürge auch internationales Prestige verlieren wird. Das ist seit langen Wochen meine Sorge, die ich dem Kanzler schon vor Monaten in seinem kleinen Arbeitszimmer in Hamburg-Langenhorn geäußert habe.

Was die vielen Gespräche mit Genscher angeht, so ist Schmidt tief innerlich mit dem Mann aus Halle beinahe am Ende. Fast mit Mitleid resümierte er das Montagsgespräch mit der Bemerkung, den quäle die Angst, daß er gleich nach den hessischen Wahlen die Führung der Partei verlieren könne.

Zum erstenmal erwähnt der Kanzler den Gedanken an Neuwahlen. Allerdings nur mit den Worten, daß sich Gen-

---

   * Klaus Kinkel, seit 1979 Präsident des Bundesnachrichtendienstes, davor unter anderem Leiter des Ministerbüros von Genscher und Chef des Planungsstabes im Auswärtigen Amt.
  ** Josef Maria Gerwald, von 1975 bis 1981 FDP-Pressesprecher, seit 1982 Chefredakteur der *Deutschen Welle*.
*** Marion Gräfin Dönhoff, Herausgeberin der *Zeit*.

scher womöglich darüber klargeworden sei, daß er, Schmidt, ja immer noch die Möglichkeit habe, selber für solche die Lage bereinigenden Wahlen einzutreten. Die könnten für lange Zeit der Partei von Theodor Heuss und Reinhold Maier* den Garaus machen.

Kurz nach 20 Uhr versammelt der Kanzler die SPD-Minister** im Bungalow. Der Tisch ist etwas zu elegant gedeckt, das Essen eine Spur zu feierlich. Alle Kabinettsmitglieder außer Hans Apel sind versammelt, dazu Gerhard Konow und der feinfühlige, phantasiereiche Albrecht Müller*** (der nachher als fiktiver Advokat der Genscher-FDP eine sehr schlüssige Darstellung der taktischen und strategischen Überlegungen des Koalitionspartners simulieren wird. Sie mündet in der Feststellung, daß Genscher nach einem klaren Konzept die Fahnenflucht vorbereitet: 1. Genscher als der sich zersorgende Vater aller Arbeitslosen; 2. der «Ga-

---

* Theodor Heuss, Bundespräsident von 1949 bis 1959, gestorben 1963. Reinhold Maier, von 1957 bis 1960 Bundesvorsitzender der FDP, gestorben 1971.

** Dem letzten Kabinett Schmidt/Genscher gehörten folgende SPD-Minister an: Bundesminister der Justiz Jürgen Schmude (seit 1981, von 1978 bis 1981 Bundesminister für Bildung und Wissenschaft); Bundesminister der Finanzen Manfred Lahnstein (seit April 1982, von 1980 bis 1982 Staatssekretär im Bundeskanzleramt); Bundesminister für Arbeit und Sozialordnung Heinz Westphal (seit April 1982); Bundesminister der Verteidigung Hans Apel (seit 1978, von 1974 bis 1978 Bundesminister der Finanzen); Bundesministerin für Jugend, Familie und Gesundheit Anke Fuchs (seit April 1982); Bundesminister für Verkehr Volker Hauff (seit 1980, von 1978 bis 1980 Bundesminister für Forschung und Technologie); Bundesminister für das Post- und Fernmeldewesen Hans Matthöfer (seit April 1982, von 1974 bis 1978 Bundesminister für Forschung und Technologie, von 1978 bis 1982 Bundesminister der Finanzen); Bundesminister für innerdeutsche Beziehungen Egon Franke (seit 1969); Bundesminister für Forschung und Technologie Andreas von Bülow (seit 1980); Bundesminister für Bildung und Wissenschaft Björn Engholm (seit 1981); Bundesminister für Raumordnung, Bauwesen und Städtebau Dieter Haack (seit 1978); Bundesminister für wirtschaftliche Zusammenarbeit Rainer Ottergeld (seit 1978).

*** Albrecht Müller, Chef der Planungsabteilung im Kanzleramt.

rant» einer kontinuierlichen Außenpolitik, die von Schmidt und seinen Genossen mit «Sicherheitsrisiken» belastet wird).

Schmidt berichtet über das letzte Gespräch mit Genscher und Lambsdorff, erwähnt sein Handschreiben an den Vizekanzler, erläutert seine Absicht, am nächsten Morgen im Kabinett zu dem *Bild*-Interview des Grafen eine harte Erklärung abzugeben. Schmidt: «Dies ist eine Unverschämtheit sondergleichen und wirklich nicht die erste.» Alle sind dafür, daß der Kanzler den FDP-Minister in die Schranken verweist. Die Verbitterung über den Koalitionspartner ist einhellig. Einhellig aber ist die Runde auch der Meinung, daß die Sozialdemokraten nicht vor der Verantwortung weglaufen dürfen. Aber: «Wir dürfen auch nicht den Eindruck begünstigen, daß wir in Wirklichkeit an unseren Sesseln kleben.»

Unter dem Gesichtspunkt, daß die Ereignisse dieser Tage und Wochen mit großer Wahrscheinlichkeit noch viele Jahre von einer dann in die Opposition verwiesenen SPD diskutiert werden, wird jetzt lange darüber beraten, wie das taktische Spiel Genschers konterkariert werden kann, mit dem er die Schuldfrage den Sozialdemokraten anhängen will. Richtig bemerkt Volker Hauff, daß uns die FDP so lange reizen will, bis wir die Nerven verlieren und der Kanzler dann doch «die Klamotten hinschmeißt». Dem müßten wir unbedingt widerstehen. Fänden wir dazu die Kraft, dann sei die FDP verloren. Dann ein anderer wichtiger Punkt bei Hauff. Unter Zustimmung aller argumentiert er, daß wir jetzt den selbst bei unseren eigenen Anhängern verbreiteten Eindruck widerlegen müßten, die SPD könne nur als Schönwetterpartei regieren und melde sich immer dann ab, wenn die Lage schwierig werde.

Das ist genau das Motiv des Kanzlers, weshalb er die unaufhörlichen Provokationen Genschers bis heute ertragen hat. Ein Teilnehmer berichtet, daß Walter Scheel neulich Genscher mit einem Fußballer verglichen hat, der unentwegt vor dem gegnerischen Tor dribbele und auf ein Foul warte, um sodann einen sicheren Elfmeter schießen zu können. Von «Sir Walter» wissen wir seit langem, daß er die FDP zurück zur Union geführt sehen möchte. Wir wissen auch, daß er mit Wonne hämische Bemerkungen über den Nachfolger in Umlauf bringt.

Ähnlich wie Marion Dönhoff sorgt sich Andreas von Bülow, daß es Genscher gelingen könne, den Bundeskanzler «auf Null zu bringen». Unsere Gegenangriffe nennt er hilflos. Die Sozialdemokraten müßten sich mehr und mehr entehren. Dem Kanzler gelinge es nicht, die Herren Genscher und Lambsdorff in den Schwitzkasten zu nehmen.

Dann wird darüber geredet, welche Möglichkeiten es gibt, den Haushalt 1983 gemeinsam mit den Freidemokraten zu verabreden, wenn neue und ungünstige Wirtschaftsdaten vorliegen. Dabei ist uns allen klar, daß ein Fehlbetrag natürlich nicht allein mit zusätzlicher Nettokreditaufnahme ausgeglichen werde kann. Es wird sehr bald klar, daß weitere Einsparungen im Haushalt von Heinz Westphal vielleicht noch von den sozialdemokratischen Ministern vertreten werden würden. Die Fraktion wird sich weiteren Einschnitten ins soziale Netz widersetzen, selbst dann, wenn der Kanzler erneut eine Ergänzungsabgabe verlangt, von deren betriebswirtschaftlichem Sinn er bis jetzt nicht sonderlich überzeugt ist, die er aber aus Gründen gerechter Lastenverteilung für notwendig hält.

Egon Franke findet «die ganze Veranstaltung etwas makaber». Er will an der Koalition festhalten und lieber noch mehr Kröten schlucken als die Regierungsverantwortung aufgeben. Seine Feststellung ist unwiderlegbar, daß es nicht genug ist, der FDP Vorwürfe zu machen. Wer will ihm schon widerlegen, daß die Entwicklung «im eigenen Verein» tief bedrückend ist.

Schmidt hat die bitterböse Bemerkung von Oskar Lafontaine* über die «Sekundärtugenden» nicht verwunden.

---

* Oberbürgermeister von Saarbrücken, Landesvorsitzender der saarländischen SPD, Mitglied des SPD-Vorstandes.

Wenn ähnliches noch einmal geschehe, werde er die Barakke nicht mehr betreten. Schlimmes Gift sei hier verspritzt worden. Er fragt: «Was hätte die Partei wohl gemacht, wenn das über Willy Brandt oder über Kurt Schumacher gesagt worden wäre?»

Jürgen Schmude, der seit geraumer Zeit ein auch menschlich enges Verhältnis zu Gerhart Baum entwickelt zu haben scheint, setzt noch immer Hoffnung auf die «linke» FDP. Richtig ist seine Bemerkung, daß sich die SPD nicht von vornherein weiteren Plänen für Einsparungen widersetzen dürfe. Das ist die Meinung aller, doch Glotz* hat eben auch das Recht, wenn er der Runde vor Augen stellt, daß die Fraktion zu weiteren Opfern nicht bereit sein wird (die er selber für notwendig hält).

Ob Herbert Wehner als Verbündeter der Regierung verfügbar sein wird, muß inzwischen als zweifelhaft gelten. Seit er vor einigen Tagen von der «sogenannten Freien Demokratischen Partei» gesprochen hat, muß vermutet werden, daß der Onkel die Partie mit den Liberalen bereits verloren gibt.

In Wahrheit sind alle davon überzeugt, daß die Aussichten faktisch gleich Null sind, mit Genscher noch einmal einen Anfang zu machen. Zum Schluß meint Helmut Schmidt, es sei bei Neuwahlen besser, wenn die FDP ganz rausfällt und es zu einer absoluten Mehrheit der Union kommt. Keiner widerspricht Peter Glotz, daß es unmöglich ist, so wie jetzt noch anderthalb Jahre weiterzumachen. Das sei dem Kanzler nicht zuzumuten. Das halte auch die Partei nicht aus.

Auffällig ist, daß Manfred Lahnstein hartnäckig für Geduld mit der FDP wirbt, von einem Angebot an die FDP spricht, ohne das auch nur in einem Punkt zu präzisieren. Die anderen, wenngleich sie seine hohe Intelligenz respektieren, denken offenbar alle das gleiche: Der Manfred möchte gern noch eine Chance haben, auf die Politik in

---

* Peter Glotz, SPD-Bundesgeschäftsführer seit 1981.

Bonn aktiv und gestaltend Einfluß zu nehmen. Lahnstein, der doch lange und enge Berührungen mit den Gewerkschaften hat, äußerte sich in den letzten Tagen recht streng über die alten Freunde in den Gewerkschaften. Dabei wird heute abend, wenn man von Anke Fuchs absieht, dem Kanzler überhaupt nicht widersprochen, als er sagt, daß er eigentlich einige der extremsten Vorschläge der Gewerkschaften, weil sie nicht zu Ende gedacht sind, in den Aschkasten werfen müßte. Traurig zu erleben, daß der kluge und menschlich so zuverlässige Hans Matthöfer den ganzen Abend nichts sagt. Nur die Ergänzungsabgabe verspottet er und erinnert an seinen alten Vorschlag, die Mineralölsteuer zu erhöhen. Außer Egon Franke, Lahnstein und Jürgen Schmude sind alle über die FDP tief verbittert. Niemand widerspricht Heinz Westphal, als er sagt, wir können denen nicht hinten reinkriechen. Der Kanzler kommt zum Ende noch einmal auf die «Gerechtigkeitskomponente» zurück. Die ist ihm von Anfang an wichtig gewesen. Nur weiß er nicht, wie sie sich bei künftigen Haushaltsgesprächen gegen die FDP durchsetzen läßt.

1. September 1982

Die harte, wenn auch in der Form ohne Schärfe vorgetragene Kritik des Kanzlers an Lambsdorff kommt für die FDP überraschend. Diesmal hat vorher keiner herumgeschwätzt. Der Kanzler versteht es, Emotionen zu unterdrücken. Lange Zeit hat er die junkerliche Arroganz des Balten ertragen wollen, weil er dessen Sachverstand und seine kantige Art schätzt und als angenehmen Kontrast zu Genschers limonadigem Stil empfunden hat. Der Graf antwortet, keineswegs zerknirscht, daß er ja nicht die Bonner Koalition gemeint hat, er beharrt aber auf dem in der *Bild*-Zeitung geäußerten Gedanken, daß seine Partei Bewegungsspielraum haben müsse. Der Vizekanzler kontert, ohne den Grafen in Schutz zu nehmen. Er selber hat das Interview nicht gut gefunden.

Es stört seine taktischen Kreise. Der Graf war ja auf seine Weise ehrlich. Und solche Ehrlichkeit hält Genscher für unangebracht.

Das Interview hat Lambsdorff mit einem *Bild*-Redakteur am Montag nach dem Gespräch mit dem Kanzler obendrein noch im Kanzleramt redigiert. Jeder Zoll ein Herr. Die Entscheidung ist sicher richtig, daß ich die Kanzlerrüge, die in Wahrheit eines der letzten Warnsignale an die FDP ist, mitsamt der Replik von Lambsdorff und Genscher der Bundespressekonferenz vortrage. Das Pressekorps ist verblüfft, denn eine solcheSelbstenthüllung der Koalitionsregierung hat es niemals vorher gegeben. Subjektiv kann ich die Wahrheit sagen, nämlich, daß die Atmosphäre durch das offene Kanzlerwort etwas entspannt worden ist, doch als Palmer *(Süddeutsche Zeitung)* erkunden will, ob sich mehr als Atmosphärisches geklärt hat, bin ich froh über diese Frage. Natürlich will ich nicht den Eindruck erwecken, daß die Konfrontation Kanzler/Wirtschaftsminister die tiefen sachlichen Meinungsunterschiede verringert hat.

Am Abend eine Stunde mit der SPIEGEL-Redaktion. Ich will über die sensitiven Gespräche in der ersten Wochenhälfte nicht einmal andeutungsweise erzählen. Zuviel steht jetzt auf dem Spiel. Wirtgen weiß schon von dem Oertzen-Brief. Er drängt mich zu einer Antwort auf die Frage, was jemand wie ich in diesen Tagen als Freund des Kanzlers und Sozialdemokrat dem Regierungschef für Ratschläge gebe. Das werde ich für mich behalten. Dennoch bestärken mich die Äußerungen einiger SPIEGEL-Korrespondenten in der Auffassung, daß es vielleicht am besten der Kanzler ist, der als Regierungschef den Weg für Neuwahlen öffnet.

2. September 1982

Nach der Lage langes Gespräch mit Gerhard Konow. Er hat nun auch Zweifel, ob es weitergehen kann. E fragt nach meiner Einschätzung der gestrigen Kabinettssitzung. Ohne

Emotionen, was mir immer schwerer wird, erkläre ich ihm, warum ich davon überzeugt bin, daß Genscher seine kunktatorische Natur diesmal besiegt und nun auch die innere Entscheidung getroffen hat. Auch sage ich ihm meine Zweifel, ob der Kanzler nicht etwas von der Bunkermentalität infiziert worden ist, die der SPIEGEL neulich an ihm entdeckt zu haben meint. Mir ist nun wirklich bange, daß er der glatten Liebenswürdigkeit von Genscher noch immer etwas zuviel Bedeutung beimißt und den Gedanken verdrängt, daß der Vizekanzler ihn jetzt durch Flüsterpropaganda auch als unsicheren Kantonisten im Verhältnis zu Washington anschwärzt. Des Kanzlers Gefühle zu Genscher sind immer noch widerstreitend. Verschiedentlich in der Vergangenheit hat er der gut gespielten Herzlichkeit des anderen vertraut. In Wahrheit ist der Kanzler, selber nicht ohne komödiantische Begabung, einem Chargenspieler von Rang aufgesessen. Schmidt hat sich stets geweigert, vom sozialliberalen Bündnis zu sprechen. Die Maihofer-Arendt-Vorstellung*, die viele von uns Sozialdemokraten von Herzen bewegt hat, die Allianz von Arbeiterschaft und fortschrittlichem Bürgertum, hat den Kanzler eher kaltgelassen. Er sah da nicht viel Wirklichkeit drin. Er hielt sich an das zweckmäßige der Verbindung, und doch war er in allen kritischen Phasen der Koalition auf seine Weise emotional daran beteiligt. Anders, sehr anders als sein Vorgänger, doch tief davon überzeugt, daß die anderen, daß zumal der Pfälzer, einfach aus Mangel an Kompetenz, einfach weil er die Welt in ihrer ungeheuren Kompliziertheit nicht so leicht erfaßt, die Republik auf Schlingerpfade führen und Risiken für unsere äußere Sicherheit heraufbeschwören könne.

Schmidt muß inzwischen wissen, daß sich sein Stellvertreter unwiderruflich abgemeldet hat. Hofft er dennoch auf eine Wende im letzten Augenblick oder ist das nur eine Fasson, die er selbst Wischnewski, Konow und mir gegenüber

---

* Werner Maihofer, Bundesinnenminister von 1974 bis 1978, jetzt Präsident des Europäischen Hochschulinstituts in Florenz; Walter Arendt, Bundesarbeitsminister von 1969 bis 1976.

so lange es eben geht aufrechtzuerhalten wünscht? Da ich als einziger in unserem Kreis schon vor Monaten ganz sicher zu sein meinte, daß das Ende unabwendbar sei – und vom Kanzler wegen meiner «defätistischen» Unkereien freundschaftlich, doch bisweilen auch ernst und beinahe streng getadelt worden bin, lasse ich mich davon nicht beeindrucken.

Heute mittag melde ich mich zu einem Gespräch bei Gerhart Baum an. Er hat übrigens genau wie vor ihm Werner Maihofer immer noch ein gewaltiges Lenbach-Porträt des Reichskanzlers Bismarck hinter sich hängen. Merkwürdige Liberale. Ich spüre bald, daß der Innenminister unverändert an der Koalition festhält, auch deshalb, weil sie ihn warmhält. Über das eigentliche Denken seines Parteivorsitzenden weiß er nichts Verläßliches. Er schildert mir Genscher kaum anders, als ihn Wischnewski in den letzten Tagen erlebt hat. Baum macht dieser Vorsitzende schon lange zu schaffen. Die beiden verbindet menschlich so gut wie nichts. Ja, sagt Baum, auch er könne nicht verstehen, warum sich Genscher nicht wenigstens einmal positiv zur Koalition äußere.

Die Begegnung mit dem Innenminister vermittelt keine Erkenntnisse, die uns weiterhelfen. Natürlich stimmt es, wenn er sagt, daß viele in der FDP nicht als «Kanzlerkiller» dastehen möchten. Die dem Kanzler verbundene Hildegard Hamm-Brücher*, sagt Baum, werde so etwas niemals tun und andere auch nicht. Aber was zählen solche ehrenwerten Skrupel schon, wenn es darum geht, die FDP vor dem Schicksal der Opposition zu bewahren? Es geht doch schon gar nicht mehr um den nächsten Haushaltskompromiß, um die Balance zwischen Einsparung und neuen Schulden. Für Genscher und seinen Anhang stellt sich doch die ungleich wichtigere Frage, an der Seite welcher der zwei großen Parteien sie 1984 wieder zu Macht und Pfründen kommen kann. Unter diesem «strategischen» Gesichtspunkt wird es Genscher schließlich nicht schwer werden, eine Mehrheit hinter

---

* Staatsministerin im Auswärtigen Amt von 1976 bis 1982.

sich zu bringen. Wenn ihn Baum mit einem von seinem Planungschef Thomsen* verfaßten Papier versorgt, das Genscher helfen soll, auf dem Berliner Parteitag eine stattliche Mehrheit hinter sich zu bringen – im Zeichen einer neuen «liberalen Identität» –, wirkt das eher rührend. Der Innenminister weiß es vermutlich besser. Sonst müßte er in diesen Tagen häufiger seinen Drehsessel in die Richtung von Lenbachs Bismarck-Porträt drehen. Der Parteivorsitzende sucht nicht den Gleichklang mit Karl-Hermann Flachs** Freiburger Thesen, er sucht die Identität mit dem von ihm vermuteten stärkeren Bataillonen. Die stehen, fürs erste, weiter rechts.

3. September 1982

In der Kanzleramtslage sprechen wir kurz über einen *FAZ*-Bericht, der davon wissen will, daß nun auch die SPD-Führung auf Neuwahlen setzt. Wir haben an diesem Freitag noch immer kein Szenario für den Tag X. Solche «Notstandspläne» können sich, abgesehen von der Gefahr der Indiskretion, leicht verselbständigen.

Der Kanzler, der auch in kleinem Kreise noch Zuversicht erkennen ließ, hat gestern in Michelstadt Klaus Wirtgen vom SPIEGEL anvertraut: «Meine Regierungserklärung zur Lage der Nation am nächsten Donnerstag könnte meine letzte oder vorletzte Rede im Bundestag sein.»

Die Stimmung in Bonn an diesem Freitag ist bedrückend. Wehners Bemerkung über die «sogenannte Freidemokratische Partei» hat auch die zur Koalition stehenden Liberalen geschmerzt. Herbert Wehner ist in schlechter Verfassung.

---

* Klaus Thomsen, Leiter des Planungsstabes Leistungsbereich im Bundesinnenministerium.
** FDP-Generalsekretär von 1971 bis 1973, Wegbereiter des Freiburger Programms, gestorben 1973.

Was Karl Wienand* schon vor zwei Wochen am Brahmsee dem Kanzler berichtet hat, scheint sich zu bestätigen. Der große alte Mann erholt sich nur schwer.

Augenscheinlich hat Wehner am Ende dieser Woche die Koalition preisgegeben. Jetzt kommt es ihm, wie uns allen, darauf an, die Verantwortung für den noch ausstehenden letzten Akt des Verrats festzuhalten. Er möchte, wie der Kanzler auch, bis zum letzten Augenblick die Loyalität der Sozialdemokraten zum Bündnis mit den Liberalen durchhalten und Genscher nicht gestatten, mit seinen Advokatentricks die Wahrheit herumzudrehen. Abermals fühle ich mich im Urteil über den Vizekanzler bestätigt. Daß er Graf Lambsdorff im Kabinett nicht verteidigt hat, ließ ja auch Hans-Jürgen Wischnewski wieder Hoffnung schöpfen. Heute hat Genscher einen *Bild*-Artikel über den Grafen aufschreiben lassen, den er selber zeichnet. Eine böse Geschmacklosigkeit, wenn er formuliert, daß Lambsdorff ein Bein im Krieg verloren habe, aber fester stehe als mancher, der auf zwei Beinen Bücklinge übe. Wenn es nachher heißt: «Die Meute bellt, Lambsdorff weiß, auf seine Freunde kann er sich verlassen», dann zielt das natürlich gegen den Kanzler. Geheuchelt ist es obendrein, denn Genscher weiß seit langem, daß Otto Graf Lambsdorff, bei dem er das Kantige rühmt, ihn, den Parteivorsitzenden, wegen seines nie versiegenden, kaum je versagenden Opportunismus verachtet.

Der Kanzler wünscht Konow und mich zu einem verkleinerten Kleeblatt zu sehen. Ben Wisch ist im hessischen Wahlkampf. Schmidt hat gerade die letzte Infratest-Umfrage angesehen. Sie zeigt wie schon die vom SPIEGEL vor acht Tagen veröffentlichte Emnid-Umfrage, daß Genschers Ansehen seit Anfang des Jahres stetig zurückgegangen, daß sie praktisch Anfang September halbiert ist. Der Kanzler:

---

* Parlamentarischer Geschäftsführer der SPD-Bundestagsfraktion, Vertrauter von Herbert Wehner, abgelöst unter anderem wegen des Verdachts der Steuerhinterziehung.

«Er muß offenkundig noch mehr verunsichert werden, um zu begreifen, daß sich Wackeln nicht auszahlt.»

Schmidt ist fröhlich aus dem hessischen Wahlkampf zurückgekehrt. Seine Auftritte in Wiesbaden, Darmstadt und Michelstadt haben ihm gutgetan. Die Auditorien waren in «fabelhafter Stimmung». Die Leute spendeten eine Menge Beifall, auch wenn er von der Notwendigkeit von Opfern sprach. Der Kanzler wehrt sich gegen meinen kritischen Einwand, daß die Wirklichkeit außerhalb seiner Veranstaltung ziemlich anders, nämlich auf der ganzen Linie triste sei. Natürlich hat er bei Infratest gelesen, daß die Sozialdemokraten, wenn übermorgen zu wählen wäre, mit 29 Prozent aus einer Bundestagswahl rauskämen. Wir reden kurz über die Anregung, daß die ökonomischen Berater dem Kanzler ein Alternativpapier zur künftigen Wirtschafts- und Finanzpolitik vorbereiten, damit er, wenn Lambsdorff sein Konzept in der nächsten Woche präsentiert, seinerseits gewappnet ist. Dieses Papier müsse schnell auf den Tisch. Dann wörtlich: «1983 regieren wir mit Sicherheit nicht mehr.»

Der Kanzler berichtet von seinem Besuch bei Herbert Wehner auf dem Heiderhof. Der Fraktionsvorsitzende war, wie meist in letzter Zeit, sehr schweigsam. Trotz seiner gewaltigen Energien und seiner schier übermenschlichen Selbstdisziplin, er kann nicht verstecken, daß ihm die Krankheit schon zu schaffen macht. Mit dem Inhalt des Oertzen-Briefes, von dem ihm Schmidt berichtete, war Wehner sogleich einverstanden. Beide Männer kommen zu der Einschätzung, daß augenscheinlich eine innere, substantielle Erneuerung der sozialliberalen Koalition chancenlos ist, daß die Sozialdemokraten und ihr Kanzler bis zur letzten Stunde zur Grundlage der Regierungserklärung und der Haushaltsbeschlüsse stehen müssen und, wenn es soweit ist, klarmachen werden, wer die Fahne verlassen hat.

An diesem Wochenende wird der Kanzler an seiner Rede zur Lage der Nation arbeiten. Natürlich hat er nicht die Absicht, in der kommenden Woche die Vertrauensfrage zu stellen. Von diesem Gerücht hatte ihm Konow berichtet, der wiederum von Wolfgang Roth* heute morgen danach gefragt worden war. Mittlerweile ist klar, daß der Kanzler von sich aus jede vernünftige Anstrengung machen wird, über den Haushalt '83 mit den Freien Demokraten zu einem Kompromiß zu kommen. Heute steht für ihn fest, daß die Ergänzungsabgabe beinahe zwingend geboten ist, damit die soziale Gerechtigkeit gewahrt bleibt. Ihm ist klar, daß nicht nur die sehr gut und gut verdienenden Bürger, sondern auch manche Wähler der SPD etwas zu opfern hätten. Trotzdem möchte er dieses Instrument irgendwann im Oktober aktivieren. Da soll die FDP mal überlegen, ob sie in denn Augen der Mehrheit der Deutschen nur noch als Zahnärztepartei dastehen will. Konow soll Lahnstein ausrichten, dieser möge aufhören, die Ergänzungsabgabe zu problematisieren.

6. September 1982

Am Rande der Montagsrunde der beamteten Staatssekretäre im kleinen Kabinettssaal regt Konow bei Neusel** an, daß es möglichst schnell zu einem Gespräch zwischen Carstens und Schmidt kommen möge. Eigentlich wollte Konow nur die üblichen Kontakte zwischen Bundespräsident und Kanzler wieder aufnehmcn. Durch die Entwicklung der letzten Tage wird das Gespräch nun eine besondere Bedeutung erhalten. In der Besprechung im kleinen Kabinettssaal fragt Konow, ob es tatsächlich die Absicht von Lambsdorff sei, das dem Bundeskanzler zugesagte Papier am Dienstag bereits der FDP-Fraktion vorzulegen. Schlecht*** windet sich. Es gehe dem Grafen nur um Grundorientierungen. In Wahrheit möchte der Wirtschaftsminister die Meßlatte jetzt so hoch legen, daß nachher auch die eigene Partei darüber

---

   * Stellvertretender Vorsitzender der SPD-Bundestagsfraktion, Mitglied des SPD-Vorstandes.
  ** Hans Neusel, Staatssekretär im Bundespräsidialamt.
*** Otto Schlecht, Staatssekretär im Bundeswirtschaftsministerium.

nicht mehr wegkommt. Am Mittag ruft mich Baum an. Wir sollten doch bitte das auch ihm noch unbekannte Lambs-dorff-Papier nicht als FDP-Papier behandeln. Genscher und Mischnick würden sich nicht mit dem Inhalt identifizieren.

Was Lambsdorff über sein Papier indiskretioniert, verrät abermals, daß er Bedingungen auftürmen will, die für den Kanzler unannehmbar sind. Über Karenztage könne doch nur dann geredet werden, aber wirklich nur dann, wenn auch bei den Angestellten und in den Vorstandsetagen gleiche Opfer gebracht werden. Bis heute ist den Herren im Aufsichtsrat der AEG nicht eingefallen, daß sie auf jenen Teil ihrer Tantiemen verzichten könnten, den sie faktisch wie ein zusätzliches Gehalt beziehen. Schmidt hat erst letzte Woche seinem Wirtschaftsminister nahegelegt, diese Anregung an Hans Friderichs* weiterzureichen. Resonanz aus Frankfurt natürlich null. Wer viel im Portemonnaie hat, öffnet es besonders widerwillig.

Mittags meldet sich, noch aus Hamburg, der Kanzler. Er hat jenen Teil seiner Rede zur Lage der Nation übers Wochenende niedergeschrieben, der sich mit dem Zustand der Koalition beschäftigt. Er fragt um meine Meinung zu der Idee, am Donnerstag den Oppositionsführer aufzufordern, dieser solle von sich aus das konstruktive Mißtrauensvotum versuchen. Ich bitte mir Bedenkzeit aus. Werden dadurch nicht die wirklichen Verhältnisse verschleiert?

Am Abend in Schloß Augustusburg. Bei dem feierlichen Essen des Bundespräsidenten für Kirchschläger** ist die Stimmung wie Wiener Melange. Viele der konservativen Figuren des Bonner Establishments scheinen erst jetzt zu begreifen, was Helmut Schmidt für diese Republik bedeutet. Einige Gäste, die sich noch zu keiner Zeit, außer vielleicht 1972, für die Sozialdemokraten erwärmt haben, zitieren Augsteins Leitartikel «Kanzler, halte durch». Die Vorstellung, daß sie in einigen Wochen einen Kanzler Kohl erleben

---

* Bundeswirtschaftsminister 1972 bis 1977, heute Vorstandssprecher der Dresdner Bank.
** Rudolf Kirchschläger, österreichischer Bundespräsident.

sollen, schreckt auch jene Herren im ordensgeschmückten Frack und Smoking, die heute abend aus dem Unternehmerlager anwesend sind. Das Urteil über Genscher, noch immer höflich formuliert, ist in Wahrheit vernichtend.

7. September 1982

Heute vormittag schickt mir der Kanzler (auch Wischnewski und Konow) ein Manuskript, das er am Wochenende am Neubergerweg verfaßt hat, ohne Überschrift, numeriert mit den Buchstaben a bis q. Das kann ein zeitgeschichtlich wichtiges Dokument endgültiger Entzweiung zwischen Sozialdemokraten und Freien Demokraten werden. Schmidt will am Donnerstag innerhalb seines Berichts zur «Lage der Nation» diesen Text gleichsam in eigener sozialdemokratischer Sache zu dem schwelenden Konflikt mit dem Koalitionspartner vortragen. Willy Brandt und Johannes Rau*, denen er gestern abend den Entwurf gezeigt hat, billigen seine Absicht, den Oppositionsführer zu einem konstruktiven Mißtrauensvotum aufzufordern, waren gleichwohl «tief erschrocken» (Willy Brandt).

Der Kanzler wird Kohl ansprechen, aber in Wahrheit auf Genscher zielen. Dabei kommt cs ihm darauf an, dem Parlament klarzumachen, daß er bis zum letzten Augenblick seine Pflicht erfüllen und nicht davonlaufen will. Mein Vorschlag wird vom Kanzler akzeptiert, daß er zum Schluß dieser dramatischen Einführung zweifelsfrei machen muß, daß er trotz aller Provokationen durch Genscher und den Grafen zu den Grundlagen gemeinsamer Arbeit steht und den ehrlichen Willen zu einer letzten großen gemeinsamen Anstrengung hat. Das ist auch seine innere Stimmung.

Heute morgen bin ich zusammengezuckt, denn es ist seit Tagen meine feste Meinung, so wie die von Marion Dönhoff,

---

* Nordrhein-westfälischer Ministerpräsident seit 1978, stellvertretender SPD-Vorsitzender.

daß der Kanzler den Zustand der Agonie nicht durch Untätigkeit als Normalität ausgeben darf. So bin ich, ähnlich wie Brandt, tief erschrocken, daß das Ende jetzt zum Greifen nahe ist.

Am Abend, gegen 19 Uhr, treffen wir uns im Kleeblatt und beraten bis kurz vor 3 Uhr morgens, die meiste Zeit über jene für die sozialliberale Regierung vermutlich schicksalhafte Passage. Die Fronten der letzten Tage haben sich nicht wesentlich verändert. Konow rät dem Kanzler ab. Ben Wisch, durch die gerade beendete Fraktionssitzung etwas mutiger geworden, will Schmidt zwar nicht mehr von der generellen Absicht abbringen, möchte aber verhindern, daß heute schon alle Rückzugswege abgeschnitten werden. Meine Meinung hatte ich schon am Nachmittag zu Papier gebracht und als «Kanzlervorlage» hinübergeschickt.

Ich schreibe: «Nach Lektüre der ersten Seiten war ich noch im Zweifel, ob ich Ihnen raten soll, den Text tatsächlich in Ihrer Hamburger Fassung im Bundestag zu sprechen. Jetzt, da ich die Seiten 82 a bis q zum zweitenmal gelesen habe, bin ich davon überzeugt, daß es eine andere Argumentation am Donnerstag nicht geben kann, es sei denn, Sie klammern das die ganze Republik beschäftigende Thema einfach aus und stehen dann als unehrlich und schönfärberisch da. Ich bin dafür, daß Sie genau so reden, weil es eine Alternative in Wahrheit gar nicht gibt. Es ist gut für *alle* Sozialdemokraten, also auch für Ihre Reputation am Tag danach.

Es bleibt offen, ob der FDP-Vorsitzende diesen entscheidenden Teil Ihrer Rede erträgt oder ob er schon am Donnerstag den Sprung tut. Das kann man jedenfalls nicht ausschließen. Dann freilich liegt die Verantwortung sonnenklar bei Genscher.

Einen Teil meiner eigenen Entwürfe habe ich gerade kassiert, weil sie – was mich gefreut hat – mit Ihrem Manuskript gedanklich übereinstimmen. Anderes, was vielleicht zur Ergänzung brauchbar ist, lege ich bei.

Es ist wohl selbstverständlich, daß Sie heute in der Fraktion ganz verhalten sprechen. Es darf von den Gedanken zwischen a und q auf keinen Fall etwas vorweggenommen werden, sonst ist die Donnerstagrede in jeder Hinsicht kastriert.»

Der Kanzler schwankt jetzt nicht mehr. Die Bemerkung «Reisende soll man nicht aufhalten» ist nur vordergründig an Lambsdorff adressiert. Gemeint ist der große Zauderer Genscher, der, wie es seine Art ist, mit den Augen rollen und gekränkt tun wird. Für jene aufrichtigen Liberalen in der FDP-Fraktion, die mit uns weitermachen wollen, aber wird der «Hamburger Teil» ein Signal sein. Immerhin ist seit heute nachmittag eine Entwicklung denkbar, die schon am Donnerstag zu einer Eskalation und zum Ausscheiden der vier FDP-Minister führen kann.

In der Fraktion hält sich Schmidt bedeckt. Nur läßt er die sozialdemokratischen Volksvertreter heute nachmittag nicht länger daran zweifeln, daß der Bruch beinahe unvermeidbar geworden ist. Das merken auch solche Abgeordnete, die nicht zu den sensitiven Gemütern gehören, spätestens an jener Stelle, als er vom «Tag danach» redet und sagt, daß «wir uns so aufführen müssen, daß wir auch nach einem Jahr oder nach fünf Jahren noch damit zufrieden sein können». Dann schildert er, als lese er aus einem Logbuch vor, sein schier hoffnungsloses Bemühen, Genscher zu einer klaren Auskunft über dessen Absichten zu bringen: das Treffen in Hamburg am 31. Juli, die Kabinettssitzung am 25. August, das Gespräch mit dem Vizekanzler im Beisein von Lambsdorff und Wischnewski. Er berichtet, wie er ihn wenige Tage nach seiner Feststellung im Kabinett: «Wir sollten uns mit dem Blick auf Hessen so verhalten, daß die Arbeit der Bundesregierung nicht Schaden nimmt», ein weiteres Mal gefragt habe: «Was denken Sie, Herr Genscher, darüber» und wie Genscher geantwortet habe: «Ich meine es ganz genau so.» Zeitpunkt dieses Dialogs: Sonnabend, 28. August. Der Kanzler hatte noch hinzugefügt: «Falls Sie Ihre Meinung ändern sollten, bitte ich, mir das offen zu sagen.» Der andere hat sich seither verschwiegen. Wie lange noch meint er, den Kanzler so behandeln zu können? Steht die SPD, steht diese Republik wirklich zur Disposition von Hans-Dietrich Genscher?

Der Kanzler bestätigt vor der Fraktion meine Mitteilung vor der Bonner Presse: «Klaus Bölling hat recht gehabt. Ich brauche keine Vertrauensfrage.» Er berichtet, was er in der Kabinettssitzung Lambsdorff gesagt hat, und erläutert seine Bemerkung über die Richtlinienkompetenz, die der Graf und wohl alle am Kabinettstisch richtig verstanden haben: als Drohung, daß der Regierungschef nicht mehr weit von der Entscheidung entfernt sei, den Minister zu entlassen. Daß er die brüskierenden und hoffärtigen Äußerungen von Lambsdorff gekontert hat, veranlaßt die Fraktion zu starkem Beifall. Noch benutzt Schmidt den Konditionalis, wenn er davon spricht, wie sich die Sozialdemokraten zu verstehen haben, wenn jetzt eine «Epoche» zu Ende geht. Er macht klar, daß er diese bittere und – was die Wirtschaftsliberalen angeht – mit unanständigen Mitteln geführte Auseinandersetzung nicht zum Anlaß seiner Demission nehmen wird: «Ich stehe das durch.» Unter dem Beifall einer jetzt emotional aufgerührten Fraktion spricht er davon, daß er selber und alle anderen Sozialdemokraten später mit gutem Gewissen in den Rasierspiegel gucken müßten. Ausführlich zitiert er den Oertzen-Brief («Du mußt wegen der Bewahrung des äußeren und inneren Friedens die Regierungsverantwortung mit Klauen und Zähnen verteidigen»). Der Schlußsatz des Professors lautet: «Ultra posse nemo obligatur.»*

Die meisten Abgeordneten folgen der Analyse von Oertzen, der sich gleichsam stellvertretend für eine große Mehrheit von Sozialdemokraten in diesem Augenblick hinter Schmidt stellt. Nur Egon Franke sinniert brummelnd über die «späten Einsichten» des Peter von Oertzen.

Herbert Wehner hat heute morgen im Deutschlandfunk

---

* «Über sein Können hinaus ist niemand (etwas zu leisten) verpflichtet.»

sibyllinisch über die Vertrauensfrage nachgedacht und damit Verwirrung gestiftet, offensichtlich immer noch in schlechter körperlicher und psychischer Verfassung.

Die Fraktion will, was der Kanzler vorgetragen hat, nicht zerreden. Alle spüren, daß Genscher, der die Fähigkeit der Sozialdemokraten zur Selbstverleugnung überstrapaziert hat, innerlich schon am anderen Ufer angelangt ist. Sie geben dem Kanzler recht, daß man den Prozeß des Siechtums jetzt möglichst verkürzen sollte. Auch Norbert Gansel*, der es dem Kanzler noch nie leichtzumachen wünschte, plädiert für Abkürzung der Diskussion. Die Fraktion beklatscht den Kanzler lange und mit Herzlichkeit, als er ausführt, es gehe um weit mehr als um die Regierungsmacht, nämlich um das Ende einer geschichtlich bedeutsamen Phase, in der Sozialdemokraten deutsche Politik im Sinne von innerem und äußerem Frieden hätten gestalten können. Schmidt warnt heute schon vor der Illusion, daß man die Macht so schnell wird zurückgewinnen können.

Gleich zu Beginn des Kleeblatts erklärt uns der Kanzler, warum er übermorgen als Kanzler und als Sozialdemokrat sprechen will. Die SPD und er selber müßten vor sich selber bestehen können. Der Ungenauigkeit des geschichtlichen Vergleichs ist er sich bewußt, wenn er sagt, er wolle später nicht mit dem Reichskanzler Müller-Franken oder auch mit Otto Braun** verglichen werden, die sich einer gleichsamen geschichtlichen Herausforderung im Weimarer Dilemma nicht gewachsen zeigten, auch möchte er nicht als tumber Tor dastehen, jetzt, da klar zu sein scheint, daß Genscher die Bundesregierung spätestens am Abend des 26. September als eine Regierung auf Abruf behandeln wird. Irgendwann bricht der über Jahr und Tag angestaute Zorn aus ihm heraus: «Ich habe diese Wackelpartei satt.» Die Charakterisierung der FDP ist in Wahrheit eine ihres Vorsitzenden.

* SPD-Bundestagsabgeordneter.
** Preußischer SPD-Ministerpräsident von 1920 bis 1932, von der Reichsregierung Papen aufgrund einer Notverordnung verfassungswidrig abgesetzt.

Seine Sprache bemüht sich jetzt nicht mehr um Subtilität. Auch Wischnewski beginnt sich innerlich von Genscher zu lösen, als dessen Seelenarzt er sich so oft betätigt hat, wenn auch meist mit geringem Erfolg.

Konow hält Schmidt und mir vor, daß wir uns bereits viel zu sehr auf einen einzigen Punkt fixiert hätten. Er ist im Widerspruch immer couragiert. Jetzt denkt er vielleicht wirklich zu sehr als Beamter. Richtig ist Ben Wischs Anregung, daß der Kanzler morgen abend mit Genscher reden und ihm von dem Plan etwas sagen muß, am Donnerstag den Versuch einer Klärung zu machen. Auch wird er dem Vizekanzler sagen müssen, daß er eine Lösung des Haushaltsproblems nicht mehr ohne Ergänzungsabgabe, nämlich durch eine stärkere Belastung der Oberschichten, herbeiführen will. Mir ist wichtig – und Schmidt akzeptiert das –, daß am Ende seiner persönlichen Erklärung der Gedanke von ihm wiederholt wird, den ich in der ersten Kabinettssitzung nach den Ferien für ihn formuliert hatte: Es bleibt dabei, daß es bei gutem Willen möglich sein kann, in einer gemeinsamen großen Anstrengung mit den Problemen fertig zu werden. Das ist nicht Selbsttäuschung, denn sollte es zu einem zusätzlichen Haushaltsloch in Höhe von 10 Milliarden kommen, wird diese Lücke unter Zuhilfenahme zusätzlicher Zinsgewinne der Bundesbank und einer moderaten zusätzlichen Nettokreditaufnahme, Verknappung einiger sozialer Transferleistungen, dennoch zu schließen sein. Das kann nur gelingen, wenn die von Manfred Lahnstein nach wie vor ungeliebte Ergänzungsabgabe als drittes oder viertes Element eines solchen Pakets hinzukommt.

Lahnstein hat dem Kanzler mit der Hand einen langen Brief geschrieben, in dem er von Scharfmacherei auf beiden Seiten spricht. Das ist ziemlich ungerecht gegenüber den eigenen Genossen. Sicher, ein Mann wie Herbert Ehrenberg[*] und einige andere Sozialdemokraten wollen das Regieren schon seit geraumer Zeit drangeben. Aber haben nicht auch

---

[*] Bundesminister von 1976 bis 1982.

sie viele gute Gründe verfügbar? Die Scharfmacher sitzen tatsächlich auf der Seite jener Partei, in der die Nachfahren von Reinhold Maier oder Thomas Dehler* nur eben noch geduldet werden.

Am Abend meldet sich am Telefon wieder der Innenminister. Er berichtet mir im Detail über den Auftritt des Grafen in der FDP-Fraktion. Dort hat Lambsdorff zwar nicht das dem Kanzler für morgen zugesagte Papier verlesen, aber doch ausführlich unter dem Titel «Manifest der Marktwirtschaft» sein wirtschaftspolitisches Credo vorgetragen, mit dem er sich als der letzte furchtlose und unbestechliche Gefolgsmann von Ludwig Erhard selber ein Denkmal zu setzen plant. Doch Baums Bericht, der den Eindruck vermitteln soll, der Graf habe sich zwischen die Stühle gesetzt, ist höchst subjektiv. Der Minister meint, daß in der FDP ein Prozeß des kritischen Nachdenkens über die Lambsdorff-Thesen begonnen habe, den wir Sozialdemokraten jetzt bitte nicht stören sollen. Man müsse, sagt Baum, die beiden Parteien wieder zum Gespräch zusammenführen. Auf meine Fragen, wann und wie das geschehen soll, kommt die in Wahrheit seine Schwäche im FDP-Führungszirkel enthüllende Antwort: «Das kann leider erst nach dem 26. September passieren.» Baum ist, was immer seine ganz persönlichen Motive sein mögen, mit ganzer Kraft um Heilung bemüht. Da aber die Fundamente so tiefe Risse haben, wird er nichts mehr ausrichten können. Was er seinem einfallsreichen Ghostwriter Thomsen über liberale Identität für Genscher hat aufschreiben lassen, ist sympathisch, aber in Wahrheit heute schon zu nobler Makulatur geworden. Die Beschwörung von Karl-Hermann Flachs fortschrittlichen Ideen wirkt eher geisterhaft.

---

* Von 1949 bis 1953 Bundesjustizminister, von 1954 bis 1957 Bundesvorsitzender der FDP, gestorben 1967.

8. September 1982

Frühstück der Sozialdemokraten im Bungalow. Die Regenerationsfähigkeit des Kanzlers ist geradezu unheimlich. Auch er hat letzte Nacht nicht mehr als drei Stunden Schlaf gehabt. Die alte Geschichte: Krisensituationen sind eine Art Stahlbad für ihn. Der Frühstücksappetit der meisten Minister läßt auf gutes seelisches Gleichgewicht schließen. Schmidt witzelt: «Ihr langt ja zu, als sei es das letzte Mal.» Der Kanzler braucht heute morgen nicht wieder eine längere Analyse zu liefern. Daß der Graf so schnell wie möglich raus will und, vielleicht, möglichst schnell in eine renommierte Lebensversicherungsgesellschaft strebt, ist für die Anwesenden keine besonders wichtige Information. Auch die Schmidt-Bemerkung wird nicht mehr als überraschend empfunden, daß nach seiner Einschätzung Genscher bis Hessen an der Option festhalten will, im sozialliberalen Bündnis zu bleiben, um dann aber einen Streit über den Haushalt '83 anzuzetteln, damit er sich für seinen Parteitag gehörig illuminieren kann, natürlich mit der Absicht, die Koalition über die Konsequenzen aus den verschlechterten Wirtschaftsdaten hochgehen zu lassen.

Hans Apel findet Zustimmung, als er sagt, daß die Unklarheit über die Bonner Situation ein mehr und mehr hemmender Faktor für die Wirtschaft zu werden beginnt. Anders als die Bonner Journalisten glaubt der Kanzler nicht an eine Stabilisierung, die sich angeblich am heutigen Tag vollzogen haben soll. Er sagt: «Das Karussell hat sich beschleunigt. Die Leute haben die Schnauze voll.» Dann zitiert er sich sinngemäß aus der gestrigen Fraktionssitzung: «Die Wahrscheinlichkeit, daß Genscher aussteigt, wächst von Woche zu Woche, und die SPD muß am Tage X nach dreizehn Jahren politischer Gestaltung dieser Republik überzeugend dastehen. Es darf nicht eine Kleinigkeit sein, über die sie stolpert.»

Die Heiterkeit im Kabinett kurz nach 9 Uhr bei der Begrüßung zwischen Kanzler und Genscher wirkt bizarr. Sie verfliegt auch sogleich, als Schmidt, ohne Namen zu nennen (er meint Lambsdorff und Ertl), die ihm als unloyal erscheinenden Äußerungen von Kabinettskollegen erwähnt, auf die er sich in den nächsten Tagen zurückzukommen vorbehält. Es gehe um Regeln, die jedenfalls von Regierungsmitgliedern beachtet werden müßten. Auf andere habe er ja keinen Einfluß.

Eine unter anderen Umständen harmlos-lustige Szene illustriert die Spannung. Hans Apel erwähnt, daß er morgen im hessischen Wahlkampf und deshalb nicht im Plenum des Bundestages sein kann. Genscher: «Da muß doch pairing möglich sein.»* Zwischenruf von Baum: «Mit Dregger.» Die Sozialdemokraten lachen. Genscher verzieht keine Miene. Der Kanzler schlägt nach: «Den überlassen wir (fürs pairing) Genscher.» Der Vizekanzler, der in diesen Tagen mit einem künstlich wirkenden Lächeln durch Bonn läuft, blickt jetzt eisig.

Später diskutieren wir zum wiederholten Male die Kabeljaugeschichte. Schmidt meint (und erinnert sich ausnahmsweise nicht genau), daß die für unsere Hochseefischerei ungünstige Lage durch das Zögern von Ertl verursacht worden ist. Das bringt «Bruder Josef» in bayrischen Zorn: «Dann suchen Sie sich einen neuen Minister. Das ist kein Stil. So geht das nicht.» Der gerechte Jürgen Schmude kommt Ertl zu Hilfe. Der Kanzler entschuldigt sich. Dies war vermutlich die 111. Rücktrittsdrohung des hitzigen Ministers. Diesmal wäre er beinahe aus dem Kabinett rausgelaufen.

---

* Nach dem «pairing» kann ein Parlamentsmitglied, das nicht anwesend sein möchte, mit einem Mitglied der Opposition vereinbaren, zur gleichen Zeit abwesend zu sein, so daß sich ihre Stimmen bei jeder namentlichen Abstimmung, die während ihrer Abwesenheit stattfinden könnte, neutralisieren. Das «pairing» hat also zum Ziel, im Wege der Vereinbarung die Mehrheitsverhältnisse im Parlament aufrecht zu erhalten, wenn Abgeordnete verhindert sind, an den Sitzungen teilzunehmen. Das «pairing» wird vom Bundestag vor allem mit Rücksicht darauf praktiziert, daß ständig eine Reihe von Abgeordneten an Sitzungen übernationaler Gremien, zum Beispiel des Europäischen Parlaments, teilnimmt.

Lambsdorff, der sonst Härte mit Heiterkeit zu camouflieren versteht, wirkt bedrückt. Augenscheinlich ist er über die Fraktion enttäuscht, in der er sich bei der Präsentation seines wirtschaftspolitischen Credos als der «Erhard der achtziger Jahre» (Hans-Dietrich Genscher) gefeiert zu sehen hoffte.

Man kann nicht einmal besondere Spannung im Kabinett feststellen. Es ist eine Mischung von Geschäftsmäßigkeit und aufziehender Resignation. Irgendwann treffen sich draußen die FDP-Minister. Nur der vierte, Gerhart Baum, bleibt am Kabinettstisch zurück, den brauchen sie nicht, der stört.

Schmidt läßt sich nichts anmerken. Am Abend, vermutlich gegen 21.30 Uhr, wird er Genscher in seinem Arbeitszimmer treffen. Dann wird der Vizekanzler erfahren, daß der Regierungschef morgen im Parlament für eine Viertelstunde, scheinbar auf Helmut Kohl zielend, in Wahrheit ihn, den ungetreuen Partner, ins Visier fassen und drängen wird, endlich das elende bißchen Mut zur Wahrheit zu zeigen. Vermutlich wird Genscher abermals ausweichen. Was denn sonst? Um nahezu jeden Preis möchte er über die Hessenwahlen hinweg. Ben Wisch plagt die Ahnung, daß die Explosion vielleicht schon morgen stattfinden wird. Dabei ist die Rede des Kanzlers nahezu unangreifbar. Es ist allenfalls eine Provokation in der Sache, die er der Selbstachtung der SPD und seiner eigenen Person nun auch dringend schuldet.

Der FDP-Vorsitzende wird es schwerfinden, den Gekränkten zu spielen. Er muß sich ertappt fühlen, womit er schon nicht mehr zu rechnen schien.

Merkwürdig, daß sich manche Bonner Journalisten so schnell von Stimmungen beeindrucken lassen, die von Tatsachen ganz und gar nicht gedeckt sind. Sie berichten, daß sich die Spannungen bereits verflüchtigen und alles wieder ins Lot zu kommen scheine. Doch morgen schon wird sich die Eskalation fortsetzen, unvermeidlich. Denn nicht nur die Beobachter in Bonn, auch die am Fernseher sitzenden

Bürger werden bei der persönlichen Erklärung des Kanzlers begreifen, daß hier nicht so sehr ein ungeduldig auf Einlaß ins Machtzentrum wartender Pfälzer als vielmehr ein um seine politische Existenz zitternder Hallenser gemeint ist.

Es braucht nicht eigens den Rat des seit Jahren gleichsam psychotherapeutisch um Genscher besorgten Ben Wisch. Natürlich wird der Kanzler seinen Stellvertreter am Abend davon unterrichten, daß er in die Regierungserklärung eine «persönliche Erklärung» zur Koalition aufnehmen wird. Natürlich darf sich Genscher nicht düpiert fühlen. Der Kanzler jedenfalls wird sich nicht vorhalten lassen, daß er jemanden verschaukelt.

Genscher kommt gegen 22 Uhr. In der Tagesschau hat er Ernst Dieter Lueg* sagen hören, daß er, der Kanzler, den liberalen Partner morgen annehmen werde. Der Kanzler versichert Genscher, daß er im Bundestag seine Bereitschaft zum Weiterregieren bekunden, daß er aber auch Herrn Kohl auffordern werde, das konstruktive Mißtrauensvotum zu versuchen. Die Sache ist ihm unheimlich. Der Vizekanzler versucht Schmidt davon abzubringen. Das stört ja seine Kreise. So ist das immer gewesen. Mit mal groben, mal mit subtilen Mitteln hat uns dieser Mann über lange Jahre einzuschüchtern, ja gleichsam zu erpressen versucht, ob es um den Einstieg in eine Selbstbeteiligung bei der Krankenversicherung ging oder um eine vernünftige Begrenzung der Bundeswehrstärke bei einer künftigen Verabschiedung über MBFR**. Der Kanzler läßt sich heute abend nicht aufs Debattieren ein. Er sagt ihm, daß er mit seinem Manuskript noch nicht fertig sei. Das ist nicht die ganze Wahrheit. Die gedanklichen Linien sind natürlich gezogen.

Gegen 23 Uhr verläßt Genscher den Kanzler. Auf dem Gelände des Kanzleramtes fährt der FDP-Mann an mir vorbei ins Dunkle. Der Kanzler und ich reden noch eine Weile

---

 * Bonner Korrespondent des Deutschen Fernsehens.
** MBFR. Mutual Balanced Force Reduction Talks: Verhandlungen über einen ausgewogenen Truppenabzug in Europa seit 1973 in Wien.

über den morgigen Tag. Der wird ganz wichtig sein in der Geschichte unserer Republik.

Wir reden über Genscher. Schmidt hat sich, auch wenn ihn über die Jahre manches Mal der Zorn packte, im Urteil über den FDP-Vorsitzenden sprachlich stets diszipliniert. Das tut er auch heute nacht. Nur widerspricht er nicht mehr meinen Einschätzungen. Und die waren – ich weiß, das klingt ziemlich selbstgerecht – schon vor acht Jahren dieselben wie heute. Eine bisweilen furchterregend scharfe Intelligenz, ein Mann, der, wie manche, die aus der DDR kommen (wo sie ihre Talente nicht entfalten konnten), eisern nach oben strebte, Geltung und Macht gewinnen wollte. Die lange Krankheit hat ihn natürlich stark beeinflußt. Da habe ich stets viel Respekt gehabt. Aber jetzt, da ich mit dem Kanzler über den Mann und seinen Charakter rede, frage ich den Regierungschef, ob nicht auch er vergebens nach dem inneren Standort dieses Sachsen gesucht hat. Wofür hat der eigentlich gestanden? Was denkt und fühlt er, wenn er seine großen Sprüche über Liberalität macht? Nach einigen Begegnungen schon Mitte der siebziger Jahre war ich mir sicher, daß er mit Thomas Dehler, den er gern zitiert, wenn sich die Witterung dafür eignet, wenig oder nichts zu schaffen hat. Was hat dieser Mann mit dem Liberalismus zu tun? Manchen dienen seine DDR-Erlebnisse zur Erklärung seines leidenschaftlichen Freiheitswillens. Wie oft habe ich das selber mitangehört, wie oft habe ich mit ihm selber gesprochen und dieses Erlebnis gehabt: Er ist in Wahrheit viel eher ein law-and-order-Mann. Das Liberale ist eher gefällige Draperie.

Die Versuche von Gerhart Baum und dem im besten Sinne liberal gesinnten Andreas von Schoeler[*], auf dem Feld liberaler Rechtspolitik etwas nach vorn zu bewegen, bei den Nachrichtendiensten, beim Demonstrationsrecht, beim Zwiegespräch mit den jungen Leuten, die sich aus der RAF-

---

[*] Andreas von Schoeler, Parlametarischer Staatssekretär im Bundesinnenministerium von 1976 bis 1982, Mitglied des FDP-Vorstandes.

Szene lösten und zurückwollten, das alles hat Genscher eher unter dem Gesichtspunkt beurteilt, ob es beim Publikum «ankommt», ob es der Partei nützt oder schadet.

Genscher ist eigentlich nicht schillernd, er ist ein durch und durch konservativer Politiker, der sich dem Zeitgeist anpaßt. Seine Überzeugungen werden von der Lektüre der Allensbach- und Infratest-Berichte mehr als nur gestreift. Er inhaliert demoskopische Zahlen wie ein Drogensüchtiger.

Auf seinen Instinkt, wo die stärkeren Bataillone zu orten sind, kann er sich allezeit verlassen. Heute nacht erinnere ich mich – und sage es dem Kanzler – an eine Beschwerde des Vizekanzlers über meine, wie Genscher es sah, einseitige, nur Schmidt illuminierende Informationspolitik. Das war vor den Bundestagswahlen 1980. Irgendwann kam er eigens zu Schmidt und führte Klage. Der Kanzler, im Kleeblatt, warnte mich freundschaftlich. «Habe ich recht?» fragt er Wischnewski. Der sagte: «Der Klaus muß aufpassen.» Aber auch Manfred Schüler*, freundschaftlich-verständnisvoll zu mir rüberblickend, stimmte zu. Da ging ich anderentags ins Auswärtige Amt. Genscher hat gemerkt, daß ich eine Order befolgte.

In dieser Nacht widerspricht der Kanzler diesem Genscher-Bild nicht mehr, will es aber auch nicht in jedem Punkt bestätigen. Er hat sich viele Male als Mann um die Freundschaft des anderen bemüht, wenigstens um eine ordentliche menschliche Beziehung. In den Tagen, da wir mit der Opposition um den Polen-Vertrag kämpften, gab es scheinbar eine Möglichkeit. Da redeten die beiden im Palais Schaumburg über die deutsche Schuld an Polens schlimmster, von Hitler bewirkten Teilung. Der Außenminister war an diesem Tag auf der Seite des Kanzlers. Richtig sei, daß die Sozialliberalen gegenüber Polen eine ähnliche Aufgabe zu leisten hätten, wie sie Adenauer gegenüber Frankreich voll-

---

* Von 1974 bis 1980 Staatssekretär im Bundeskanzleramt, heute Vorstandsmitglied der Frankfurter Kreditanstalt für Wiederaufbau.

bracht hatte. Da waren sie gleichgestimmt. Da war von Kriegserlebnissen die Rede – nicht wie an deutschen Stammtischen –, sehr ernst, sehr prinzipiell. Damals, 1975 im August, konnte man etwas Gemeinsames erhoffen. Das war eine Täuschung. Selbst kleinste Feldvorteile, freundliche Beleuchtung in der Presse (bis hin zu Lokalblättern in Flensburg oder Rosenheim), sind für Genscher wichtig.

Habe ich heute nacht zu emotional geredet? Als ich den Kanzler verlasse, meine ich ziemlich sicher zu sein, daß er über den Stellvertreter nicht viel anders denkt. Eine Genugtuung ist das nicht. Genscher arbeitet seit langen Monaten auf Rechnung von Helmut Kohl. Mit dem Pfälzer hat er sich neuerdings etliche Male getroffen. An dessen Seite will er überleben, wissend, daß der Universalist für die Bundesrepublik trotz seines unendlich guten Willens keine großartige Perspektive ist. Das muß er doch sehen. Er sieht es auch. Nur es zählt für ihn nicht. Kohl verbürgt fürs erste das Tätigbleiben Genschers im Auswärtigen Amt, die Macht ist die Herrlichkeit. Die Neuwahlen wird er ihm, solange es geht, ersparen. Kohl ist für Genscher gleichsam der einzige Dealer, der ihn mit dem Stoff versorgt, ohne den der Außenminister nicht leben kann. Also ist das sein Mann. Er, Genscher, in der Opposition?

9. September 1982

Nach der Rede im Bundestag zur «Lage der Nation» hört man niemand mehr sagen, daß sich Schmidt wegduckt. Es war höchste Zeit, daß er der Genscher-Partei gezeigt hat, wo die Grenzen seiner Langmut verlaufen. Das ist eine große und starke Rede. Das spüren die Bürger buchstäblich zwischen Flensburg und Rosenheim! Auch von den Gegnern wird das nicht bestritten. Nur die Unions-Hinterbänkler feixen und machen hämische Zwischenrufe, manche voller Haß. Was Schmidt in den Sachkapiteln über die Lage der Nation sagt, wird überhört. Heute interessiert nur der Hamburger Part. Die Fraktion beginnt wieder zu atmen. Der Kreislauf der Sozialdemokraten kommt in Gang. Daß auch Schmidt die Notwendigkeit als unabweislich sieht, das soziale Netz den veränderten wirtschaftlichen Daten anzupassen, wird genau gehört. In dieser Stunde aber bewegt die Abgeordneten ungleich mehr, daß sich Schmidt mitten in die Partei stellt und, wenngleich in einer gezügelten Sprache, das Ende seiner Geduld mit der Pendler- und Wackelpartei signalisiert.

Nachher werden die meisten sagen, das sei bereits eine Abschiedsrede gewesen. Ja, der Kanzler weiß, daß der andere auf dem Weg in den vermeintlich rettenden Hafen ist und nicht mehr umkehren wird. Er wird dennoch Disziplin halten und sich nicht provozieren lassen. Genscher spürt, wie nahezu jeder im Bundestag, daß der Kanzler niemandem gestatten wird, ihn oder seine Partei zu demontieren, wie er es vor drei Monaten vor der Fraktion angekündigt hatte. Die Fraktion applaudiert dem Kanzler stehend. Willy Brandt kommt zur Regierungsbank und faßt nach der Hand von Schmidt. So verschieden die beiden Männer auch sind, in diesem Augenblick gibt es zwischen ihnen tatsächlich etwas von diesem «Wir-Gefühl», das sich ansonsten in der Partei schon verflüchtigt hat. Auch künftig werden die beiden nicht sein wie Don Carlos und Marquis Posa.

Kohl beginnt mit flacher Polemik. Auch die urteilsfähigen Mitglieder seiner Fraktion bemerken, daß er der Herausforderung nicht gewachsen ist. Dabei hätte er eine Chance, nämlich unter Verzicht auf Wahlkampflosungen ein richtiges, die Bürger vielleicht sogar beflügelndes Programm für eine von ihm geführte Regierung vor das Parlament zu stellen.

Genscher hat in der Mittagspause erst mit Lambsdorff, dann mit Mischnick über jene Passage seiner Rede gesprochen, die eine mittelbare Antwort auf Schmidt sein soll. Die ist handwerklich hervorragend, raffiniert und noch eine Bestätigung mehr, daß er davon will, nur eben nicht gleich, ein bißchen später. Der «Haushalt '83» wird die Bewährungsprobe sein, sagt er. Er will heute schon festmachen, daß er mit Positionen in diese Gespräche geht, die sachlich scheinbar gar nicht zu widerlegen sind. Genau wie der kluge Albrecht Müller, Chef der Planungsabteilung im Kanzleramt, vorhergesagt hatte, präsentiert sich Genscher als der Lordsiegelbewahrer wirtschaftlicher Vernunft und als der Mann, der keinen anderen Ehrgeiz kennt, als anderen, sprich den Sozialdemokraten, den Weg zur Überwindung der Arbeitslosigkeit zu weisen. Es ist schon bizarr, den Vertreter einer Partei, die sich sonst rigoros an den Wirtschafts- und Einkommensinteressen ihrer Stammwähler orientiert, als Sachwalter der Arbeitnehmer sich darstellen zu sehen, ja gleichsam als den besseren Sozialdemokraten.

Wen erstaunt es jetzt noch, daß er überwiegend von der Opposition Beifall bekommt. Darauf ist seine Rede ja berechnet. Merkt er eigentlich, daß dieser Beifall wenig mit Achtung vor dem Redner zu tun hat? Die da mit breitem Vergnügen die Hände bewegen, wissen doch genau, daß der Kollege Genscher mitsamt seiner Fraktion bei Neuwahlen weggepustet zu werden droht. Und daran ist kein anderer schuldig als Genscher selber, der es stets allen rechtzumachen wünschte, der mal dahin und mal dorthin schwankte und es für seine Person niemals fertigbrachte, sauber zu definieren, was eine liberale Partei zwischen SPD und Union positiv bewirken soll.

Verstehen konnte ich immer schon, daß junge Leute sich mit dem Kanzler schwertaten. Bis einige auf dem Hamburger Kirchentag am 18. Juni 1981 spürten, daß Schmidt etwas dämmerte, daß er zu verstehen begann. Ungleich besser habe ich jene jungen Bürger begreifen können, die Genscher als die Personifikation bloßen Machtdenkens sahen und ihm als Verteidiger des gesellschaftlichen Status quo mißtrauten, die Jungdemokraten eingeschlossen.

Es ist rührend und bedrückend zugleich, wie am Ende dieses bedeutsamen Tages immer noch einige Sozialdemokraten auf ein Wunder hoffen: «Bring me my Genscher back.» Auch der kluge Jürgen Schmude, der sich seit geraumer Zeit nicht nur in Fragen der Rechtspolitik mit Gerhart Baum gut zu verstehen scheint, unternimmt auf vielen Radiowellen immer neue sozialliberale Wiederbelebungsversuche.

Und Wolfgang Mischnick, der Notarzt der Koalition? Auch der ist in Wahrheit abgereist. Gewiß, er möchte die sich über Lambsdorff täglich mehr polarisierende Fraktion zusammenhalten, das ist aller Ehren wert.

Jene Genossen, die immer noch auf ein Marnewunder am Rhein setzen, klammern sich an Mischnicks scheinbar Loyalität verbürgende Sätze und überhören seine entscheidende Passage: «Natürlich hat der Wähler 1965 den Kanzler Erhard und den Vizekanzler Mende durch seine Wahl unterstützt – und es kam dann ein Kanzler Kiesinger mit einem Vizekanzler Brandt. Ich habe das nicht als eine Verfälschung des Wählerauftrags angesehen, weil man aus einer veränderten Sachkonstellation zu einer Entscheidung gekommen war.» Der eigentlich allen Abenteuern in der Politik abgeneigte Dresdner hat sich nun endgültig auf die Seite des Adventuristen Genscher geschlagen. Es mag ihm inwendig Schmerz bereiten. Den will er aushalten.

Die veränderte Sachkonstellation ist nun auch für Mischnick gegeben, der genau weiß, daß seine FDP ohne eine Absprache zur Verhinderung von Neuwahlen ins Bodenlose fallen wird. Die «Sachkonstellation» – das sind die kumulierten Ergebnisse aller Genscher und ihm vorliegenden demoskopischen Umfragen. Mischnicks vorsichtig distanzierende Bemerkungen zu dem für Donnerstag im Kanzleramt erwarteten Lambsdorff-Grundsatzpapier beziehen sich in Wahrheit nur noch aufs Prozedurale. Manches mag ihm überspitzt erscheinen. Nicht mit Überschwang (den gibt es, wie auch der Kanzler längst weiß, bei Walter Scheel) hat Mischnick die Fahnenflucht jetzt auch für sich vollzogen. Er tut es für die Partei, für die Partei, wirklich nur für die Partei, gewiß nicht aus «niederen Beweggründen».

Graf Lambsdorff ist am Abend dieses Donnerstags voll des Lobes für Genscher, den er in kleinstem Kreis schon manches Mal wegen dessen Wankelmut hart ironisiert hat. Der Aristokrat hat kein besonderes Faible für seinen Vorsitzenden, den er wohl auch nicht für einen Gentleman im Sinne der Ideale des britischen Kardinal Newman* hält.

10. September 1982

Kanzleramtslage. Konow leitet straff. Seinem Temperament widerstrebt es, jetzt nur noch abzuwickeln. Er hat zu denen gehört, die bis zuletzt an der Hoffnung festhielten, und der, soweit sein Einfluß reicht, Brücken zu bauen versuchte. Ich frage, ob das Kanzleramt die gezielte Indiskretion eines Briefs von Staatssekretär Schlecht mit Schweigen quittieren will. Das Schreiben, als Material für Schmidts Bericht zur «Lage der Nation» gedacht, war an den Regierungschef gerichtet. Der Schlecht-Brief ist gleichsam das Entrée zum Lambsdorff-Manifest. Von seiner Umgebung ist das Schreiben an die CDU weitergereicht worden. Heute druckt es die *Welt*. Der CSU-Abgeordnete Riedl hat es dem Bundesfinanzminister bereits triumphierend vorgehalten. Eigentlich müßte Konow jetzt Schlecht zur Rede stellen. Dann wird es natürlich heißen, das Kanzleramt wolle dem Kanzler unbequeme Wahrheiten zudecken. Wir sind, bedrückend genug, schon zu schwach, auf solche Unaufrichtigkeiten mit der verdienten Härte zu reagieren.

Zum Kleeblatt kommt heute auch Manfred Lahnstein. Gestern abend ist das Lambsdorff-Papier angekommen. In einem Begleitschreiben liefert der Graf indirekt den Beweis dafür, daß er, was die Vorbereitung für den Wechsel betrifft, in den letzten Wochen nicht müßig gewesen ist. Das Konzept, schreibt er, habe er während der Sommerpause (also unmittelbar, nachdem er dem Haushaltskompromiß ohne Widerrede zugestimmt hatte) mit seinen Mitarbeitern

---

* John Henry Newman, geboren 1801, anglikanischer Theologe, 1845 zur katholischen Kirche konvertiert, 1879 Kardinal, gestorben 1890.

zu Papier gebracht. Wunderbar, diese seherische Kraft des Bundesministers!

Zum Schluß eine neue Herausforderung des Grafen an den Kanzler: «Mit dem Vorsitzenden der FDP-Fraktion habe ich vereinbart, daß ich die Ausarbeitung den Mitgliedern der Fraktion am kommenden Sonntag zustelle.» Während wir im Arbeitszimmer von Schmidt eine erste Analyse des Papiers durch den zuständigen Abteilungsleiter hören, ruft Mischnick an und verlangt nach Konow. Der kommt Augenblicke später mit der Nachricht zurück, der Fraktionsvorsitzende sei bereit, auf Lambsdorff einzuwirken, damit dieser das Papier zunächst nicht an die Abgeordneten weiterreiche.

Seltsam, denn Mischnick hatte doch gerade erst dem vom Lambsdorff gewünschten Procedere zugestimmt. Ist das ein wirklich ganz ehrlich gemeinter, letzter Versuch zu kalmieren und zu retten? Wir haben das Grafen-Papier schon vorher gelesen. Nur der Kanzler noch nicht. Er holt das schnell nach. Wir stimmen überein: Es ist eine ökonomische und politische Kampfansage an die Sozialdemokraten. Jetzt redet Ben Wisch wieder so wie einst als Bundesgeschäftsführer. Weil er sich um Genscher über lange Jahre so viel Mühe gegeben, so vieles geschluckt hat, ist er heute doppelt enttäuscht und ganz persönlich getroffen.

Wir analysieren: Der Entscheidungsprozeß ist für die Freien Demokraten durch dieses Papier eher schwieriger geworden. Was Lambsdorff hier auf 34 Seiten aufgeschrieben hat, sagt der Kanzler, hätte auch vom Stab des BDI-Präsidenten entworfen werden können. Da gibt es einige Anregungen, die durchaus vernünftig sind, über die man zwischen den Koalitionspartnern durchaus hätte reden können. Dann aber: Reduzierung des Arbeitslosengeldes auf 50 Prozent. Das sind so die gräflichen Rezepte, um den Tagedieben Beine zu machen. Oft genug ist die Härte und das Kantige des Mannes von seinen Lobrednern gepriesen worden. Weil in unserer Gesellschaft solche Archetypen rar geworden sind, haben Politiker wie er Konjunktur. Dabei ist es mit seinem Löwenmut bei näherem Zusehen nicht immer so weit her. Eben hatte er noch in seinem Papier Karenztage auch für die Lohnfortzahlung verlangt. Die sind jetzt gestrichen. Trotzdem wird dieses «Krawallpapier» (sein CDU-naher Staatssekretär Otto Schlecht) am nächsten Dienstag zu ungemütlichen Konfrontationen in der FDP-Fraktion führen.

Lambsdorff hat die wesentlichen Gedanken seines Papiers bereits eine ganze Woche früher dem *Zeit*-Redakteur Piel anvertraut. Der Kanzler wird ihm nicht den Gefallen tun und ihn aus dem Kabinett entlassen. Darauf ist das «Krawallpapier» allerdings angelegt. Das wäre eine traurige sozialdemokratische Pointe, ausgerechnet Lambsdorff zum Märtyer machen zu helfen. Wir bestärken Schmidt darin, daß wir von uns aus keinen Versuch machen werden, die Veröffentlichung zu verhindern, was ohnehin mißlingen müßte. Es ist besser, wenn sich zunächst die Freien Demokraten mit ihrem Grafen beschäftigen. Den freilich wird die Kritik der koalitionstreuen FDP-Abgeordneten nicht berühren. Die hält er wohl, von Ausnahmen abgesehen, ohnehin nicht für besonders kompetent. Sowieso möchte er die Damen Schuchardt und Matthäus-Maier nebst männlichen Gesinnungsfreunden am liebsten zwangsweise in die SPD überführen.

Das Papier wird von uns gründlich durchgesprochen. Mitautor ist der konservative Ministerialdirektor Tietmeyer*, «Chefideologe» des BMWi, der sich seit langen Jahren, schon unter Hans Friderichs, nach Kräften als Bremser sozialliberaler Reformgesetzgebung betätigt hat. Doch selbst Tietmeyer geht manches zu weit. Das Papier ist jedenfalls eine klare Absage an die Wirtschafts- und Finanzpolitik der Bundesregierung. Wir fragen uns, wie der charakterstarke Balte die Drangsal vieler Kabinettsbeschlüsse seelisch ertragen hat. Kaum je hat er Vorbehalte zu Protokoll gegeben,

---

* Hans Tietmeyer, Leiter der Abteilung Wirtschaftspolitik im Bundeswirtschaftsministerium.

nur ein einziges Mal, in einer Nebensache, ist er im Kabinett überstimmt worden. Als Widerstandskämpfer gegen unsere vernunftwidrige ökonomische Politik hat er sich meisterlich getarnt. Seine Skrupel wußte er trefflich zu sublimieren.

Manfred Lahnstein, der bis in die letzten Tage noch gute Worte für den Grafen gefunden hat, äußert sich heute nachmittag unverwechselbar sozialdemokratisch. Das Papier, sagt er, reflektiert die klassische bürgerliche Nationalökonomie zur Bewahrung der gesellschaftlichen Privilegien. Das trifft's. Helmut Schmidt: «Es handelt sich um einen mit Sachverstand verfaßten Forderungskatalog im Interesse der Unternehmenswirtschaft, mit Zugeständnissen an den Mittelstand.» Und Lahnstein fällt auf: «Das Wort Solidarität kommt nicht ein einziges Mal vor.» Welche Überraschung!

13. September 1982

Kanzleramtslage. Einzig wichtiger Beitrag heute morgen der Genscher-Aufsatz für *Foreign Affairs*, der in diesen Tagen auch in der *Außenpolitik* erscheinen wird. Als handele es sich um einen Artikel vom zeitgeschichtlichem Rang jenes die Politik der «Eindämmung» intellektuell begründenden Beitrags von George Kennan[*] («Mister X») vom Ende der vierziger Jahre, hat das Auswärtige Amt den Artikel auf Weisung des Ministers in Hintergundgesprächen eigens «präsentiert», so wie das im Vatikan mit päpstlichen Enzykliken gemacht wird. Otto von Gablentz, Abteilungsleiter Außenpolitik, wertet den Artikel als völlig konsistent mit den Ansichten des Bundeskanzlers. Ein Kommentar von Theo Sommer[**] («All dies hätte Wort für Wort auch Helmut Schmidt schreiben können»), dient ihm zum Beweis. Richtig, der Aufsatz ist – wen wundert es bei diesem Verfasser – wiederum sehr geschickt und formal unangreifbar. Die

[*] US-Diplomat und Historiker, erhielt 1982 den Friedenspreis des Deutschen Buchhandels.
[**] Herausgeber der *Zeit*.

Außenpolitiker des Kanzleramtes bemerken nur «geringe Nuancen», in denen Genscher von den außenpolitischen Vorstellungen Schmidts abweicht. Das ist scheinbar zutreffend beobachtet. Denn auch Genscher spricht von Entspannung, natürlich von einer «realistischen» (die alte Strauß-Vokabel), und wendet sich gegen Konfrontation.

In Wahrheit verbergen sich hinter zwei Formulierungen tiefgreifende Divergenzen zum Kanzler. Obwohl Genscher die deutsch-amerikanische Freundschaft den «Eckpfeiler» der Allianz nennt, weiß man inzwischen von seinen Konfidenten, daß er die sachlich gut begründeten kritischen Äußerungen Helmut Schmidts über mehr als bloß anfechtbare Erklärungen von Ronald Reagan (die der Kanzler während der Julireise nach Kalifornien «off the record» zu Journalisten getan hat) heftig mißbilligt. In kleinem Kreis hat der Außenminister auch nicht gezögert, den Kanzler deshalb offen zu tadeln. Obwohl er die Schwächen der Politik Washingtons genau kennt, plädiert Genscher fast stets für Anpassung. Auch die Polemik gegen die «Äquidistanz» zielt unmittelbar auf Schmidt, der den Genscher mißliebigen Begriff von der Sicherheitspartnerschaft sehr bewußt gebraucht und argumentiert hat, daß es Sicherheit nicht *gegen*, sondern nur *mit* der Sowjetunion geben kann. Das ständige Deklamieren der europäisch-amerikanischen Wertegemeinschaft (die ist für den Kanzler seit dreißig Jahren zweifelsfrei) verdeckt nur die Sympathie des Außenministers für bestimmte und gleichsam konstitutive Elemente im Denken der erzkonservativen Reagan-Anhänger. Nie ist dem Kanzler im Traum eingefallen, die Sowjets und die Amerikaner als politisch und moralisch gleichwertige Größen in sein außen- und sicherheitspolitisches Kalkül einzusctzen. Hier wird von Genscher wieder einmal ein Popanz aufgestellt, damit am Tage X der Nachweis geführt werden kann, daß Schmidt und seine Partei das für uns lebenswichtige Bündnis mit Amerika einer gefährlichen Erosion ausgesetzt haben. Übergeordnetes Ziel: der Kanzler als heimliches Sicherheitsrisiko für das ganze westliche Bündnis, kaum noch willens oder schon zu schwach, sich gegen die Aufweichler in der eigenen Partei zu wehren.

Am Nachmittag im Parteivorstand der SPD. Ich begleite den Kanzler von der «Baracke» zum Amt. Fast eine halbe Stunde sitzen wir in seinem gepanzerten Mercedes, sprechen über die Lage der Koalition. Ich berichte von einem Telefonat mit Manfred Schüler, seinem Kanzleramtschef bis Ende 1980. Schüler ist nach Kanzlers Meinung nach wie vor ein urteilsstarker Gesprächspartner, auch wenn ihm mittlerweile in seiner Frankfurter Kreditanstalt für Wiederaufbau das «Herrschaftswissen» fehlt. Schüler sorgt sich sehr darum, daß der Kanzler trotz der guten Rede zur «Lage der Nation» in den nächsten Wochen in seinem Ansehen ramponiert werden kann. Darin sorgen wir uns alle. Der Kanzler bittet mich, darüber nachzudenken, welche der wenigen Möglichkeiten zum eigenen Handeln sinnvoll sind, ohne daß er seinem Vorsatz untreu werden muß, bis zum letzten Augenblick seine Pflicht als Kanzler zu erfüllen. Er brauchte nicht eigens daran zu erinnern, daß es in seiner Rede letzte Woche geheißen hat, er werde «gegenwärtig» die Vertrauensfrage nicht stellen.

14. September 1982

Von vertrauenswürdigen journalistischen Freunden wird mir berichtet, daß Genscher gestern im Journalistenzirkel «Ruderclub», wiederum höchst vorsichtig formulierend – ein sächsischer Casaroli* –, bei allen Teilnehmern den Eindruck bekräftigt hat, daß er zum Ausstieg fest entschlossen ist. Nicht anders hat sich in diesem der Opposition geneigten Kreis am Donnerstag letzter Woche Graf Lambsdorff geäußert. Es scheint mir wichtig, den Kanzler, einer gewohnten Übung folgend, über die Stimmungen und Strömungen in

---

* Kardinalsstaatssekretär Agostino Casaroli, «Außenminister» des Vatikan.

Bonn zu unterrichten. Er regt an, daß ich ihm meine Überlegungen zu dem gestern im Auto kurz besprochenen Thema gleich aufschreibe. Kurz vor der Fraktionssitzung schicke ich ihm den folgenden Vermerk:

Dem Herrn Bundeskanzler

Ausgangslage:
In den Hintergrundgesprächen haben BM Graf Lambsdorff am 9. September und BM Genscher am gestrigen Montag, 13. 9., im «Ruderclub» nach Informationen von X und Y keinen Zweifel daran gelassen, daß die FDP fest entschlossen ist, die Koalition zu verlassen. Genscher soll gestern zu erkennen gegeben haben, daß sich der Wechsel allerdings nicht so schnell wie gewünscht vollziehen könne. Der Zeitplan sehe drei Etappen vor:
1. Hessenwahl,
2. Haushaltsschlußrunde,
3. FDP-Parteitag Berlin.
Auf dem Parteitag glaubt Genscher eine klare Mehrheit der Delegierten gewinnen zu können. Der FDP-Vorsitzende äußerte sich im «Ruderclub» besorgt darüber, daß dieser Zeitplan dadurch gefährdet werden könne, daß die Sozialdemokraten (wegen des Lambsdorff-Papiers) das Tempo von sich aus beschleunigen.

Was die FDP-Bundestagsfraktion angehe, so glaubt sich Genscher trotz Kritik am Lambsdorff-Papier einer Mehrheit sicher sein zu können, seit Wolfgang Mischnick in seiner Bundestagsrede den Wechsel indossiert hat. Das Lambsdorff-Papier, mit dem er sich grundsätzlich identifiziert – das er auch für nützlich hält –, bereite ihm allerdings auch etwas Sorge, nicht zuletzt wegen der moglicherweise ungünstigen Wirkung auf das Abschneiden seiner Partei in Hessen. Meine Quelle berichtet, daß man zwischen FDP und CDU in personellen Fragen «ziemlich weit vorangekommen» sei.

Mögliche Reaktionen
1. Da BM Lambsdorff heute morgen im Deutschlandfunk gesagt hat, daß es möglich sein solle, die Grundgedanken

seines Papiers unter einem Regierungschef Kohl zu verwirklichen, daß es nach der Stellungnahme des SPD-Präsidiums «dazu beitragen» möge, «daß auch neue Koalitionsüberlegungen daraus entstehen», wäre die Entlassung des Ministers eine Option, über die noch einmal nachgedacht werden müßte, weil das DLF-Interview klarmacht, daß BM Lambsdorff für die Schlußrunde über den Haushalt augenscheinlich überhaupt nicht kompromißfähig ist. Analog hat das auch für BM Genscher zu gelten.

Die veröffentlichte Meinung ist in der Reaktion über Lambsdorff nicht einheitlich. Eine Entlassung, die natürlich zum Auszug der drei anderen FDP-Minister führt, motiviert SPD und Gewerkschaften und wird Börner im Wahlkampf vermutlich helfen. Den Bürgern wäre verständlich zu machen, daß ein Wirtschaftsminister, der seine Vorschläge zur Überwindung der Arbeitslosigkeit so einseitig an den Interessen der Oberschichten orientiert, auch nicht wenige Tage länger im Kabinett toleriert werden kann.

Gefahr dieser Option:

Lambsdorff wird zum Märtyrer, den seine Partei, unterstützt von der mehrheitlich konservativen Presse, als den furchtlosen Künder unbequemer Wahrheiten feiern würde, die der Bundeskanzler, der es eigentlich besser wissen müßte, nicht zu ertragen vermag.

2. Da sich Genscher offenkundig und unwiderruflich zum Verlassen der Koalition entschlossen hat, nutzen Sie Ihr Gespräch mit dem Oppositionsführer, um aus dem von Ihnen im Bundestag entwickelten Gedanken der Legitimität die Forderung nach Neuwahlen abzuleiten, weil das nach Meinung sicherlich der großen Mehrheit der Bürger und im Interesse der Glaubwürdigkeit unserer parlamentarischen Demokratie die sauberste und ehrlichste Lösung ist. Sie ergänzen den Gedanken aus der Bundestagsrede mit dem Argument, daß Ihre staatspolitische Verantwortung (Hinweis auf Ihren Amtseid) eine bloße Zuschauerrolle bei den andauernden taktischen, machtpolitischen Manövern verbietet. Ihnen sei natürlich bewußt, daß er, Kohl, mit einem künfti-

gen Partner Neuwahlen unterlaufen könnte. Wenn er sich der Forderung auf Neuwahlen widersetze, müsse dieses das Ansehen unserer Demokratie täglich stärker belastende Spiel von Ihnen dadurch beendet werden, daß Sie die Vertrauensfrage stellen.

Zur Begründung könnten Sie überdies anführen, daß Sie Mal um Mal dem Koalitionspartner das ernste Angebot gemacht haben, in einer großen und gemeinsamen Anstrengung für die von Ihnen geführte sozialliberale Bundesregierung die Handlungsfähigkeit wiederherzustellen und ein gemeinsames Programm – über den Haushalt 1983 hinaus – für eine Regierungsarbeit in der zweiten Hälfte der Legislaturperiode zu verabreden. Sie hätten lange Geduld bewiesen. Eine Antwort habe es bis zum heutigen Tage nicht gegeben. So dränge sich Ihnen der Eindruck auf, daß die Haushaltsberatungen von einigen in der FDP nur noch zum Schein geführt werden und nur einen Vorwand für den Bruch liefern sollten. Eine solche, sich über Wochen hinziehende, schleichende Demontage sei, unabhängig von Ihren persönlichen Empfindungen und von Ihrer Selbstachtung, Ihrer Partei nicht zuzumuten.

Diese Option ist der Option Nr. 1 vorzuziehen. Sie muß mit Willy Brandt, Herbert Wehner, Johannes Rau und vielleicht auch Jochen Vogel kurzfristig besprochen werden. Wenn von Ihnen mit aller Klarheit und Härte dargelegt wird, daß Sie CDU und FDP nicht erlauben wollen, mit unserem demokratischen System Schindluder zu treiben, wird Ihnen auch nicht vorgehalten werden können, Sie verstießen gegen Ihren Grundsatz, «die Klamotten nicht hinschmeißen» zu wollen. Die Motivation für die eigene Partei unmittelbar vor dem Wechsel in die Oppositionsrolle wäre vermutlich sehr stark. Ganz wichtig wird sein, daß wir eine inhaltlich überzeugende Gegenposition zur Lambsdorff-Philosophie sogleich bereithalten, damit die zu erwartende Dolchstoßlegende verhindert wird, die sich in vielen Äußerungen von Genscher und Lambsdorff bereits ankündigt (Schmidt hat unter dem Druck seiner ideologiebesessenen

Partei- und Gewerkschaftsfreunde gar nicht mehr die Kraft zu mutigen Lösungen der Arbeitslosigkeit).

Die Entscheidung müßte wegen der parlamentarisch vorgeschriebenen Fristen sehr schnell getroffen werden. Das ist auch unter dem Gesichtspunkt der Wirkung auf Hessen und wegen des wünschbaren Zieles wichtig, die FDP dort unter die 5-Prozent-Grenze zu bringen.

Diesen Vermerk schicke ich gleich unter «Verschlossen – Streng persönlich» ins Kanzleramt.

In der Fraktionssitzung gebraucht Herbert Wehner nicht weniger als dreimal die Wendung von den «zweimal vierundzwanzig Stunden», die Klärungen bringen sollen. Der Kanzler macht klar, daß das Lambsdorff-Papier in «eklatantem Widerspruch» zur Wirtschafts-, Finanz- und Sozialpolitik steht. Viel Beifall, richtig erlöst. Genau wie Willy Brandt bittet auch Schmidt die Abgeordneten, daß sie gerade in dieser sich mehr und mehr zuspitzenden Lage Disziplin zeigen und der FDP nicht die von Genscher so dringlich erwünschten Stichworte, sprich Vorwände, liefern. Einige plädieren dafür, daß die SPD ganz schnell eine sachlich überzeugende Gegenposition zu dem Lambsdorff-Papier entwerfen soll. Damit ist das Kanzleramt bereits beschäftigt.

Heute abend werden wir im Kleeblatt darüber reden, wie wir die Gefahr abwenden können, daß Kanzler und SPD zu Gefangenen von Genschers Zeitplänen werden und womöglich heillos in die Defensive geraten. Man kann nicht länger ausschließen, daß die Regierung noch vor der Hessenwahl zerbricht.

Kleeblatt heute ohne Wischnewski, der sich in Ost-Berlin offenbar gut geschlagen hat. Den Kanzler sorgt, daß Genscher, von innen- und parteipolitischen Terminen gehetzt, die außenpolitischen Geschäfte nur noch mit der linken Hand, dafür aber mit Zielrichtung nach rechts betreibt. Schmidt: «Genscher ist dabei, unsere sozialliberale Außenpolitik in eine Drei-Parteien-Politik umzufälschen.» Kein Wunder, daß Fritz Zimmermann meint, man könne dem

Konzept «nahtlos» zustimmen. Genscher hat alles aufs schönste mit Mertes*, ja auch mit den Gesinnungsfreunden des Grafen Huyn** synchronisiert.

Heute abend stellt der Kanzler eine neue Strategie zur Diskussion, nämlich das Lambsdorff-Papier, das ja in Wahrheit eine andere Gesellschaftspolitik markiert, zum Anlaß für den großen Schnitt zu machen und Kohl zu Neuwahlen zu drängen.

Wir werden uns aber schnell darüber klar, daß sich dieser Weg nicht empfiehlt, weil wir keine Zweifel an der Ernsthaftigkeit der Kanzlererklärung über Pflichterfüllung aufkommen lassen wollen. Zudem wäre es unklug, den ziemlich dramatischen Diskussionsprozeß innerhalb der FDP zu unterbrechen. Der Graf darf nicht zum Märtyrer gemacht werden. Dabei wissen wir natürlich, daß das Papier des Wirtschaftsministers ein gewolltes, gezieltes Scheidungsdokument ist. Unsere Wähler begreifen heute schon, daß Lambsdorff hier als Syndikus der upper-class denkt und später gern auch so handeln möchte.

15. September 1982

Beim SPD-Minister-Frühstück im Bungalow wiederholt Helmut Schmidt, daß er weder sich noch die Partei werde abwracken lassen. Rhetorisch fragt er in den Kreis der Genossen: «Sollen wir uns immer weiter in die Wäsche treten lassen?» Er ist dafür, daß wir Sozialdemokraten die Initiative nehmen. Denn an der Entschlossenheit Genschers, nach dem dritten Hahnenschrei (nämlich erst nach den Hessenwahlen) den Verrat zu vollziehen, zweifeln weder ei noch andere.

Hans Apel redet als erster. Er spricht gegen die demonstrative Entlassung des Wirtschaftsministers, eben weil die

---

* Alois Mertes, außenpolitischer Sprecher der CDU/CSU-Bundestagsfraktion.
** Hans Graf Huyn, CSU-Bundestagsabgeordneter.

FDP dann in eine völlig unerwünschte Solidarisierung getrieben würde. Hans Apel argumentiert – und alle stimmen zu –, daß die Sozialdemokraten in den nächsten Wochen nur «sachbezogene Arbeit» werden leisten müssen. Genau wie Schmidt begründet er das mit den Perspektiven, die die Sozialdemokraten künftig in der Opposition nötig haben. Jetzt darf man sich nicht an Formfragen festhalten. Beim Lambsdorff-Papier, sagt Anke Fuchs, handele es sich nur vordergründig um Vorschläge für Problemlösungen. Tatsächlich sollten hier Grundsatzreformen zurückgenommen und Rechte der Arbeitnehmer in der Substanz angegriffen werden. Volker Hauff unterstützt den Verteidigungsminister und bringt den Gedanken von Neuwahlen auf. Frage des Kanzlers: «Wie bringt man das zustande? Doch nur mit der CDU. Womöglich mit Strauß?»

Immer wieder erinnert Schmidt daran, daß sich in der Zeit danach die SPD so verhalten muß, als habe sie morgen oder doch übermorgen die Regierung zu stellen. Nur nicht zur Unzeit eine neue Diskussion über die wirtschaftspolitischen Beschlüsse des Münchner Parteitages. Unüberhörbar warnt der Kanzler vor einer Ideologisierung in der Opposition. Für ihn waren diese von dem begabten Wolfgang Roth ziemlich eilig redigierten Beschlüsse nicht in allen Teilen gründlich genug durchdacht: «Mit mir ist der Wahlkampf nicht zu machen, wenn Wirtschaftspolitik im Wolkenkukkucksheim stattfindet.»

Niemand will defätistisch erscheinen, obwohl auch ein so hartnäckig für die Fortsetzung der Zusammenarbeit werbender Mann wie Jürgen Schmude heute morgen eher melancholisch wirkt. Egon Franke mag fürchten, daß manche in der SPD jetzt ihrer heimlichen Neigung zur Opposition nachgeben wollen. «Es muß ausgehalten werden.» Allerdings will auch der Chef der Kanaler zuletzt «anständig dabei rauskommen». Franke weiß: «Neuwahlen können wir nicht erzwingen. Viele Abgeordnete werden nicht zurückkehren. Das spielt doch eine große Rolle.» Nicht falsch sein Hinweis, daß eine der von Lambsdorff angeregten Kürzungen bei manchen SPD-Wählern ganz gut ankommen werden. Spürbar ist heute wieder, daß Manfred Lahnstein mehr und mehr an die Partei heranrückt. Seine Haushaltsrede ist vorzüglich. Er macht der FDP in eloquenter, sehr pointierter Weise klar, wo die Grenzen der Zumutbarkeit verlaufen. Das ist gekonnt. Nicht nur der Kanzler lobt ihn. Widerwillig läßt auch die Opposition Respekt hören. Manche der eher linken SPD-Abgeordneten, die ihn niemals als richtigen Sozialdemokraten gelten lassen wollten, sprechen jetzt von «Manfred».

14.30 Uhr Pressekonferenz im Tulpenfeld-Aquarium. Übervolles Haus. Konfliktlibido ist in vielen Gesichtern zu lesen. Zum Schluß zählt der Vorsitzende 48 Fragen. Für den Regierungssprecher gilt es heute als Sozialdemokrat und Kanzlermann offener als sonst Flagge zu zeigen und doch das Gebot der Fairness gegenüber Lambsdorff und seiner Partei zu beachten.

StS Bölling: «Das Papier von Bundesminister Graf Lambsdorff ist zu Beginn der Kabinettssitzung zur Sprache gekommen. Der Bundeskanzler hat Bundesminister Graf Lambsdorff gefragt, ob sein Konzept gleichsam als Scheidungsbrief zu verstehen sei. Der Wirtschaftsminister hat geantwortet, daß er lediglich seine Vorstellungen zur Lösung von Sachproblemen habe darlegen wollen.»

Frage Hauser: «Mit welchem Ziel treffen sich denn der Bundeskanzler und Graf Lambsdorff? Wollen sie das Papier vom Tisch bringen?»

StS Bölling: «Sie haben mich ja gerade sagen hören, daß, was den Autor anlangt, nicht die Absicht besteht, es vom Tisch zu bringen, sowenig wie auf seiten des Bundeskanzlers die Absicht bestand, seine Wertung, wie er sie gestern öffentlich gemacht hat, zu korrigieren.»

Frage Schütz: «Bleibt es dabei, daß über das Papier keinerlei Verhandlungen mit der SPD stattfinden werden?»

StS Bölling: «Das gilt unverändert. Ich hab's doch vor fünf Minuten gesagt. Es geht hier doch nicht um ein Abwiegelungsgespräch.»

Frage Müchler (zur Bewertung des Kanzlers, das Lambs-dorff-Papier stehe in eklatantem Widerspruch zur bisherigen gemeinsamen Wirtschaftspolitik): «Wie kann man das werten, wenn der Wirtschaftsminister sagt, er stehe zu den Haushaltsbeschlüssen?»

StS Bölling: «Ich glaube nicht und habe das schon in meiner Antwort an Herrn Schütz klarzumachen versucht, daß es hier darum ging, eine Art Schlußpunkt im Sinne einer Versöhnung von Auffassungen zu setzen.»

Frage Jansen: «Wenn der Bundeskanzler nach wie vor der Ansicht ist, daß Lambsdorffs Vorstellungen in eklatantem Widerspruch zur Regierungspolitik stehen, Lambsdorff sieht dieses anders, er sieht es in Übereinstimmung mit der Regierungspolitik, haben sie denn dann noch dieselben Vorstellungen, was gemeinsame Regierungspolitik ist?»

StS Bölling: «Lieber Herr Jansen, ich weiß nicht, warum Sie mit einem Anflug von Erregung diese Frage stellen (Heiterkeit), ich habe doch mit nicht einem einzigen Satz versucht, über diesen Konflikt in der Sache Harmoniesoße auszuschütten, hab' ich doch nicht!»

Nur die wenigen etwas begriffsstutzigen Journalisten verlassen das Aquarium mit dem Gefühl, die Koalitionäre würden sich schon irgendwie zusammenraufen.

Anruf nach 19 Uhr von Gerhart Baum. Er schlägt mir vor, daß der Kanzler noch diese Woche Mischnick trifft. Er suggeriert, daß mit Hilfe des FDP-Fraktionsvorsitzenden vielleicht noch etwas zu wenden sei. Baum rackert sich ab. Er redet mit Schmude, mit Wischnewski, auch mit mir. Er meint es ehrlich. Aber weiß er zu jeder Stunde ganz genau, was er ehrlich meinen soll?

Für mich steht heute abend fest, daß buchstäblich nichts mehr zu erhoffen ist.

Am Nachmittag trafen sich Helmut Schmidt, Herbert Wehner und Willy Brandt, um darüber zu entscheiden, ob es noch sinnvoll ist, weiter «sachbezogene Arbeit zu leisten» (Hans Apels Parole von heute morgen), oder ob die Voraussetzungen dafür durch die Machinationen des Herrn G. endgültig zerstört sind.

Herbert Wehner ist mit der strategischen Linie des Kanzlers nicht bloß einverstanden. Er unterstützt sie nachdrücklich. Bei Willy Brandt ist wie am Vormittag heute beim Treffen sozialdemokratischer Führungspersonen im «Frankfurter Hof» Zögern zu bemerken. Es hat auch damit zu tun, daß Johannes Rau in Frankfurt dem Parteivorsitzenden grundsätzliche Bedenken geäußert hat (die natürlich mit seiner Lage in Düsseldorf zu tun haben). Wer will das «Bruder Johannes» verdenken? Brandt hält sich an sein Wort, daß er die Entscheidung des Kanzlers unterstützen wird.

Um 19 Uhr bin ich beim Kanzler. Die Entscheidung ist klar. Mein Vermerk hat jetzt im Ablauf des Geschehens eine dramaturgische Funktion bekommen. Mir wird, indem ich mir das bewußtmache, etwas flau in der Magengegend. Nur kurz, es gibt keinen anderen Ausweg. Wir Sozialdemokraten sind nicht die Fellachen des Hans-Dietrich Genscher.

Übermorgen (Freitag) wird der Kanzler im Bundestag also Neuwahlen vorschlagen. Er wird aber nicht den Grafen, sondern den eigentlich Verantwortlichen ans Kreuz schlagen. Das ist eben Genscher. Helmut Schmidt wird, wie geplant, die Opposition zu Neuwahlen drängen, die Helmut Kohl in der *Westfälischen Rundschau* am 3. September 1982 selber durch eine Verabredung mit der SPD herbeizuführen vorgeschlagen hat. In diesem Interview, das er später verdrängen wird, unterstellt er, daß der Kanzler dazu nicht den Mut aufbringen werde. Der Kanzler wird ihn beim Wort nehmen, und Kohl wird – mit großer Wahrscheinlichkeit – kneifen. Zu dem jetzt beschlossenen Konzept gehört die Entlassung der vier FDP-Minister. Für die vier dann vakanten Ressorts will Schmidt amtierende sozialdemokratische Bundesminister ernennen. Schmude wird das Innenressort, Engholm das Haus Ertl, Lahnstein das Lambsdorff-Ministerium und der Bundeskanzler das Auswärtige Amt übernehmen. Dann hätten wir jene Minderheitsregierung, die am

30. August im Journalistenzirkel «Gelbe Karte» als denkbare Entwicklung diskutiert worden war.

Wenn Schmidt am Freitag vor den Bundestag geht, wird er den Grafen bestimmt nicht als Titanen, auch nicht als Jungfrau von Orleans behandeln. Das ungleich wichtigere Motiv ist, das Ansehen unseres demokratisch-parlamentarischen Systems, die Glaubwürdigkeit unserer politischen Ordnung in den Augen gerade junger Bürger zu verteidigen. Der Gedanke der Legitimität, den Schmidt schon in der «Lage der Nation» eingeführt hatte, kann dann folgerichtig weitergeführt werden. Jetzt, da die Entscheidung vom Kanzler auch innerlich vollzogen ist, mischen sich Erleichterung und Bedrückung. Die Erleichterung überwiegt, denn Genschers Intrigenspiel ist nicht länger hinzunehmen. Der Mann behandelt uns «en canaille», wie das Grafen unter sich ausdrücken würden.

Das kann sich die bald 120 Jahre alte Partei August Bebels nicht länger bieten lassen. Es ist sinnlos, diesen Zustand fortschreitender Agonie noch einige Wochen hinzunehmen, bis Mitte Oktober die Koalition an der für die Bürger nicht sehr plausiblen Frage zerbricht, ob die Ergänzungsabgabe auf der Einnahmenseite des Haushalts wirklich etwas bringt, oder ob man sich endgültig wegen der Grenzen der Nettokreditaufnahme veruneint.

Am Freitag wird es um ein Plädoyer für die Glaubwürdigkeit des politischen Bonn gehen, um eine Frontstellung gegen die Partei der Finasseure. Es muß klar sein, daß die Sozialdemokraten und ihr Kanzler die Interessen des Gemeinwesens über das Interesse der Partei stellen.

16. September 1982

Gegen 14 Uhr beraten im Arbeitszimmer von Schmidt die verfassungsrechtlich beschlagenen Sozialdemokraten Jochen Vogel, Horst Ehmke und Jürgen Schmude über das Procedere. Die politische Grundsatzentscheidung wird sogleich gebilligt. Herbert Wehner hat für Freitag 10 Uhr die

Fraktion einberufen. Solche Einladungen sprechen sich schnell herum. Schon am Nachmittag wächst in Bonn die Spannung. Die drei Juristen verwerfen die Idee einer Grundgesetzänderung mit dem Ziel der Auflösung des Bundestages und der Herbeiführung von Neuwahlen. Das muß den Bürgern nach Manipulation riechen.

Alle sind der Meinung, davon solle man die Finger lassen, weil der Bürger einen Trick argwöhnen wird. Es bleibt bei der beschlossenen Strategie. Wir wissen, daß Kohl gemeinsam mit Genscher Neuwahlen vereiteln kann. Dieses Risiko will der Kanzler in Kauf nehmen. Er muß jetzt gegen alle Zauderer in den eigenen Reihen «durchmarschieren», wie Rudolf Augstein ihm mit dem Blick auf Lambsdorff gestern in einer telefonisch aufgenommenen Notiz geraten hat. Am Nachmittag versucht Genscher mit den unsäglich großen Ohren zu erlauschen, was bei den Sozialdemokraten vor sich geht. Später meldet sich nach dem Vizekanzler auch Mischnick bei Ben Wisch. Der Staatsminister, der in den letzten Wochen den Kanzler zu bremsen versucht hat, zeigt sich den beiden Herren gegenüber nicht in Plauderstimmung. Genscher habe ihm gesagt, man solle doch über einen Neuanfang miteinander reden. Das ist der blanke Hohn. Von Mischnick erfährt Wischnewski auch nicht mehr, als daß die FDP-Führung am Tage nach der Hessenwahl ein Gespräch mit uns sucht. Beide scheinen das Gefühl dafür verloren zu haben, daß wir uns von ihnen doch nur noch zum Narren gehalten fühlen können.

Am Nachmittag spricht Genscher im Bundestag zur Außenpolitik. Seine Körpersprache verrät Aggression. Den Sozialdemokraten hält er vor, daß sie im hessischen Wahlkampf die Außenpolitik der Bundesregierung in Zweifel stellen. Er nimmt Horst Ehmke und Karsten Voigt ins Fadenkreuz, die ihm schon viele Male auf die Schliche gekommen sind. Lauter Beifall von der Opposition für einen Mann, der sich mit seiner Rede eine freundliche Aufnahme bei der Union verdienen möchte. In seinem Gesicht scheint man Haß zu lesen.

Um 18 Uhr ist der Kanzler beim Bundespräsidenten. Schmidt erläutert Carstens seine Strategie nicht im Detail, begründet ihm aber seine Meinung, daß Neuwahlen in dieser Lage die einzige saubere Lösung seien. Er sagt dem Präsidenten zu, daß er ihn morgen rechtzeitig über alle weiteren Schritte unterrichten werde. Man informiert sich, wo man telefonisch erreichbar sein wird.

Gegen 19 Uhr ist Helmut Kohl im Kanzleramt. Das Gespräch zeigt einen eher unsicheren Oppositionsführer, der tief in der Brust (sowenig ihn sonst Zweifel an sich selbst anfechten) Beklemmung darüber zu verspüren scheint, daß er ein levantinisches Geschäft mit dem FDP-Führer gemacht hat, aus dem er nun nicht mehr rauszukommen glaubt, und wohl auch gar nicht will. Heute abend fällt ihm zum Thema nur noch ein, daß die Union und nicht Schmidt über den Zeitpunkt von Neuwahlen zu bestimmen habe. Aufschlußreich seine Bemerkung, daß er die für die CDU so ungemein günstigen Zahlen der demoskopischen Institute nicht so recht glaubt, auch nicht die sehr ungünstigen für die SPD. Schmidt fragt ihn, wie er ohne wirkliche Legitimation mit den großen weltwirtschaftlichen und außenpolitischen Problemen zurechtkommen will. Der Kanzler unterläßt es auch ihm gegenüber, seine Linie für den morgigen Tag zu erläutern. Später wird Kohl verbreiten lassen, er habe Schmidt hartnäckig zum Rücktritt gedrängt. So mutig war er erst, als er das Zimmer des Kanzlers schon verlassen hatte.

Gegen 20.30 Uhr Kleeblatt. Wir besprechen den Entwurf der Kanzlererklärung im Bundestag, der von Konow stammt. Wischnewski und ich haben Ergänzungen aufgeschrieben. Die Rede soll auf jede Polemik verzichten. Genscher muß in seiner ganzen Doppelzüngigkeit vorgeführt werden. Nur dadurch, daß Schmidt öffentlich macht, wie oft er ihn um ein klares Wort gebeten und wie er jedesmal nur eine gallerthafte Antwort bekommen hat, ist Gelände, kein Bürger zurückzugewinnen. Schmidt muß morgen vor den Deutschen in beiden Staaten den Ernst der Lage fühlbar machen. Und er muß seine Gefühle zeigen, was er meist lieber unterdrückt, weil er es nicht für männlich hält. Ja, auch und bestimmt nicht zuletzt müssen die Deutschen zwischen Stralsund und Dresden und die vielen so ungemein politischen Ostberliner merken, was in der «BRD» vor sich geht.

Hier geht es nicht mehr um den albernen Schwarzen Peter, hier muß nur noch, wie in einem Notariatsakt, festgehalten werden, daß der Vizekanzler erst seine Partei und dann die sozialliberale Koalition mutwillig oder fahrlässig, was verschlägt es jetzt noch, ruiniert hat. Die erhebliche Mitverantwortung eines Teils der SPD verdrängen wir im Kleeblatt deshalb nicht. Ich bin heute abend ganz unbesorgt, daß die Bürger den Fuchs der Füchse als den eigentlich Schuldigen identifizieren werden.

Den Entwurf hat Konow in der vergangenen Nacht nach Anregungen des Bundeskanzlers diktiert. Am Nachmittag habe ich eine ganze Menge verändert, hinzugeschrieben und alle jene Gedanken aus meiner Kanzlervorlage in einem Schlußkapitel verarbeitet, die eine gute Emotion bewirken können.

Auch Schmidt ist mittlerweile fleißig gewesen. Wir diskutieren und verbessern zweieinhalb Stunden. «Jetzt zieht ihr in eure Büros und tut eure Pflicht», sagt Schmidt. Dann diktiert er bis Mitternacht die beinahe endgültige Fassung. Wenig später sind wir wieder bei ihm. Es ist Mitternacht. Der Kanzler hält mir wieder einmal vor, ich sei ein ästhetisierender Literat, der von den Bedürfnissen eines Redners überhaupt nichts versteht. Das stimmt zwar nicht, aber ihm macht es Spaß. Wir streichen alle auch nur von ferne nach Polemik riechenden Sätze. Hier darf nichts trickreich, nichts taktisch wirken, schon gar nicht gekränkt. Die Rede muß in schmuckloser Sprache die tiefe menschliche Enttäuschung des Kanzlers über die Treulosigkeit von Genscher ausdrücken.

Mir ist wichtig, daß Schmidt die Empfindungen gerade junger Menschen einbezieht, von denen die meisten sicherlich auf den Abgeordneten von Hamburg-Bergedorf «keinen Bock haben», für die ein Mann wie Genscher aber geradezu die Personifikation von stromlinienhafter, anpasserischer Machtpolitik darstellt. Ein Glück, daß sich Helmut Schmidt mehr und mehr in einem sich langsam entwickelnden Differenzierungsprozeß gegenüber Grünen und Alternativen, überhaupt gegenüber besorgten jungen Menschen hineingedacht und -gefühlt hat. Mit Anpassung hat das nichts zu tun. Obwohl manche ihm das nicht zutrauen: Schmidt ist lernfähig geblieben. Oder ist es wieder geworden.

Dem Kanzler ist wichtig, daß die linken Liberalen spüren, daß er ihre politische Lage versteht und auch ihre Gemütslage; daß er ihnen dankbar ist für die Treue, die sie ihm in dieser Nacht noch halten. Gegen 2.30 Uhr morgens kommt Konrad Porzner*, dieser unauffällige, stets verläßliche fränkische Sozialdemokrat. Er hat bis eben mit einigen FDP-Abgeordneten in der Parlamentarischen Gesellschaft zusammengesessen, mit Hansheinrich Schmidt-Kempten, Helmut Schäfer und anderen, die in den letzten Wochen mannhaft gegen Genscher und Lambsdorff gefochten haben. Die schicken ihn jetzt als Emissär einer großen Traurigkeit zum Kanzler. Ob nicht doch noch, im allerletzten Augenblick, die Szene zugunsten eines vernünftigen Weitermachens gewendet werden könne. Das rührt den Kanzler. Einen Vorschlag haben auch die wackeren Liberalen leider nicht.

Kurz vor 3 Uhr sind wir mit den dreißig Seiten durch. Der Kanzler sagt: «Jetzt bin ich richtig lustig.» Natürlich verstehe ich, was er meint, und trotzdem mißfällt mir der Satz. «Ist es nicht richtiger zu sagen, daß Sie jetzt leichter atmen?» Ja, das hat er ausdrücken wollen.

Bis zu dem Gespräch am gestrigen Mittwoch mit Brandt und Wehner stand der Kanzler so ziemlich gegen alle führenden Sozialdemokraten, die am sozialliberalen Bündnis trotz zahlloser Demütigungen festhalten wollten. Manch-

---

* Staatssekretär im Bundesministerium für wirtschaftliche Zusammenarbeit, von 1975 bis 1981 Parlamentarischer Geschäftsführer der SPD-Bundestagsfraktion.

mal komme ich mir wie ein schlimmer Defätist vor, weil ich den Bruch seit Wochen kommen sehe und alle Reparaturarbeiten für sinnlos halte. Es kann doch nichts mit Defätismus zu tun haben, wenn man sich das Wunschdenken verbietet. Zu Fuß gehe ich zum Presseamt zurück. Das Kanzleramt, das Schmidt so oft mit einer rheinischen Girozentrale verglichen und dann für teures Geld mit der gewaltigen Henry-Moore-Plastik verschönt hat, könnte um diese Stunde Kulisse für einen Fassbinder-Film sein.

Im Kanzlertrakt wird gleich das Licht ausgehen. Ich denke daran, daß Schmidt mir immer wieder mal empfohlen hat, eine halbe Stunde, alle Regierungsgeschäfte vergessend, durch Adenauers herrlichen Palais-Schaumburg-Park zu laufen. Jetzt bin ich zu erschöpft, außerdem würden mich um diese Stunde die jungen BGS-Beamten vielleicht nicht gleich als arglosen Spaziergänger identifizieren. Das letzte Mal bin ich in den Tagen der Schleyer-Krise mit dem Kanzler einige Minuten auf den Kieswegen spaziert. Heute morgen habe ich mit den Redakteuren Schättle* und Eser* vom ZDF ein Interview zum 5. Jahrestag der Entführung des BDI-Präsidenten gemacht. Warum denke ich gerade jetzt an diesen schreckensvollen Herbst 1977 zurück? Damals habe ich an manchen Tagen gemeint, daß ich das nervlich und seelisch nicht würde durchstehen können. Doch wie riesig war die Last, die Schmidt aufgebürdet war. Schon bei Peter Lorenz** hatte er hart bleiben wollen. Nicht wegen der «Staatsräson». Das ist seine Vorstellung vom Ethos der Verantwortung. Wenn ich jetzt an den Mann mit dem pfälzischen Rundhorizont und an Vivaldi-Fanfaren denke, fühle ich mich beklommen. Vielleicht wird er es aber ganz ordentlich machen.

---

  * Horst Schättle und Ruprecht Eser, ZDF-Journalisten
** CDU-Bundestagsabgeordneter Lorenz, damals Berliner CDU-Vorsitzender, war 1975 in Berlin entführt und dann im Austausch gegen fünf Terroristen freigelassen worden.

17. September 1982

Für 10 Uhr ist die Fraktion zu einer Sondersitzung einberufen worden. Der «Onkel» hat, wie oft, alttestamentarische Verwünschungen hören lassen, diesen Raum werde er niemals mehr betreten. Ihm sage ja keiner was. Er wisse von nichts. Das gehört zu seinem Habit. Dabei hat er die Erklärung, die der Bundeskanzler nachher vortragen wird, schon gegen 6 Uhr morgens in sein Reihenhaus auf dem Heiderhof geschickt bekommen. Der Kanzler sitzt noch mit Genscher zusammen. Der hatte eine miserable Nacht. Jetzt händigt ihm Schmidt seinen Text aus. Der Vizekanzler liest nicht gleich. Durchs bloße Anfassen des Papiers scheint sich ihm der Inhalt mitzuteilen. Diese Partie jedenfalls hat er verloren.

Genschers Mitteilung, daß die FDP-Minister ihm, Schmidt, den Rücktritt erklären müßten, bewegt beim Kanzler emotional nichts mehr. Oft schon war es kühl bis eiskalt, wenn die beiden zusammentrafen. Jetzt, kurz nach 10 Uhr, ist im Büro des Kanzlers im Bundeshaus nur noch grenzenlose Fremdheit. Die beiden werden sich so bald, vielleicht niemals wieder etwas zu sagen haben. Kurz nach 9 Uhr war Lambsdorff beim Regierungschef. Verwirrende Logik der Politik. Der Kanzler empfängt den Grafen fast mit Heiterkeit. Der andere weiß längst, daß Schmidt seine, des Grafen, Rede gestern im Bundestag nicht als zureichende Klarstellung empfunden hat. Natürlich haben wir schon im Kabinett gewußt, daß Lambsdorff nie und nimmer das wahre Motiv seines Papiers im Parlament offen benennen werde. So braucht und will Schmidt kaum noch zur Sache reden. Die Unterhaltung zeigt sogar, daß die beiden einander unverändert respektieren. Wobei Schmidt früher schon richtig erkannt hat, daß der Graf irgendwo ein ziemlich unpolitischer Mann ist. Weshalb man ihn nun gewiß nicht als einen furchtlosen Bekenner preisen muß. Wenn er sie nötig hat, verfügt der Minister auch über opportunistische Fähigkeiten. Die kann man, erzählt mir ein Teilnehmer, auch bei einigen anderen Mitgliedern des FDP-Präsidiums ausmachen, die nicht gerade zu den Freunden des Grafen zählen.

In der Fraktion erläutert Schmidt, warum er nicht länger mit Genschers Partei zusammenbleiben kann. Die Indizien für die Fahnenflucht seien gleichsam gerichtsnotorisch. Der Kanzler berichtigt die Klischeevorstellung, die sich in den Köpfen ziemlich vieler Abgeordneter festgehakt hat: daß nämlich Lambsdorff der große Zerstörer der sozialliberalen Koalition ist. Sicher, der Graf ist prominenter Mittäter. Mehr noch ist er für Genscher ein Medium gewesen.

Schmidt erläutert: «Ich habe nicht die Absicht, den Wirtschaftsminister in den Mittelpunkt zu stellen. Da würde ich ja den Mann schonen, der für uns der zentrale Faktor gewesen ist.» Dann spricht er davon, daß dieser Tag für ihn so etwas wie einen tiefen Einschnitt in der neuesten deutschen Geschichte bedeutet. Annemarie Renger ruft dazwischen: «Für uns auch.»

Wichtig für die nächsten Tage: Der Kanzler warnt die Genossen, sie sollten jetzt nicht in Jubel ausbrechen. Das wäre fatal. Die Bedrückung ist in dieser Stunde bei den meisten sowieso viel größer als die Genugtuung darüber, daß «der Helmut» Genschers Ränkespiel im buchstäblich letzten Augenblick zerschlagen hat. Willy Brandt sagt, daß die Entscheidung des Kanzlers die Sozialdemokraten in Gleichklang mit den Bürgern bringen muß. Richtig! Er drückt sich weniger hart über die FDP aus, als es nachher der Kanzler tun wird. Nun solle man den FDP-Leuten nicht hinterherzetern. Eine notwendige Warnung.

Da es inzwischen schon zwischen Wehner, Brandt und Schmidt Gespräche über die Zukunft gegeben hat, kann Brandt sagen, daß Schmidt, wenn es zu Neuwahlen kommt, für die SPD den Wahlkampf führen wird. Das nennt Brandt eine «historische» Abrundung der politischen Biographie des Hamburgers. In diesem Augenblick sind sich nicht alle in der Fraktion sicher, wie die künftige Führung aussehen wird. Von Wehner wird erzählt, daß er Diadochenkämpfe um seinen Stuhl vermeiden und Schmidt bereden will, die

Führung der Fraktion zu übernehmen, nicht irgendwann, jetzt. Dafür gäbe es bestimmt Unterstützung bei den Rechten und bei der Mitte, selbst die Linken würden heute mitmachen. Ich fühle mich sehr unsicher. Wie lange wird die Geschlossenheit der SPD vorhalten? Der Kanzler, der gleich vor dem Ellbogenstaat warnen und an das Sozialstaatsgebot der Verfassung erinnern wird, weiß besser als mancher im Fraktionssaal, daß wir ohne Skalpell nicht mehr lange ausgekommen sein würden. Auch wir müssen manche Wohltat zurücknehmen. Aber nicht à la Lambsdorff. Schmerzlos wird das aber sicher nicht sein.

Schmidt schafft es, aus seinem Text eine große Rede zu machen, ohne komödiantische Zutaten. Er ist in einer starken psychischen Spannung. Ihm ist bewußt, was alles kaputtgehen kann. Mag sein, es überträgt sich irgendwie, was die Menschen draußen für ihn empfinden, daß sie irgendwie Angst davor haben, daß der Mann mit der Lotsenmütze weggeht.

Das Wort von den Machenschaften, das wir uns vergangene Nacht sehr genau überlegt haben, ist keine Nuance zu hart. Der Kanzler meint damit ja nicht, daß das konstruktive Mißtrauensvotum ein Instrument der politischen Erbschleicherei sei.

Schmidt sucht den Blick von Genscher. Der Mann, der seine Partei in diese elende Lage bugsiert hat, weicht Schmidt aus. Er tuschelt mit Mischnick, den das offenkundig stört. Denn Wolfgang Mischnick kann die Rede des Kanzlers nicht einfach an sich ablaufen lassen. Genscher sucht Tuchfühlung mit Fritz Zimmermann und anderen CSU-Abgeordneten. Da muß man beinahe Mitleid spüren. Das verkneift man sich.

Wie oft habe ich mich gefragt, ob der Mann aus Halle wohl einen einzigen guten Freund hat. Einen, mit dem er ohne jede Berechnung, ohne jeden gedanklichen Hinterhalt richtig offen zu reden fähig ist. So allein wie Genscher ist heute kein anderer im «Hohen Haus». Es scheint, daß er in einem Glaskäfig sitzt. Seine Rede ist eine der schwächsten, spiegelt wohl seine innere Zerrissenheit. Die Kanzlerrede, das wird auch Genscher spüren, war die eines Staatsmannes, seine ist von trauriger Blässe. Hier hat kein Überzeugungstäter geredet, nur einer, der dran- und drinbleiben will.

Nachher kommt Rainer Barzel auf die Regierungsbank. Schmidt steht mit dem Rücken zu dem Christdemokraten (den er am Mittwochabend gesehen und der ihn darin bestärkt hat, Neuwahlen zu fordern). Das braucht schon ein bißchen Mut. Barzel, leicht zum Pathos neigend, sagt, einfach und herzlich, was eigentlich die meisten der Abgeordneten der Opposition meinen. Hier hat sich ein bedeutender Kanzler vom Parlament mit einer Rede verabschiedet, die seinen Rang in der Geschichte dieser Republik markiert.

Zehn Minuten nach Schluß der Sitzung besprechen wir, Wischnewski, Konow und ich, die neue Lage mit Schmidt in seinem Bundestagsbüro. Der Kanzler läßt sich mit Carstens verbinden, zu dem er inzwischen ein menschlich angenehmes, wenn auch nicht besonders inniges Verhältnis gefunden hat. Der Bundespräsident räumt ein, daß der Regierungschef den Oppositionsführer in eine schwierige Lage gebracht hat. Carstens, generös genug, den Kanzler zu seiner Rede zu beglückwünschen, glaubt nicht daran, daß der eindringliche Appell für Neuwahlen durchdringen und von seinen politischen Freunden aufgenommen werden wird. Das haben ja auch wir allenfalls als eine kleine Chance gesehen.

Jochen Vogel kommt rein. Die Rede sei meisterhaft. Wichtig findet er: «Auch im Ton hast du das vorzüglich gemacht.» Daß der Ton stimmte, daß in der Sprache nichts von Routine zu spüren war, das konnte nur gelingen, weil der Kanzler bis vor wenigen Tagen immer noch einmal auf ein gutes Ende hoffte. Dann kamen die Indizien knüppeldick. Da traf ihn die Enttäuschung um so heftiger. Da war – wer wird es ihm schon glauben? – ein richtiger großer Schmerz.

Konow und ich, noch im Bundestagsbüro, raten dem Kanzler, gleich am Nachmittag mit dem «monokoloren» Kabinett eine Sitzung zu machen. Wir dürfen gerade jetzt nicht den Eindruck begünstigen, daß uns die Trauer über die verlorene Macht langsam ersterben läßt. Kurz nach 17.30 Uhr sind alle sozialdemokratischen Bundesminister versammelt, dazu die beamteten Staatssekretäre von Staden und Hartkopf. Nur der Protokollführer ist vom Kanzler zugelassen. Die Beamten, die sonst an den Katzentischen sitzen, will er heute nicht dabeihaben. Auch Rühl fehlt. Ich habe meinem Vertreter, mit Zustimmung des Kanzlers, vorgeschlagen, daß er eine italienische Reise antritt. Lothar Rühl*, konservativ, gescheit und loyal zu Schmidt und zu mir, ist auch ein Opfer der rigiden Art, in der Genscher mit Menschen umgeht. Der Vizekanzler hat ihn Ende 1980 engagiert, weil er zunächst Kurt Becker**, später auch mich mit diesem der FDP beigetretenen Journalisten zu konterkarieren und das Presseamt noch mehr blau-gelb einzufärben hoffte (die beiden FDP-Ministerialdirektoren Schink und Liebrecht, letzterer ein ehrlich-wackerer Mann, ressortierten im Presseamt all die Jahre unter dem Titel: Genscher und Mischnick lassen keinen alten Schulfreund im Stich).

Rühl hat sich um Genschers Anerkennung bemüht, durfte an den Frühstücksgesprächen des Vizekanzlers an jedem Mittwochmorgen im Auswärtigen Amt teilnehmen. In den inneren Zirkel hat Genscher ihm nicht Einlaß gewährt. Lothar Rühl hat nicht verbergen können, daß ihn Schmidt mehr fasziniert als der Außenminister, der ihn seinerzeit unter funktionalen Gesichtspunkten von Brüssel nach Bonn geholt hat. Daß mein Vertreter, statt die «Wende» und die «neue Mehrheit» zu propagieren und meine Ferienabwesenheit im August auszunutzen, um eine sachliche Darstellung auch der Kanzler-Auffassungen bemüht gewesen ist, hat ihn seinem eigentlichen Dienstherrn verdächtig gemacht.

Der Kanzler eröffnet die erste Sitzung seines Minderheitskabinetts: «Bitte nicht mitzuschreiben.» So spannend sind seine Mitteilungen dann freilich nicht. Obwohl er mit

---

  * Stellvertretender Regierungssprecher.
 ** Regierungssprecher von 1980 bis 1982.

Staatssekretär Hartkopf einen eher konservativen FDP-
Mann sich gegenübersitzen hat, der seinen Minister Baum
nicht selten zu bremsen versuchte, wünscht Helmut Schmidt
die Runde davon zu unterrichten, was seine Entscheidung
wesentlich beeinflußt hat: die zahlreichen heimlichen Kontakte zwischen seinem Stellvertreter und dem Oppositionsführer. CDU-Generalsekretär Heiner Geißler hat sie gestern, zum Ärger von Kohl und Genscher, in einem Rund-
funkinterview – nicht ganz treuherzig – bestätigt. Diesem
Doppelspiel, das er nun klar durchschaue, habe er nicht länger tatenlos zusehen können.

Der Bundeskanzler erläutert, was allen am Tisch bewußt
ist: Kohl und Genscher müssen daran interessiert sein, ihn
so bald als möglich abzulösen. Die Chancen, daß es doch
noch zu Neuwahlen kommt, beurteilt er heute nachmittag
sehr realistisch. Er meint allerdings, daß sich Genscher den
«Königsmord» (Baum) nicht vor den hessischen Wahlen zu
vollziehen getrauen darf. Da mag er sich täuschen.

Dann spricht aus Schmidt der Mann, der bis zum letzten
Augenblick sein hohes staatliches Amt mit aller Korrektheit
zu erfüllen entschlossen ist: «Es muß verhindert werden,
daß in der Zeit bis zum Regierungswechsel irgend etwas
schiefgeht.» Organisatorische Veränderungen oder «persönliche Umsetzungen» in den Ministerien dürfe es nicht geben. Nur das Normale müsse vollzogen werden. Die «FDP-
Kollegen» sollen in ihren Ministerien in «gehöriger Form»
verabschiedet werden, desgleichen, versteht sich, die Parlamentarischen Staatssekretäre. «Meine Herren, vermeiden
Sie aber jeden Aufwand.»

Jürgen Schmude, der sich in langen Gesprächen mit Gerhart Baum während der letzten Wochen angestrengt und sogar etwas idealistisch um die Rettung der Koalition bemüht
hat, will am Montag dem Innenminister ein Denkmal setzen. Baum, mit dem auch ich in den letzten Tagen mehrere
Male mich ausgetauscht habe, schien mir und anderen nicht
immer ganz durchsichtig. Als Widerpart von Lambsdorff
hat er stets Flagge gezeigt. Ob man ihn für einen Liberalen

73

aus Geist und Fleisch von Karl-Hermann Flach halten kann, da waren wir uns nicht zu jeder Stunde ganz sicher.

Schmidt instruiert die Minister Lahnstein, Schmude und Engholm, wie sie ihre Aufgabe als Doppelminister am besten angehen. Mindestens einen Tag müßten sie wohl in den anderen «Häusern» zubringen. So habe er das gehalten, als er von Karl Schiller das Wirtschafts- und Finanzministerium übernommen habe.

Den passionierten staatlichen Administrator will und kann Schmidt auch jetzt nicht unterdrücken. Zu Berndt von Staden, den diese letzte oder vorletzte Kabinettssitzung mit Schmidt innerlich stark zu berühren scheint (er hat den Kanzler stets bewundert, gewiß nicht unkritisch gesehen, den Außenminister respektiert und Genschers Verquickung von Innen-, Partei- und Außenpolitik vermutlich mißbilligt) – zu Staden sagt der Kanzler jetzt: «Herr Genscher hat mir empfohlen, Botschafter Ruth (den für Abrüstungspolitik im AA zuständigen, ebenso kenntnisreichen wie konservativen und CDU-nahen Abteilungsleiter) zum Vortrag zu empfangen. Ich stehe Ihnen und Herrn Ruth jederzeit zur Verfügung.» So altmodisch kann er sein. Keiner soll meinen, daß er sich von dem Bonner Machtkampf gänzlich vereinnahmen und von der für die Deutschen schicksalhaften Thematik der lebensgefährlichen Überrüstung ablenken läßt. Es ist ja wahr: Die Sache der Pershing II treibt ihn um. Tief in der Brust ängstigt ihn die Vorstellung, daß wir als einzige diese ungeheuer gefährliche Waffe im Herbst 1983 auf unserem Boden stationieren sollen. So viel anders sind diese Ängste nicht als die der Linken in seiner Partei. Und von Hunderttausenden in der Friedensbewegung. Nur wird sich Schmidt lieber pfählen lassen, als daß er der einseitigen Abrüstung im Westen das Wort redet.

Egon Franke, der als dienstältester Bundesminister jetzt den Rang eines Stellvertreters des Kanzles einnimmt, kann sich schwer damit abfinden, daß wir in einigen Tagen nicht mehr regieren werden. Vorhin, auf der Regierungsbank, hat er, wie in all den letzten Tagen, die strategische Entscheidung des Kanzlers in seiner kräftigen Sprache noch einmal mißbilligt. Für ihn scheint klar zu sein, daß die Schuld überwiegend bei den linken Genossen liegt. Noch am Mittwoch, als Heinz Westphal im Kabinett mit einer ganz knappen, seine starke innere Empörung verratenden Bemerkung seine Ablehnung des Lambsdorff-Papiers zu erkennen gab, murrte der Hannoveraner Tischler und Padrone der SPD-Tories. In seinem Gefechtsstand, dem «Kessenicher Hof», hat er vor Jahr und Tag Lambsdorff als Ehrengast empfangen. Der ließ sich die Gelegenheit nicht entgehen, im Kreis der Kanalarbeiter in aristokratischer Manier als Freund sauberer Verhältnisse zu glänzen. Dem Grafen machte das ein diebisches Vergnügen, Herbert Wehner, als er davon berichtet bekam, warf sich in einen großen und lauten Zorn.

Egon Franke aber freute sich darüber, daß er in dem von den linken Liberalen in der FDP mit Argwohn verfolgten Wirtschaftsminister einen «ganzen Kerl» beim Bier neben sich sitzen hatte, dem er sich, jedenfalls in manchen Augenblicken, näher fühlte als solchen Sozialdemokraten wie Erich Meinike, Peter Conradi oder Norbert Gansel.

An diesem Freitag wird im Kabinett noch richtig Politik diskutiert. Wir wollen alle Regierungsgeschäfte in den paar Tagen, die uns bleiben, auf gehörige, ordentlich-sozialdemokratische Weise erledigen. Hans Apel, der so widerstrebend und nur unter dem mitleidlosen Druck von Helmut Schmidt das Verteidigungsministerium übernommen hatte, berichtet, daß er in der kommenden Woche den immer schon im Zwielicht angesiedelten Traditionserlaß für die Bundeswehr durch vergleichsweise klare und liberale Traditionsrichtlinien abzulösen plant. Der Kanzler ist sehr dafür, er bestärkt ihn.

Einige Herren auf der Hardthöhe werden des kirchentreuen Hans Apel Ausgang (heimlich!) segnen. Oberst Genschel, der einige Jahre im Kanzleramt fleißig und intelligent dem Kanzler geholfen hat, neulich noch von Apel zum Brigadegeneral befördert, wird in seiner Stabsabteilung «Innere Führung» unter Wörner oder Zimmermann bald Kriegsgeschichte oder auch Gedichte lesen können. Ein Mann wie Wörner wird den «Bürger in Uniform» trotz der zu erwartenden Lippenbekenntnisse vermutlich in den tiefsten Kasematten versenken.

19. September 1982

Gegen 10.30 Uhr versammelt sich im Fraktionssaal der Parteirat, wichtigstes Gremium der SPD zwischen den Parteitagen, um die Lage nach dem Ende der Koalition zu analysieren und von der Führung zu hören, wie es weitergehen soll. Alle sind sich einig, daß die SPD schlecht beraten wäre, ließe sie jetzt Erleichterung darüber erkennen, daß sie die Regierungsmacht in einigen Tagen wird abgeben müssen. So borniert kann niemand sein, daß er nicht wüßte, daß eine obendrein nach außen vorgeführte Erleichterung denen im nachhinein recht gibt, die der Sozialdemokratie seit langem vorhalten, sie wolle ja gar nicht mehr regieren, sie könne es gar nicht abwarten, daß ihr die Dornen der Opposition ins Fleisch dringen.

Zum Parteirat ist aus Berlin auch Jochen Vogel gekommen. Er sagt: «Wenn einer mit einem schweren Rucksack die Höhe erklommen hat und ihn abwerfen kann, dann findet er das schön. Unsere Lage ist anders.» Der Berliner Oppositionsführer, den manche, die ihn bei seinem Opfergang nach Berlin enthusiastisch lobten, nach der Wahlniederlage (ohne ihn wäre sie einer Katastrophe gleichgekommen) aus Diskussionen über die künftigen Führungsstrukturen meinten ausschließen zu können, macht heute in Bonn sehr überzeugend seinen intelligenten und politischen Rang deutlich. Er will die Diskussion im Parteirat, ganz unpathetisch, auf ein dem Ende nach dreizehn Jahren sozialdemokratischer Regierungsverantwortung angemessenes Niveau heben. Bloß kein polemisches Gekakel. Das schafft er. Er geht, immer ein wenig gravitätisch, ans Mikrofon. Vogel ist, wie Helmut Schmidt und Willy Brandt, innerlich scheinbar ganz ruhig. Getreu seiner «Berliner Linie», an der zeitweilig auch Schmidt Zweifel hatte, wirbt er dafür, daß die Partei, bald in der Opposition, bei der Entwicklung einer Perspektive die kritische Jugend einbezieht. Auch tut er gut daran, die Genossen darauf vorzubereiten, wie schrecklich steinig die vor ihnen liegende Wegstrecke sein wird. An eine Sitzung aus seiner Münchner Oberbürgermeister-Zeit erinnert er sich. Da hatte jemand die von den Sozialdemokraten und die von der CDU/CSU regierten Städte über hunderttausend Einwohner mit Tafeln dargestellt. Da gab es damals nur sieben schwarze Tafeln. Vogel: «Stellt euch das mit Tafeln mal heute vor.»

Wichtig ist ihm an diesem Sonntag, daß die Partei begreift: Der Weg aus dem tiefen Tal heraus beginnt in den Gemeinden, auch den kleinsten. Dann spricht er vom Gemeinschaftsgefühl der Partei. Damit war bis neulich noch nicht viel herzumachen. Jetzt scheint es so stark zu sein, daß sich selbst Eppler dem nicht entziehen will. Vielleicht merken heute vormittag nur einige, daß Vogel, ohne sich zu hasten, bereits auf dem Weg zurück nach Bonn ist. Da müßte er auch bald ankommen, spätestens nach vorgezogenen Neuwahlen über die SPD-Liste des Abgeordnetenhauses.

Des Kanzlers Vortrag läßt seine ungeheure Übermüdung spüren. Die ist mit einmal Ausschlafen nicht wegzukriegen. Gestern (Sonnabend) hatte ich in Hamburg angerufen, einfach so, um zu wissen, wie er innerlich dran ist. Da hörte er sich gut an. Wehner, erzählte er, wolle, daß er die Fraktion übernimmt. Das möge ich vertraulich behandeln. Doch schon am Abend melden die Nachrichtenagenturen aus Saarbrücken den Einfall des alten Sozialdemokraten, den nahezu alle «Spitzengenossen» in den Ruhestand schicken möchten. Trauen tut sich das keiner. Aber alle klagen, daß in der Fraktion alles durcheinander geht. Will Wehner mit seinem Vorschlag sowohl Ehmke als auch Apel, vielleicht sogar Willy Brandt den Weg verlegen? Nur für Helmut Schmidt will er zurücktreten. Die Frage stellen jetzt auch solche Genossen, die Herbert Wehner tief verehren. Wenn

der sich versagt – will der eiserne Fuhrmann dann bis zum
März den Karren ziehen, der immer lauter ächzt?

Wiederum langer, gefühlvoller Beifall, als Schmidt, weil
über Fuhlsbüttel Nebel liegt, verspätet eintrifft. In der Ma-
schine habe er mit Hans Apel darüber gesprochen, was das
für eine tiefe und gute Zäsur bedeutet, daß die Sozialdemokraten dazu haben beitragen können, die Bundeswehr in die
demokratische Gesellschaft einzubetten. Das erste Mal in
preußisch-deutscher Geschichte. «Das dürfen wir nicht gefährden», sagt Schmidt. Die Armee und die Bebel-Partei,
dieses Thema sitzt tief in Kopf und Herz des Hamburgers,
der sich als erster sozialdemokratischer Politiker zu einer
Reserveübung meldete, vor zwanzig Jahren. Da streute ihm
in Fraktion und Partei niemand Blumen. Da haben, hinter
seinem Rücken, einige mit den Fingern auf ihn gezeigt.

Karl Liedtke* schließt die Beratung des Parteirates gegen
13 Uhr. Am Vorstandstisch der Fraktion bleiben Marie
Schlei und Annemarie Renger zurück. Die ungemein tapfe-
re, lebenskluge Berliner Schulrätin, die zuweilen zwischen
rechts und links ein wenig schwankte, in Wahrheit eine solide konservative Sozialdemokratin, mokiert sich über Erhard Epplers Bemerkung, jetzt dürfe es in der Partei keine
Schuldzuweisungen geben. Der hat es nötig! Eppler ist mehr
als ein Schmidt-Gegner. Da war manches Mal nur noch
Feindseligkeit zu spüren, auch wenn es «Helmut» und «Erhard» geheißen hat. Heute, in Bonn, hat Eppler allen
Grund, einer Diskussion darüber auszuweichen, wer außer
Hans-Dietrich Genscher an der Schwächung der Regierung
Schmidt Verantwortung trägt.

Der Kanzler will Wischnewski und mich gleich jetzt in seinem Arbeitszimmer sehen. Es ist 14 Uhr. Kleeblatt ohne
Konow. Den Rat dieses nur scheinbar emotionslosen scharf-
sinnigen Juristen will Schmidt in den nächsten Tagen nur
sparsam in Anspruch nehmen. Gerade weil er den Chef sei-

---

* Vorsitzender des SPD-Parteirats, Stellvertretender Vorsitzender der
SPD-Bundestagsfraktion.

nes Amtes schätzt, möchte er ihn nicht in Gespräche hinein-
ziehen, die ihn möglicherweise belasten. Da ist der Kanzler
fast übertrieben fürsorglich (Konow selber, so wie ich ihn
über die Jahre erlebt habe, wird sich, obwohl parteiloser Be-
rufsbeamter, jederzeit als Sozialliberaler bekennen).

Der Kanzler will Wischnewskis und meine Meinung zu
Wehners Vorschlag (Fraktionsvorsitz) hören. Ben Wisch
zögert etwas. Ich bin hart dagegen, daß Helmut Schmidt,
der am 23. Dezember 64 Jahre alt sein wird, in der Parteien
Haß und Hader zurückkehrt. Es geht ja gar nicht darum,
daß er seinem Ansehen als Staatsmann einen Kratzer in der
Zeitgeschichte und, eines Tages, vielleicht in der großen
Geschichte zufügt. Es geht nicht um den «guten Abgang».
Das wäre zu einfach. Und so einfach dürfte er sich das auch
nicht machen.

Der Hamburger hat gegenüber Staat und Sozialdemokratie mehr als drei Jahrzehnte lang nun wirklich seine Pflicht
getan. Fraktion, sage ich, das kommt nun mal von «frange-
re»*. Ein Wiederanknüpfen an seine erfolgreiche Zeit als
Führer der Fraktion ist heute nicht mehr möglich. Es gibt ja
lange schon in der Fraktion eigene Fraktionen. Die Rechten, die «Kanaler», werden hoffen, daß Helmut Schmidt die
Linken Mores lehrt. Da würde er Frankes Truppe enttäuschen. Aber auch die parlamentarische Linke in der SPD
hätte kaum viel Freude an ihm. In der Wirtschaftspolitik
würden sie mit ihm schon in den nächsten Monaten unvermeidlich in Konflikt geraten. Und dann kommt, bald schon,
das dynamitgeladene Thema der «Supplementierung» des
Doppelbeschlusses, sprich die Stationierung eben jener
Pershing II in einem Land, das heute schon über eine Mas-
sierung nuklearer Waffen auf seinem Territorium verfügt
wie kein anderes.

Was sind die Motive Wehners? Ist das alles so ganz selbst-
los von dem großen Fuhrmann gedacht? Wenn ich dem
Kanzler heute mittag entschieden abrate, auf den Vorschlag

---

* lat.: brechen, zerbrechen.

Wehners einzugehen, vernachlässige ich dabei nicht die Interessen der eigenen Partei? Schmidt wäre sowieso nur ein Fraktionsvorsitzender auf Abruf, höflicher: auf Zeit. Damit ist der Partei überhaupt nicht gedient. Und ihm möchte ich ersparen, daß er wiederum wahnwitzig lange Arbeitstage durchstehen muß. Schließlich: Soll er im Bundestag gegen einen Kanzler von der Statur Helmut Kohls aufstehen, den, wie «FJS» sagt, Chef einer «Übergangsregierung»? Das kann bei Schmidts Temperament nur zu unguten Konfrontationen führen. Und kann, im schlimmsten Fall, zu folgenschweren Polarisierungen führen. Und, beinnahe noch wichtiger: ist Schmidt der Mann, der die Fraktion so nachhaltig zu integrieren versteht, daß sie stark und klar und mit einer Stimme spricht? Das hieße ihn idealisieren. Das hieße obendrein den Mann in die völlige Erschöpfung treiben.

Wischnewski, der Pragmatiker, sieht das etwas anders. Er kennt den Kanzler auf seine Weise bestimmt gut genug zu wissen, daß Helmut Schmidt bei allen tiefen musischen Neigungen nicht der Mann ist, der einen Tag nach dem anderen im Sinne von Carlo Schmid allein griechischer Muße obliegt. «Helmut, mach dir das mal klar: nächste Woche hast du vielleicht keinen Apparat mehr, keinen, der dir zuarbeitet.» Hans-Jürgen Wischnewski sorgt sich in seiner Art nicht weniger um den Freund. Nur will und kann er schwer vom Interesse der Partei abstrahieren, in der auch er nach dem Krieg großgeworden ist.

Helmut Schmidt bewertet unseren so unterschiedlichen Rat um diese Stunde nicht. Erst will er mit Loki sprechen. «Nach vierzig Jahren Verheiratetsein treffe ich solche Entscheidungen nicht ohne sie.» Morgen wird er sie in Brasilien zu erreichen versuchen. Das «Kein-Apparat-Argument» Wischnewskis leuchtet ihm ein. Schon der Wahlkampf, wenn er ihn tatsächlich führt, wird für ihn schwer werden. Die Partei kann natürlich nicht so viele Hilfen bieten wie ein Regierungsapparat.

«Dieser Wahlkampf», sagt Schmidt, «wird meine letzte große innenpolitische Aufgabe sein.» Er läßt ahnen, daß er nicht nur emotional meinem Rat eher geneigt ist als dem seines Freundes Wischnewski: «Ich hab keine Lust.» Jahrelang habe er in Hochspannung arbeiten müssen. Seit 1966 seien die Tage endlos gewesen. Konzession an Hans-Jürgen: «Eigentlich brauche ich eine solche Aufgabe (wie den Fraktionsvorsitz), du hast ja recht.» Dann wieder Distanz. Das Gefühl, daß die Partei ihm später vielleicht Vorwürfe machen wird, weil er sich ihr entzogen hat, beschäftigt ihn, stark sogar. Vor Wischnewski und mir braucht er nicht große Worte zu machen. Sein Herz, sagt er, hänge unverändert an der Sozialdemokratie. «Aber Selbstrechtfertigung habe ich nicht nötig.» Und natürlich sieht er sich als Spitzenkandidaten jetzt nur für Neuwahlen, wenn es die im November oder Anfang Dezember gibt.

Am Wochenende hat ihm Karl Klasen* erzählt, daß gute Freunde in Hamburg darüber nachdenken, wozu sie den Sohn ihrer Stadt nach dem Abschied aus der Politik anregen können, wie sie ihm ein Forum bieten können, das für ihn paßt, für internationale Aktivitäten zumal. Der Kanzler hat früher schon den Wunsch geäußert, ohne aufwendige Delegationen durch die Welt zu reisen, Menschen zu treffen, Vorträge zu halten, natürlich auch um seine Ideen an den Mann zu bringen. Er muß mehr Zeit fürs eigene Nachdenken gewinnen. Er möchte vieles gedanklich vertiefen, was in den Regierungsjahren unvermeidlich nur angedeutet werden konnte. Er möchte seine Vorstellungen vom ethisch begründeten pragmatischen Handeln schärfer fassen, sein Verhältnis zu Kant in die Tiefe entwickeln, Anschluß an die intellektuell und politisch immer spannender werdende Diskussion über eine neue Nuklear-Strategie gewinnen (die Genscher am liebsten, um Reagan und Weinberger nicht zu irritieren, in einen Dornröschenschlaf versetzen will). Da gibt es für den ehemaligen Verteidigungsminister und sicherheitspolitischen Autor allerhand aufzuarbeiten. Mit seinen Freunden Bob McNamara* und George Ball oder mit

* Von 1969 bis 1977 Präsident der Deutschen Bundesbank.

George Kennan möchte er sich austauschen, nicht bloß bei einem Tausend-Gäste-Dinnner im Ballsaal des New York-Hilton.

Im SPIEGEL hat der Kanzler gestern eine Geschichte gelesen, die sich mit dem «Überlebenssyndrom» nach Attentaten und schweren Operationen beschäftigt. Seine Operation in Koblenz im Herbst 1981 ist von ihm tatsächlich als ein «Signal der Endlichkeit» gedeutet worden. In den letzten Tagen hat er vorsichtshalber sein kleines Etui mit herzstärkenden giftgrünen Kapseln aufgefüllt. Ein Glück, seine robuste Natur hat ihn bisher nicht im Stich gelassen. Auch schlafen kann er immer noch wie der sprichwörtliche Infanterist zwischen den Gefechten. Das muß nicht noch Jahre so bleiben.

Am Wochenende, sagt er, war er mit seinem Testament beschäftigt. Er hat es nur überlesen. Schmidt erwähnt das ganz beiläufig. Der Herzschrittmacher erlaubt ihm, das alte Arbeitstempo durchzuhalten. Heute weiß er besser als noch vor einem Jahr, daß er endlich anfangen muß, mit der ihm verbleibenden Energie haushälterisch umzugehen.

Richtig, ein Mann wie Wehner wird sich in der Politik bis zum letzten Atemzug erschöpfen. Davor müssen seine Freunde in Hamburg und anderswo Helmut Schmidt bewahren. Unschwer vorherzusehen, daß die Partei, ehe sie sich als Oppositionspartei wirklich geschlossen darstellt, ehe sie als Alternative zur CDU wieder Kraft und Ausstrahlung gewinnt, noch schwere innere Konflikte zu bestehen hat. Helmut Schmidt, mag er auch vieles über die Motive der Jugend und der jungen Linken begriffen haben, ist nicht der geborene Moderator. Er wird niemals wieder von der «Krise in euren Hirnen» sprechen, wie vor acht Jahren mal in Hamburg. Er begreift von der Jugend vielleicht mehr als manche flinken Anpasser. Ein leichter Partner wird er für die kriti-

---

* Robert McNamara, US-Verteidigungsminister von 1960–1968, Präsident der Weltbank 1968 bis 1981; George Ball, amerikanischer Diplomat, Politiker und Berater mehrerer US-Präsidenten.

sche Jugend niemals sein, schon gar nicht für einige von den tonangebenden Funktionären.

Nach zwei Stunden fühle ich mich ziemlich sicher: der Kanzler wird, dem schmeichelhaften SPIEGEL-Titel dieser Woche entsprechend, bald von Bord gehen. Der Lotse kann beim Navigieren der eigenen Partei nur noch auf sehr begrenzte Zeit nützlich sein. Es bedrückt ihn jetzt, da der Nachfolger im Kanzleramt in Sichtweite ist, die Vorstellung, wie Kohl die Interessen dieser Republik in Gesprächen mit Ronald Reagan oder mit Leonid Breschnew (oder dessen Nachfolgern) vertreten wird. Das hat nichts mehr mit dem intellektuellen Hochmut des Kanzlers zu tun, mit «Schmidt-Kosmos», wie ihn der ihm redlich anhängende Bremer Bundestagsabgeordnete Claus Grobecker liebevoll-ironisch genannt hat. Der Pfälzer ist eben ein Universalist und wird von einem schier gewaltigen Harmoniebedürfnis getrieben. Soll man sich, kann man sich stets darauf verlassen, daß erfahrene Ratgeber wie Alois Mertes* stets in der Nähe sein werden?

Der Kanzler ist von Jochen Vogels Rede vorhin im Parteirat beeindruckt. Schmidt, der vor wenigen Jahren noch Hans Matthöfer oder Hans Apel als Nachfolger von Herbert Wehner sah, der auch Horst Ehmkes Qualitäten richtig einschätzt («der ist älter geworden»), der vorübergehend seinen Freund Hans-Jürgen protegierte, scheint in dem Wahlbayern jetzt den fähigsten Kandidaten zu sehen. Wenn der Berliner Oppositionsführer noch seine Vorliebe für bisweilen studienrätliches Gehabe unterdrückt, wird er vielleicht vom Public-relations-Standpunkt nicht der ideale Oppositionsführer sein, aber der stärkste, den die SPD heute in die parlamentarische Arena schicken kann. Wenn er nach draußen noch ein bißchen mehr Lächeln lernt (denn in kleinem Kreis wird es ihm nicht schwer), sollte er der Unterstützung einer starken Mehrheit sicher sein können. Auch der des MdB Schmidt-Bergedorf.

---

* Außenpolitischer Sprecher der CDU/CSU-Bundestagsfraktion.

20. September 1982

Staatssekretärsrunde im kleinen Kabinettssaal. Das erlebe ich heute vormittag schon als einigermaßen unwirklich. Konow, der den Vorsitz hat, bemüht sich erst gar nicht um Heiterkeit. Seltsam sind manche dieser konservativen Sozialdemokraten. Der grundehrliche Konrad Porzner möchte vorführen, daß die Sozialdemokraten in der Bundesregierung bis zur letzten Stunde mit dem Staat pfleglich umgehen. Bei dem *FAZ*-Redakteur Fromme hat er gelesen, daß eine Regierung nicht kurz vor Toresschluß personelle Veränderungen zugunsten von Parteibuchanhängern vollziehen darf. Natürlich nicht, das wäre schlechter Stil. Der Kanzler hat es schon gesagt. Schmude hat es am Freitag klargemacht. Da soll ein Beamter aus dem Justizministerium übermorgen noch zum Ministerialdirektor befördert werden. Mit der SPD hat der Ministerialdirigent Bülow, bürgerlich, nichts zu tun. Jetzt könnte Porzner beinahe Schicksal spielen. Irgendwie zeigt dieser Vorgang, daß unser Verhältnis zum Staat selbst nach hundertzwanzig Jahren noch nicht frei ist von Komplexen. Der Konrad hat es gut gemeint. Die Runde respektiert seine Bedenken. Die vier zur Beförderung dem Kabinett vorgeschlagenen Beamten werden am Mittwoch unangefochten durchs Ziel gehen.

Staden* überzeugt Konow, daß ein Besuch des nicaraguanischen Junta-Chefs Ortega wohl besser abgesagt wird. Das Auswärtige Amt sah der Visite dieses in Washington wenig geschätzten Politikers mit unguten Gefühlen entgegen. Man wird ihn diskret ausladen. Genscher, der natürlich weiß, seit langem schon, wie unglücklich die Politik Reagans im karibischen Raum und in ganz Lateinamerika ist, würde Ortega vermutlich sowieso nur höchst widerwillig empfangen wollen. Arthur Burns, US-Botschafter am Rhein und guter Schmidt-Freund, müßte sonst die Augenbrauen runzeln.

Berndt von Staden, als er am letzten Freitag beim Kanzler

---

* Berndt von Staden, Staatssekretär des Auswärtigen Amtes.

war, zeigt sich über die Entwicklung der letzten Tage sehr bedrückt. Seine Zeit als außenpolitischer Berater des Kanzlers war für ihn mit die wichtigste in seinem Diplomatenleben. Und für Schmidt war Staden einer der besten, weil gerade in der Analyse gedankenreichster Ratgeber. Die beiden sprechen über den Außenminister. Der Staatssekretär lobt Genscher, weil dieser sich stets vor seine Beamten stelle. Staden kann das beurteilen. Nur ändert das nichts daran, daß Genscher zielstrebig seine Favoriten im Auswärtigen Amt auf alle wichtigen Stühle gehievt hat. Wenn einer Sympathie für die FDP erkennen ließ, hat das die Promotion noch immer begünstigt. Über CDU-nahe Diplomaten schien stets die Gnadensonne. Fast alle, die der Sympathie für die SPD verdächtig schienen, hat er, unter Komplimenten, aus dem AA herauszubefördern versucht. Fast immer erfolgreich.

Am Nachmittag kursiert in Bonn ein neues Gerücht. Franz Josef Strauß hat in München nach einigem Hin und Her seine CSU jetzt scheinbar unwiderruflich auf Neuwahlen noch in diesem Jahr festgelegt. Prompt wird erzählt, daß der Kanzler nun die Situation nutzen und womöglich doch noch die Vertrauensfrage stellen werde. Solche Geschichten kommen aus dem Konrad-Adenauer-Haus. Man kann es denen nicht mal verübeln. Der Kanzler erscheint ihnen auch jetzt noch wie Golem.

Gegen 16 Uhr telefoniere ich mit dem Kanzler und erfahre, was Franz Josef Strauß vorhin zu Ben Wisch gesagt hat. Der hatte ihn in München angeläutet, um ihm verbindlich zu sagen, daß der Kanzler für den Fall, daß es ganz schnell zu Neuwahlen kommt, also noch 1982, auf die Privilegien, die das Regierungsamt bietet, zu verzichten bereit sei, auch auf die weit überschätzten materiellen Sekundantendienste des Bundespresse- und Informationsamtes.

Was immer Strauß an Grobheiten und Bösartigkeiten in den letzten Jahren und auch in den letzten Tagen noch über den Hamburger Kanzler herausgestoßen hat, im Gespräch mit Wischnewski wird schnell klar, daß zwischen FJS und

85

Schmidt die alte, aber sehr kritische Wertschätzung füreinander weiter besteht.

Der CSU-Führer informiert den Staatsminister, daß er sich auf Bundestagswahlen nicht später als am 15. Dezember 1982 festgelegt habe. Zu Wischnewskis Angebot sagt Strauß: «Wenn der Schmidt das sagt, dann meint er es auch ehrlich.» Der Bayer findet es gut, daß Ben Wisch mit sicherem Instinkt den Kanal zu ihm hergestellt hat. Man verabredet, daß man sich gegenseitig auf dem laufenden hält. Was einige Journalisten die heimliche Koalition Schmidt/Strauß gegen die Koalition Kohl/Genscher nennen, scheint nun, dramaturgisch jedenfalls, vorhanden zu sein. Mit Verschwörung hat das alles nichts zu tun.

21. September 1982

In der Lage informiert Konow, daß der Bundeskanzler unmittelbar vor seinem Ausscheiden noch das Diplomatische Korps im Palais Schaumburg zu treffen wünscht. Nicht als Dekorum, das ihn putzen soll. Er möchte den rund hundertdreißig Exzellenzen ein letztes Mal seine außen- und sicherheitspolitische Vorstellungswelt vermitteln. Das Auswärtige Amt, in dem Genscher wie der Geist von Hamlets Vater in allen Räumen gegenwärtig ist, hat die Kanzleridee natürlich prompt an den Bundesminister a. D. weitergegeben. Nun versuchen die Berufsdiplomaten mit subtilen Bedenken dem Kanzler seinen Einfall auszureden, artig, aber mit oft bewährter Zähigkeit. Das schaffen sie diesmal nicht.

Wiederum sprechen wir über die Zukunft von Schmidt als Sozialdemokrat. Und sind uns abermals nicht einig. Hans-Jürgen Wischnewski meint es bestimmt gut und hat, fast immer, die richtige Nase, ist Sozialdemokrat mit Stallgeruch, geht für Schmidt buchstäblich durch dick und dünn. Muß sein Rat in diesem Augenblick deshalb der richtige sein?

Hofft Willy Brandt vielleicht, der Kanzler werde seine Zusage, die Partei in den Wahlkampf zu führen, tatsächlich auf einen Wahltermin noch in diesem Jahr begrenzen? Die Frage wird in seiner eigenen Umgebung gestellt. Inzwischen bin ich es nicht allein, der dem Kanzler rät, weder die Fraktionsführung noch die Kanzlerkandidatenrolle zu übernehmen, wenn erst 1983 gewählt wird. Dabei bemühe ich mich, die Interessen der Partei stets im Zusammenhang mit denen des Kanzlers zu sehen.

Zwei alte Freunde haben sich bei Schmidt gemeldet: Karl Klasen, einst Bundesbankpräsident und immer noch Ratgeber, und Alex Möller*, der «Genosse Generaldirektor», beide über Jahrzehnte treue und zugleich kritische Freunde, argumentieren, ganz entschieden, für ein Leben ohne neue und vielleicht lebensgefährliche Belastungen.

Gerhard Konow sekundiert Hans-Jürgen Wischnewski. Schmidt und Bölling, meint er, urteilen zu emotional. Ihn sorgt, daß ohne Schmidt als Spitzenkandidat die Sozialdemokraten ins Getto zurückfallen. Das neokonservative Deutschland werde dann bald reichlich Gelände besetzen.

Des Kanzlers Meinung beginnt sich in unserem Kreis zu festigen. Er spricht von der Sehnsucht nach Freiheit und meint vor allem die Freiheit zu solcher Arbeit, die ihm intellektuell und seelisch Freude machen soll. «Ich will mich mal nicht mehr mit Rüstungsexport und U-Booten für Chile beschäftigen müssen.» Später findet auch Konow meine Überlegungen plausibel, daß niemand unserem Dienstherrn vorwerfen kann, daß er egozentrisch handelt. Drei Jahrzehnte für die Partei, da ist keine Entschuldigung nötig. Wichtiger bleibt das Argument, das ich neulich schon vorgetragen habe, es braucht in naher Zukunft ohnehin eine neue SPD-Führung. Die Partei muß sich eine neue Struktur suchen. Das gilt für Wehner, das gilt – bei allem Respekt – irgendwann auch für Brandt. Natürlich muß es dann auch für Schmidt gelten. Die Partei ist schließlich nach innen und nach außen nicht so brüderlich einig wie die Societas Jesu. Wir wissen doch alle vier, daß da einige mit wachsender Un-

---

* 1969–1971 Bundesfinanzminister.

geduld nur darauf warten, daß von neuem die Fetzen fliegen.

Heute ist Hans-Jürgen, der das Auswärtige Amt so gern verteidigt, richtig empört. Er geht seit wenigen Tagen in die allmorgendliche Direktorensitzung, zu den Granden unserer Diplomatie. Sie mögen den außenpolitisch erfahrenen, umgänglichen Sozialdemokraten, schätzen seinen fast angeboren wirkenden politischen Instinkt, haben ihn oft als erfolgreichen «trouble shooter» erlebt. Heute allerdings wollen sie ihn manipulieren. Sie möchten nicht den Zorn des doch nur vorübergehend abwesenden Hausherrn riskieren. Der hat nämlich wissen lassen, daß die für den nächsten Donnerstag vorgesehene Rede vor der 37. Generalversammlung der UNO doch, bitteschön, auf die kommende Woche verschoben werden möge. Was würde ihm sonst alles entgehen. Jetzt ist der Kanzler auch Außenminister. Und der entscheidet, daß Wischnewski nach New York fliegen wird.

Eine Verabschiedung Genschers wird es, weil dem Minister ein Montagstermin nicht paßte, jetzt nicht mehr geben. Der Kanzler möchte die ihm treu ergebene Hildegard Hamm-Brücher im Heckel-Zimmer des Kanzleramtes verabschieden. Schmidt: «Die Stühle werden rausgenommen, damit sich erst gar keiner hinsetzt. Ein Glas Wein, keine Fotografen. Mit Genscher muß ich mich wirklich nicht noch mal ablichten lassen.» (Genscher kommt aber nicht. Er hat von der Einladung nicht gewußt, erzählt er. Dabei ist sie ihm von Staatssekretär von Staden im Auftrag des Bundeskanzlers korrekt übermittelt worden.)

Die Rede, die Ben Wisch am Donnerstag gegen 11 Uhr am East River vortragen wird, entsteht, ganz korrekt, im Auswärtigen Amt. Dann werden die Diplomaten des Kanzleramtes drübergehen, der Redner selbst und zum Schluß der Kanzler. Ich werbe dafür, daß Schmidts positive Gedanken über die Friedensbewegung reinkommen. Sicher, die Übermacht an sowjetischen SS-20-Raketen muß abermals vorgeführt werden, auch die Russen in Afghanistan. Es sollte aber auch gesagt werden, daß wir unser Verhältnis zur Sowjetunion selber bestimmen und nicht die Definition von Ronald Reagan, «Judge» Clark* und Weinberger übernehmen möchten.

Heute mittag, angeregt von der Nachricht, daß der Sohn von Rudolf Heß bei Staatsminister Wischnewski vorgesprochen hat, entscheidet der Kanzler, daß er am Tage vor seinem Sturz an die Regierungschefs der vier Gewahrsamsmächte von Spandau schreiben und ein weiteres Mal für eine Begnadigung des dem Tode nahen achtundachtzigjährigen «Stellvertreters des Führers» plädieren wird. Er hat das schon früher getan.

Postskriptum zum Kleeblatt: Die Witwe Sadat möchte den Kanzler in Frankfurt bei der Buchmesse treffen. Schmidt hat sie als intelligent und couragiert kennengelernt. Was die Frau des Helden von Camp David so nebenher unternommen hat, um der eigenen Familie und dem Freundeskreis etwas mehr Lebensqualität zu sichern, überhört der Kanzler als Tratsch. Für ihn war Dschihan el-Sadat, übrigens auch Farah Diba, eine Frau mit Mut zu selbständigem Urteil und mit fortschrittlichen Ideen.

In einer Stunde werden wir mit dem BGS-Hubschrauber in das schöne Eltville am Ufer des Rheins fliegen. Schmidt wird erst auf einem Dampfer, später, am Abend, auf dem Marktplatz von Wetzlar versuchen, den Sozialdemokraten in Hessen den Rücken zu steifen. Mir ist wichtig, daß er nach dem großen Auftritt vom 17. September nachher als Staatsmann redet. Er wehrt ab: «Ich weiß, ich weiß.» Natürlich warten die Leute auf eine kämpferische Rede.

Bald zehntausend Zuhörer sind auf dem Platz vor dem Dom zu Wetzlar versammelt, dazu ein paar hundert Sozialdemokraten aus dem Ruhrgebiet. Der Kanzler ist chronisch übermüdet. Da gelingen ihm manchmal vorzügliche Reden, mitunter greift er zum Dreschflegel. So geschieht es auch jetzt. Daß er die FDP hart angeht, das ist gut, richtig, gebo

---

* William Clark, Sicherheitsberater von Reagan.

ten. Da trifft er genau die Stimmung. Unnötig sind kränkende Bemerkungen über Lambsdorff, überflüssig schon gar, daß er die FDP «wegharken» will.

22. September 1982

Gegen 14 Uhr ruft Herr Honecker beim Kanzler an. Teilnahmsvoll – wie aufrichtig, das weiß ich nicht – erkundigt er sich nach dem Befinden des Bonner Regierungschefs. Der starke Mann der DDR dankt für persönliches Verständnis und gute Zusammenarbeit. Man habe doch eine ganze Menge zustande gebracht. Herzlich ist das Gespräch nicht. Wie sollte es auch? Schmidt hat die Stunden im belagerten mecklenburgischen Güstrow nicht verdrängt. Aus der Werbelliner Euphorie sind beide längst heraus. Immerhin, der SED-Generalsekretär ist liebenswürdig: er möchte den Kanzler zu einem privaten Besuch in die DDR einladen. Schmidt dankt und sagt, daß er im Laufe der Jahre gewiß auch einmal in die DDR reisen werde. Sachfragen werden in diesem Telefonat nicht mehr beredet.

Das Bild von Genscher vervollständigt sich in immer neuen Nuancen. Gerade heute erfahren wir: als der FDP-Vorsitzende im letzten Jahr seinen Brief über die «Wende» veröffentlichte, fand er nicht einmal Zeit, seinen Fraktionsvorsitzenden Mischnick von diesem Prelude zu unterrichten. Der las davon in der Hamburger *Zeit*.

Der Kanzler zeigt uns im Kleeblatt handgeschriebene Karten, auch einen Brief aus der Feder von Genscher. Genesungswünsche, als der Kanzler gerade den Herzschrittmacher in die Brust eingesetzt bekommen hatte. Unter dem 19. Juli 1981 schreibt Genscher: «Sie wissen, daß Sie sich auf mich verlassen können.» Mir kommt beim Lesen ein Zwiegespräch mit Honecker in Erinnerung. Auf der Leipziger Frühjahrsmesse 1981, am Stand der Salzgitter AG, fragte mich der SED-Generalsekretär, warum unser Außenminister seinen Moskau-Besuch vertagt habe. Er wollte andeuten, daß Genscher in Moskau nicht Persona grata sei. Tatsächlich hatte Genscher die Reise nur aus technischen Gründen um drei Tage verschoben. Natürlich nahm ich ihn sogleich in Schutz. Honecker wollte mir nicht das letzte Wort lassen. Er sagte: «Hallenser, Halloren, Halunken.» Den alten Bergleute-Spruch kannte ich schon. Mir fiel damals, freundliche Fügung, eine Antwort ein: «Wenn ich richtig informiert bin, Herr Generalsekretär, stammt Ihre Frau auch aus Halle.» Da war er gelassen genug zu lachen, sogar unverkrampft. Die Politbüromitglieder zeigten eher gebremste Heiterkeit. Sie lachten sich vorsichtig ein.

Gerade haben wir berichtet bekommen, daß Gerhart Baum nun die eigene Haut in Sicherheit zu bringen sucht. Oder tut man ihm da bitter Unrecht? Er soll, heißt es, verbreiten, daß er noch am Donnerstag (16. 9.) versucht hat, mit dem Kanzler in Kontakt zu kommen, um den Bruch zu verhindern. Eine erfundene Geschichte. So viele Ammen finden sich in Bonn gar nicht, wie jetzt Märchen von deren Strickart verbreitet werden. Klar, daß alle Beteiligten als Charakterhelden in die Geschichte eingehen möchten. Wie gut, daß ich in meinen für den Kanzler bestimmten Notizen über die Gespräche mit Baum stets hinzugefügt habe, hier habe einer mit mir geredet, der von den wirklichen Gedanken seines Vorsitzenden wenig oder nichts wisse, nicht mehr jedenfalls als wir. Alle Gespräche, die der Innenminister mit uns Sozialdemokraten geführt hat, waren kräftig von Wunschdenken beflügelt. Das spricht ja nicht gegen ihn.

Wir suchen die Lage bei der FDP zu analysieren. Ich erzähle Helmut Schmidt, daß es heute in Bonn Leute gibt, die für den Fall, daß die FDP am Sonntag in Hessen weit unter fünf Prozent bleibt, über ein neues Regierungsbündnis zwischen uns und den linken Liberalen in der Fraktion orakeln. Der Kanzler deutet, höchst vorsichtig, an, daß die Kohl/Genscher-Strategie noch immer scheitern kann. In Wahrheit sieht er keine Chance mehr für eine Wendung zum Besseren.

Von neuem reden wir darüber, was Schmidt der SPD

schuldet. Hans-Jürgen drängt wiederum, daß der Kanzler auch dann die Partei in den Wahlkampf führt, wenn die Wahlen erst im März kommen. Konow stellt sich, wenn auch mit Vorbehalten, auf seine Seite. Der Staatsminister meint freundschaftlich-ironisch: «Nur Herr Bölling ist dagegen.» Er meint es richtig gut, aber es fällt ihm unendlich schwer, das Ende einer geschichtlichen Epoche als unwiderruflich anzuerkennen.

Den Bundeskanzler interessiert, wie seine Entlassungsurkunde aussehen wird. Soll da gedruckt sein: «. . . auf Ersuchen des Deutschen Bundestages . . .» oder «Entlassung nach Grundgesetz Artikel 67»? Helmut Schmidt ist für die Zitierung der Verfassung. Zu Gerhard Konow: «Vergessen Sie nicht, daß auch der Dank des Vaterlandes draufsteht.»

23. September 1982

Im Auftrag des Kanzlers bitte ich Jürgen Schmude um Rat, ob Schmidt am Tag der Abstimmung über das konstruktive Mißtrauensvotum vorher noch einmal im Plenum reden soll. Der Justizminister wird das überlegen. Sein Rat ist stets fundiert. Wir sprechen auch darüber, ob der Kanzler im Wahlkampf als Spitzenmann auftreten, ob er auf Herbert Wehners Angebot eingehen und den Fraktionsvorsitz übernehmen soll. Ich bin richtig froh darüber, daß Schmude meine Auffassung teilt. Er sagt: «Wir sollten verhindern, daß Helmut Schmidt gefressen und zertreten wird.» Die zwei Prozent, die der Kanzler für die SPD holen könne, sagt Schmude, rechtfertigen nicht, daß «wir ihn nachher wegtragen und den Rhein rauffahren» – eine düstere Anspielung auf die Beisetzung von Konrad Adenauer.

In der Lage, heute erst um 10 Uhr, können wir einen neuen Beleg für die von Genscher lange schon verfolgte Absicht notieren, die außenpolitische Glaubwürdigkeit der Sozialdemokraten ins Zwielicht zu rücken. Der *Welt* ist aus dem Auswärtigen Amt ein Brief von Breschnew an den Bundeskanzler (vom 15. November 1980) zugespielt worden. Der Wortlaut: «Ich hielt es für zweckmäßig, Ihnen diese Erwägungen (unmittelbare Kommunikation zwischen ihm und Schmidt, d. A.) mitzuteilen, weil ich sicher bin, daß eine auf Erhaltung und Festigung der Entspannung orientierte Zusammenarbeit der UdSSR und der Bundesrepublik die Überwindung der gegenwärtigen Schwierigkeiten und negativen Tendenzen in der internationalen Entwicklung in erheblichem Maße fördern kann.

Ich übermittle diese Erwägungen inoffiziell durch unsere bestehende Verbindung. Unserer Ansicht nach ist die Praxis derartiger Kontakte nützlich. Sie erlaubt jedem von uns, wenn notwendig, seine Gedanken in konventionsfreier Form darzulegen. Soweit wir beurteilen können, gibt es bei Ihnen Menschen, zum Beispiel Herrn Bahr, die Sie gut verstehen und Ihre Überlegungen sachkundig zu meiner Kenntnis bringen. In dieser Hinsicht haben wir auch keine Probleme. Wenn das also Ihren Plänen entspricht, wären wir dafür, diesen Verbindungskanal auch ab und zu für den vertraulichen Meinungsaustausch zwischen uns zu benutzen. Mit freundlichen Grüßen Leonid Breschnew.»

Der Bundeskanzler ist auf diese Einladung zu Genscher bewußt aussparenden Kontakten nicht eingegangen. Der Breschnew-Brief kann nur aus dem Büro von Genscher kommen. Die Absicht ist simpel: abermals, wie schon so oft, sollen Egon Bahr und Willy Brandt als unsichere Kantonisten im Umgang mit der Sowjetunion hingestellt werden, zumal Bahr, der sich über die letzten Jahre tatsächlich bemüht hat – aus lauteren patriotischen Motiven –, authentische Informationen über die Absichten der sowjetischen Führung zu erhalten. Genscher hat ihn stets mit Mißtrauen verfolgt, hat ihn beim Kanzler anzuschwärzen versucht und wußte vermutlich ganz genau, daß an Egon Bahrs Loyalität in Wahrheit nicht gezweifelt werden konnte.

Selten habe ich den Staatssekretär Konow, der sonst ein Ausbund an Selbstbeherrschung ist, so hart reagieren sehen wie jetzt. Daß der Breschnew-Brief von jenem Ministerium, das sich sonst stets als das feinste von allen darzustellen sucht, frei Haus an ein notorisch regierungsfeindliches Blatt wie das von Herbert Kremp* geliefert worden ist, das empört ihn. Mit dieser Indiskretion, die unschwer den Urheber erkennen läßt, soll auch Schmidt getroffen werden. Genscher will dartun, daß der Kanzler zu schwach ist, um seine mit Breschnew und seinen Mitarbeitern «konspirierenden» sozialdemokratischen Genossen von solchen Aktivitäten abzuhalten, die ja womöglich seine abwegige These von der «Äquidistanz» mit einem Hauch von Wahrscheinlichkeit versehen könnten.

Wir besprechen die staunenswerte Volte des Grafen Lambsdorff, der über Nacht die Ergänzungsabgabe als machbar entdeckt hat, genau jene Abgabe, über die er und Genscher die Koalition neulich noch zu Fall zu bringen planten. Der Graf offenbart nun auch eine Begabung für Dialektik. Sollte er in ein Kabinett Kohl eintreten, werden die Unionschristen wissen, daß Lambsdorff auch nur ein bestimmtes Maß an Druck auszuhalten weiß.

Länger diskutieren wir, ob die Minderheitsregierung Schmidt noch die Anfrage der CDU/CSU-Opposition zur Militarisierung in der DDR in der nächsten Kabinettssitzung verabschieden soll. Können wir als Anhänger einer vernunftorientierten DDR-Politik hoffen, durch die «ausgewogene» Antwort der Bundesregierung ein Kohl-Kabinett auf eine Deutschlandpolitik in der Kontinuität der Sozialliberalen festlegen zu können? Ich fürchte, wer so argumentiert, traut seinen künftigen Dienstherren mehr zu, als die einstweilen zu leisten bereit sind. Mag ja sein, daß Rainer Barzel, wenn ihn Kohl meint ertragen zu können, einer realistischen Linie folgt. Nur: Mit dem Spruch «Leistung gegen Leistung» gibt es noch lange nicht eine Deutschland-Politik, die den Ansprüchen unserer Landsleute drüben genügt. Wer auf unserer Seite nicht auch mal Kröten schluckt, muß wissen, daß er den Menschen in der DDR nicht helfen wird.

* Chefredakteur der WELT.

Es ist besser, die Sozialdemokraten nötigen den neuen Kanzler, zu dem anderen deutschen Staat Farbe zu bekennen. Man kann das mit dem Regieren in dieser Lage auch übertreiben. Manches erscheint in diesen Tagen, wie Konow sagt, wie der «Tanz einer Lungenkranken».

Später bringe ich Ulli Kempski, Chefreporter der *Süddeutschen Zeitung,* zu Schmidt. Er möchte für einen großen Artikel eine Charakterisierung Genschers vom Kanzler freigegeben haben. Helmut Schmidt schildert seinen Vizekanzler als einen Mann von abgrundtiefem Mißtrauen gegenüber beinahe jedermann. So haben wir ihn über die Jahre erlebt. Auch den höchsten Beamten im Auswärtigen Amt ging es nicht anders. Weil der Minister immer und überall anderen, auch Parteifreunden, mit Mißtrauen gegenübertritt, bringt er es auch nicht fertig, bei anderen Vertrauen zu wecken. Sein Mißtrauen ist wie eine Krankheit. Der Bundeskanzler, nach vielen harten Urteilen über seinen Stellvertreter, verspürt das Bedürfnis, etwas Gutes über den Mann zu sagen. Er meint sich zu erinnern, daß Genscher bei dem Anschlag arabischer Terroristen auf die israelische Olympiamannschaft Mannesmut bewiesen hat. Das habe er stets anerkannt. Kempski erinnert sich an die Furchtlosigkeit des Münchener Polizeipräsidenten Schreiber. Der Kanzler will sich auf seine Erinnerung verlassen.

Am Mittag berichtet ein ranghoher Ministerialbeamter dem Kanzler von einem Treffen mit dem ihm gut bekannten CSU-Abgeordneten Dr. Erich Riedl, einem der besonders zuverlässigen Gefolgsleute des CSU-Vorsitzenden. Riedl meldet im Auftrag von Strauß dessen Interesse an einem unmittelbaren Kontakt mit dem Bundeskanzler für den Fall, daß die Hessenwahl für Genscher ein rundes Waterloo bringt. Wir erfahren, daß es zwischen Fritz Zimmermann und dem engeren Kreis um Strauß zu einer Kollision gekommen ist. Natürlich verfolgt Zimmermann auch in diesen Tagen eigene Interessen, bemüht sich seit langem, das Risiko genau kalkulierend, Selbständigkeit gegenüber dem CSU-Führer zu gewinnen, möglichst so subtil, daß es der große Vorsitzende nicht merkt. Der aber merkt nahezu alles.

Der CSU-Landesgruppenchef, mit dem ich während der Schleyer-Krise zuweilen reichlich wolkiges Deutsch seines Fraktionsvorsitzenden Helmut Kohl in schöner stilistischer Solidarität aus den Kommuniques des Großen Beratungsstabes entfernte, hat natürlich schnell gemerkt, daß sich Strauß in seiner ganz eng begrenzten Wertschätzung für Helmut Kohl und in seiner nahezu grenzenlosen Geringschätzung für die Pendlerpartei in dieser Woche hat fortreißen lassen. Die Chance, an der Spitze des Bundesinnenministeriums Weichen zu stellen, möchte sich der hochintelligente und ehrgeizige Abgeordnete aus Landshut von seinem Vorsitzenden nicht kaputtmachen lassen. Wir wiederum müssen aufpassen, daß nicht der Eindruck von Geheimbündelei zwischen Schmidt und Strauß entsteht und damit ganz schnell gegen Helmut Schmidt zu wirken beginnt. Dem Kanzler scheint allein der Gedanke nicht ohne Reiz zu sein, gemeinsam mit dem Bayern die Herren Kohl und Genscher doch noch zu schnellen Neuwahlen zu nötigen.

Bis heute sind fast zweitausend Briefe und Telegramme von Männern und Frauen im Kanzleramt gesammelt worden. Noch immer kommt neue Post, die in bewegender Art zeigt, wie viele Bürger zu Helmut Schmidt halten und die möchten, daß er weitermacht. Oder sie geben ihm den Rat, er solle sich von anderen nicht kaputtmachen lassen. Da sind eine Menge Briefe von Deutschen, die offen sagen, daß sie niemals SPD gewählt haben, daß sie nun aber beabsichtigen, mit dem Blick auf jene Freidemokraten, die Schmidt in den Arm fallen, das nächste Mal für seine Partei die Stimme abzugeben.

24. September 1982

Auf fünfzehn Minuten beim Kanzler. Seine Parteifreunde bedrängen ihn täglich mehr, er solle die SPD auch dann in den Wahlkampf führen, wenn es Bundestagswahlen erst irgendwann im März gibt. Peter Glotz, Horst Ehmke und Egon Bahr sind bei ihm gewesen. Er möge sich bald erklären. Von Willy Brandt hat der Kanzler unmittelbar noch nichts gehört. Helmut Schmidt fühlt sich unsicher.

Ohne mit dem Kanzler darüber zu sprechen, bemühe ich mich, sein mißlungenes Wetzlar-Wort vom «Wegharken» der FDP zu entschärfen. So «biologistisch», wie es sich in den Ohren anderer anhörte, war es tatsächlich nicht gemeint. Die unverändert zum Kanzler stehenden FDP-Leute, aber auch liberale Journalisten sind dennoch zusammengezuckt. Das «Wegharken» klang ihnen wie «eliminieren». Völlig unnötig haben wir es der konservativen Presse – und nicht nur der – ermöglicht, über einen Rückfall in die «Schmidt-Schnauze»-Zeit zu moralisieren.

Heute vormittag hat sich Schmidt entschlossen, noch einmal vor das Parlament zu treten, wenn es am kommenden Freitag zur Abstimmung über das konstruktive Mißtrauensvotum kommen sollte. Er will Leitplanken für den Wahlkampf der SPD ziehen, ähnlich wie das Herbert Wehner mit einem von dem Abgeordneten Helmut Schmidt verfaßten Papier 1966 getan hat. Wie lange werden die halten? Wenn er überhaupt noch einmal aktiv für seine Partei tätig werden sollte, dann möchte er schon jetzt zweifelfrei machen, was mit ihm geht und was nicht. Das Thema der Pershing II ist ja nicht das einzige, in dem Sprengstoff lagert. Der Mann, den die Partei seit Jahr und Tag nicht an die Brust gezogen hat, ist grimmig entschlossen, jede Einladung zur Anpassung brüsk zurückzuweisen. Vor dem Doppelbeschluß wird er sich, wenn die Russen keinerlei Bewegung zeigen, nicht in die Büsche verziehen. Den Amerikanern aber will er im Nacken sitzen, daß sie die Null-Option nicht zur Leerformel gerinnen lassen. Auch Washington, will Helmut Schmidt, muß schöpferische Phantasie entwickeln. Für Genscher ist das fast schon ein Sakrileg. Phantasie ist gefährlich!

25. September 1982

Aus Berlin rufe ich beim Kanzler in Hamburg an, weil mich die seit gestern abend in Bonn umlaufenden Gerüchte über Kontakte zwischen Schmidt und Vertretern der Genscher opponierenden Freien Demokraten zu beunruhigen beginnen. Der Kanzler hat sich weder mit den räsonierenden Damen noch mit anderen Abgeordneten der FDP konspirativ getroffen. Dabei hat er seine früher eher kritische Meinung über Helga Schuchardt berichtigt. Für Ingrid Matthäus-Maier hatte er früher schon Komplimente bereit. Er hat vor den FDP-Damen richtig Respekt.

Mit Strauß hat es keine Verbindung zwischen Hamburg und München gegeben.

Stolz ist der Kanzler darauf, daß er bei der letzten Wahlkundgebung auf dem Römer eine gute Rede und starke Resonanz geschafft hat. Nachher fühlte er sich wie ausgewrungen. Ich berichte ihm über das Treffen der linken Liberalen in Norderstedt. Dort wird darüber geredet, ob die FDP vielleicht eine SPD-Minderheitsregierung stützen könne, ohne ins Kabinett zurückzukehren. Der Kanzler hält eine solche Konstruktion allenfalls für den Zeitraum von drei Monaten für tragfähig.

Morgen wird Schmidt Hamburger Freunde treffen: den allezeit verläßlichen Anwalt und ehemaligen Bürgermeister Peter Schulz, und auch Karl Klaasen, für den das persönliche Wohl des Kanzlers immer höher gestanden hat als die sozialdemokratische Parteiräson. Ich spüre, wie gut es dem Kanzler tut, daß sich diese beiden ihm vertrauten Hamburger um ihn sorgen. Auch unbekannte Bürger seiner Vaterstadt haben Blumen und gute Worte geschickt. Es ist so, wie Jürgen Schmude gesagt hat, die Menschen wollen nicht, daß er zum Schluß noch zerrieben wird.

Am Nachmittag hat Schmidt seine Parteifreunde in Hamburg-Bergedorf besucht. In einer Kreisdelegierten-Konferenz hat er viel Sympathie und Hochachtung für seine Rede vom 17. September gespürt. Doch selbst in Bergedorf, wo sich der Kanzler sonst wie in einer Großfamilie fühlen konnte, erlebt er heute, daß Konflikte heraufziehen, die bald die ganze Partei erschüttern mögen. Die Grünen haben vergangene Woche gefordert, daß Schmidts Wahlkreis zur atomwaffenfreien Zone erklärt werden solle. Eine Nichte von Herbert Wehner, eine ehrlich idealistische junge Frau, seit langen Jahren für die SPD aktiv, sprach zugunsten dieser Idee. Der Kanzler ist freundlich-sachlich auf die Argumente der Genossin eingegangen. Die Mehrheit konnte er überzeugen. Die jüngeren Sozialdemokraten verbeugen sich wohl eher vor seiner Autorität.

26. September 1982

Hessenwahl. Kurz nach 18.30 Uhr scheint alles wieder ganz anders zu sein: eine neue Welt. Von SPD-Vorstandssprecher Wolfgang Clement eingeladen, sitze ich die nächste Stunde im Zimmer von Willy Brandt, zusammen mit Johannes Rau, der seine junge Frau aus Düsseldorf mitgebracht hat. Auch Horst Ehmke ist dabei. Natürlich geraten alle unter dem Eindruck der Hochrechnungen in eine euphorische Stimmung. Willy Brandt gibt seinem tüchtigen Pressesprecher Stichworte für eine erste Stellungnahme.

Klaus von Dohnanyi meldet sich noch vor 19 Uhr aus Hamburg. Sein Interesse ist klar: Er möchte, daß Willy Brandt, wenn er nachher in die Bonner Fernsehrunde zu Nowottny und Reiche* geht, freundlich über die Grünen redet. Das soll ihm das mühsame Geschäft an der Alster erleichtern. Der SPD-Vorsitzende hört sehr aufmerksam zu. Jeder von uns weiß ja, daß er in Sachen der Grünen dem Hamburger Bürgermeister sehr viel näher ist als dem Ministerpräsidenten in Wiesbaden.

Zu Johannes Rau und Horst Ehmke sage ich, daß wir viel-

---

* Friedrich Nowottny, Bonner Korrespondent des Deutschen Fernsehens, Hans-Joachim Reiche, Bonner ZDF-Korrespondent.

leicht auch den Anteil des Kanzlers an diesem uns alle überraschenden und ermutigenden hessischen Ergebnis zu würdigen haben. Es muß doch jedem bewußt sein, daß ohne den Befreiungsschlag, den Schmidt am 17. September geführt hat, diese sensationellen Zahlen nie und nimmer auf den Bildschirm gekommen wären. Einige hier, so empfinde ich das, denken bereits über den Kanzler hinaus – und hinweg.

Als Holger Börner auf dem Bildschirm zu sehen ist und sich hart und klar gegen die Führung der Grünen abgrenzt, halten manche in der Baracke das für «ziemlich unpolitisch». Aus dem Büro von Willy Brandt melde ich mich beim Kanzler in Hamburg. Er hält Börners Erklärung für richtig. Es darf jetzt nicht Beflissenheit gegenüber den Grünen vorgeführt werden. Die Stimmung im SPD-Hauptquartier suggeriert vorübergehend, daß die von Kohl und Genscher angestrebte Operation schon verloren ist. In solchen Stunden verflüchtigt sich die Realität allzuleicht, weil man es von Herzen so wünscht. Nur: Können wir Sozialdemokraten über das Hessen-Ergebnis wirklich so ganz glücklich sein?

Es ist Horst Ehmke, der vor den Journalisten den unerwarteten Hessen-Erfolg auf die Entscheidung von Schmidt zurückführt. Andere diskutieren darüber, was das mit einer neuen Mehrheit links von der CDU auf sich haben kann. Ein Mann wie Schmidt verketzert die Grünen schon lange nicht mehr. Doch schon Dohnanyi, als der ihn im August am Brahmsee besuchte, hat den Kanzler sagen hören, daß er nichts von Kompromissen hält, bei denen sozialdemokratische Politik verwässert wird.

27. September 1982

Gegen 16 Uhr trifft Schmidt aus Hamburg im Kanzleramt ein. Wenig später versammelt sich das Kleeblatt. Wir hören von dem großen Bayern aus München, daß er Schmidts Auffassung über den Weg aus der Krise teilt: am besten Neuwahlen, ohne Zeitverlust. Diese Mitteilung hat heute mittag kaum mehr als akademische Bedeutung. In richtig heißen, kritischen Situationen hat der Ministerpräsident schon so die sprichwörtliche Tugend des bayrischen Wappentiers für seine Person nur sehr zögerlich aktivieren wollen. Hätte die Dregger-Union gestern die absolute Mehrheit bekommen, wäre Strauß vermutlich immer noch kampfesfreudig. Nun erleben wir ihn – eine geringe Überraschung – als Zauderer, wie oft gehabt. Wenn es Strauß gelingt, Opportunität und Grundsatztreue gefahrlos in Deckung zu bringen, dann ist es gut. Heute aber kann er nicht mehr sicher sein, daß seine Hoffnung auf eine absolute Mehrheit der Union bei Neuwahlen im Bund aufgeht. Der Löwe gewährt sich selber Dispens.

Was wir von der FDP erfahren, ist wenig ermutigend. Der vorzügliche Sozialpolitiker und Rentenfachmann Schmidt-Kempten*, der in den letzten Tagen eine gute Rolle gemacht hat – er ist ja nicht ein «Linksliberaler» –, will wissen, ob wir uns, bei Verzicht auf Neuwahlen, eine von der Mehrheit seiner Fraktion unterstützte Regierung Schmidt vorstellen können. Auch Hildegard Hamm-Brücher, der von Genscher im Auswärtigen Amt viele Kränkungen zugefügt worden sind, will heute abend mit Gesinnungsfreunden über einen Ausweg in letzten Stunde beraten.

Es ist richtig, daß wir diesen Widersachern von Genscher und Lambsdorff den Rücken stärken sollen, solange es eben noch Sinn hat. Ben Wisch motiviert Schmidt-Kempten zum Durchhalten. Er zeigt ihm jenes Handschreiben des Bundeskanzlers, mit dem Schmidt vergebens den FDP-Vorsitzenden zu einer klaren Auskunft zu drängen versucht hat. Auch Ronneburger** wird den Brief zu sehen bekommen. Der mit Schmidt auf norddeutsche Art befreundete schleswig-holsteinische Landwirt ist seinem Parteivorsitzenden zu keiner Zeit an kämpferischer Härte gewachsen gewesen. Taktik stößt ihn ab. Rechtschaffen und voll innerer Abnei-

---

* Hansheinrich Schmidt, FDP-Bundestagsabgeordneter.
** Uwe Ronneburger, stellvertretender FDP-Bundesvorsitzender, Vorsitzender der FDP Schleswig-Holstein.

gung gegen Genschers Kabalen-Gespinst wird er in der Fraktion – in der ihn fast alle mögen und achten – kaum eine offene Feldschlacht anführen, obwohl er dafür die moralische Autorität hat.

Das ist es, was Wischnewski dem Kanzler zu berichten hat. Darauf läßt sich Hoffnung auf eine Wende zugunsten der sozialliberalen Sache in letzter Stunde nicht mehr gründen. Das wäre eine Schimäre.

Offenbar ist Holger Börner unter erheblichen Druck im eigenen hessischen Landesvorstand geraten. Es heißt, daß ihm auch von der Baracke geraten worden ist, er solle seine harte Erklärung zu den Grünen besser nicht wiederholen. Einige der hessischen Genossen wollen Holger im Sinne von Klaus von Dohnanyi sensibilisieren. Einem Mann wie Börner muß man nicht «Beton in die Waden spritzen», wie das einst Walter Arendt in klassischem Revier-Deutsch genannt hat. Die Stimmung im Landesvorstand und in der Bonner Baracke muß allerdings auch der Ministerpräsident registrieren. Hans-Jürgen Wischnewski, der Börner vorhin am Telefon zugerufen hat: «Du mußt stehen wie eine Eins», denkt jetzt darüber nach, ob es für ihn künftig noch einen Platz in der SPD geben kann, wenn die eigene Partei darüber hinwegzusehen bereit ist, daß zu den hessischen Grünen ein Mann gehört, der wegen Nötigung und Freiheitsberaubung rechtskräftig verurteilt worden ist. Er meint den Flugzeugentführer Raphael Keppel, den er am 12. 9. 1979 in Köln zum Aufgeben hat überreden helfen. Daß Keppel als harmloser Weltverbesserer mit einer Spielzeugpistole die Lufthansa-Maschine in seine Gewalt brachte, kann in einem Rechtsstaat deshalb nicht als mißlungener, aber irgendwie auch liebenswerter Einfall verharmlost werden.

Der Auftritt von Willy Brandt gestern abend in der Bonner Runde hat den Kanzler eher nachdenklich gemacht. In der Einschätzung der Grünen unterscheiden sie sich seit langem. Nicht, daß Helmut Schmidt die Grünen unter Quarantäne stellen will. Was ihn ängstigt, ist der von ihm beobachtete Rückfall in eine eines Tages womöglich zu gefährlichen

Konsequenzen führende Romantik, oder anders: die Abneigung, ja der erklärte Widerwille zahlreicher Wortführer der Grünen gegen die Einbeziehung der Ratio, gegen sinnvolle Kompromisse, das schnelle und nur gefühlsorientierte abschätzige Urteil über pragmatische Politik. Helmut Schmidt bestreitet einer Frau wie Petra Kelly* nicht den idealistischen Antrieb, aber es fehlt ihm bei ihr und den meisten ihrer Freunde eben die Rationalität. Und er verlangt von Wortführern der Grünen, daß sie sich in überzeugender Weise von jeglicher Gewalt in der Politik distanzieren und das parlamentarische System ohne innere Vorbehalte akzeptieren. Was ihn zornig macht ist die Neigung mancher seiner Parteifreunde zu einem anpasserischen Kurs, der den Sozialdemokraten nicht helfen wird, die Grünen für eine vernünftige Zusammenarbeit zu gewinnen, mit großer Wahrscheinlichkeit aber jene vielen Bürger enttäuschen muß, die sich in diesen Tagen hinter Helmut Schmidt stellen. Die Wähler der Grünen für die SPD zu gewinnen oder zurückzuholen, dabei will er helfen. Verbeugungen vor Funktionären, die mit der SPD rüde ultimativ umgehen, sind für ihn nicht Gesprächspartner.

Staatssekretär von Staden hat den Kanzler aus New York angerufen. Das Hessen-Resultat hat Führungszirkel in Washington und New York stark beeindruckt. Manches Mal haben sich die Carter- und Reagan-Administration über des Kanzlers vermeintlichen Hochmut und seine scharfe Sprache beklagt. Jetzt, da sein Sturz nahe ist, setzen urteilsfähige Leute, gerade im State Department, von neuem Hoffnungen auf eine Stabilisierung der Regierung Schmidt. Man weiß unter den Deutschland-Experten am Potomac, daß «The chancellor» ein unbequemer, aber eben auch ein ungewöhnlich kompetenter Staatsmann ist, der für die Führung des Weißen Hauses stets berechenbar gewesen ist, was Schmidt mit dem Blick auf zwei Administrationen nicht in gleicher Weise sagen konnte.

* Bundesvorsitzende der Grünen.

Von Eugen Selbmann*, dem Vertrauten von Herbert Wehner, hören wir, daß der Fraktionsvorsitzende ungeduldig auf eine Antwort Schmidts wartet. Der Kanzler wird weder heute noch morgen eine Antwort auf das Angebot geben. Wenn es dann aber soweit ist, scheint mir die Antwort ziemlich klar: Trotz der nicht immer ganz uneigennützigen Bitten vieler seiner Parteifreunde im Präsidium, im Vorstand und im Kreis der Minister wird er die Offerte vermutlich ablehnen.

Schmidt sieht sich, so sagte er vorhin, als «Bundeskanzler auf konstruktiven Abruf».

Innerlich hat er sich an diesem Wochenende darauf eingerichtet, daß seine Kanzlerschaft am kommenden Freitag zu Ende geht. Neue Gespräche mit Hamburger Freunden haben ihn darin bestärkt, daß er ein Recht darauf hat, noch etwas Freiheit für sich selbst zu beanspruchen. Von dieser inneren Entscheidung werden ihn auch Anrufe wie der des zum Freund gewordenen österreichischen Bundeskanzlers kaum noch abbringen. Bruno Kreisky hat ihm am Telefon gesagt, daß sein Abgang aus der deutschen Politik ernste Konsequenzen für die westeuropäische Politik und für das europäisch-amerikanische Verhältnis haben kann.

Dabei ist Schmidt noch immer zum Kampf bereit. Am Abend, im Fernsehen gefragt, ob er die Absichten von Kohl und Genscher womöglich noch vor Freitag mit der Vertrauensfrage durchkreuzen werde, antwortet er scheinbar sibyllinisch. Er kann sich immer noch vorstellen, daß er für eine Weile regiert und einige seiner Vorstellungen gerade auf dem Feld der Abrüstung durchzusetzen sucht. Er denkt auch an die von ihm seit langem ganz stark gewünschte Fundierung der deutsch-französischen Beziehungen, nicht zuletzt durch eine enge Rüstungskooperation mit Paris, wirklich nicht aus beschäftigungspolitischen Gründen.

Ehe wir auseinandergehen, erwähnt der Kanzler seinen Lieblingsautor Karl Popper. Der hat ihn über die Jahre mit

---

* Außenpolitischer Berater der SPD-Bundestagsfraktion.

seinen Ideen vom «piecemeal social engineering» fasziniert. Er denkt daran, den schwerkranken Wissenschaftsphilosophen in London schon bald zu besuchen. Karl Popper hat den Kanzler wissen lassen, daß er ihm noch etwas Wichtiges erzählen will.

28. September 1982

Kleeblatt heute mit Manfred Lahnstein. Wir sprechen kurz über «FJS». Natürlich ist dem seit Sonntag bewußt, daß seine Chancen, als Vizekanzler und Außenminister noch einmal gestalterisch auf deutsche Politik einwirken zu können, zunächst ziemlich gering geworden sind, weil Dregger in Hessen die Mehrheit verfehlt hat. Der Kanzler hat für Franz Josef Strauß sogar ein gewisses Verständnis: «Warum soll er jetzt die Verantwortung übernehmen.» Schmidt konzediert dem CSU-Führer, daß er Überlegungen der Opportunität anstellt. «Das ist das gute Recht eines Politikers.»

Sollte Kohl, wovon der Kanzler heute mittag ausgeht, am Freitag zu seinem Nachfolger gewählt werden, will der Bundeskanzler wenig später von der Bundeswehr Abschied nehmen. Es ist nicht die Gloria, die ihn lockt (das Wachbataillon wirkt ja – welch Glück! –, nicht so preußisch-martialisch wie das in Ost-Berlin). Schmidt will auf der Hardthöhe (wo er einst beamtenhaft veranlagte Generale in Nachtsitzungen erschöpft hat) in einer kurzen Rede den Gedanken öffentlich machen, der ihm immer schon wichtig gewesen ist: «Es ist ein geschichtliches Ereignis, daß die Bundeswehr gleichsam ein Nicht-Faktor der Innenpolitik geworden ist.» In unserem Kreis gibt der ehemalige Oberbefehlshaber in Friedenszeiten zu erkennen, daß er nicht ausnahmslos alle staatlichen Institutionen, was ihre demokratisch-republikanische Qualität angeht, so hoch stellen mag wie die Streitkräfte. Die Leistung sieht er nicht zuletzt durch viele junge Obristen und solche jüngeren Generale vollbracht, die den Zweiten Weltkrieg gar nicht mehr erlebt haben.

Eher mit Bedrückung berichtet Helmut Schmidt von der Präsidiumssitzung seiner Partei am gestrigen Abend. Wenngleich über die ganzen letzten Wochen und Monate der Vorsitzende und der Kanzler ihre Temperamente zurückgenommen und gut zusammengearbeitet haben, gehen ihre Ansichten über die Behandlung der Grünen in Wahrheit ziemlich weit auseinander. Willy Brandt folgt einer positiven Vision. Daran gibt es nichts auszusetzen. Helmut Schmidt wird sich, wenn er in der Politik bleiben sollte, bestimmt nicht für «Arrangements» mit der Führung der Grünen erwärmen. Da Willy Brandt heute in der Fraktion gesagt hat, daß er die vielen bei den Grünen beheimateten jungen Bürger in die Sozialdemokratie zurückholen will, scheint alles in bester Ordnung zu sein. Ob das die führenden Männer der Sozialdemokratie selber so sehen, muß füglich bezweifelt werden. Besser volle Klarheit zu Beginn der Arbeit in der Opposition als falsche Harmonie-Lehren vom Parteivorstand herunter zu den Ortsvereinen.

Aus den Andeutungen des Kanzlers ist unschwer zu entnehmen, daß die Diskussion über den künftigen Weg seiner Partei bald schon von neuem, vielleicht sogar mit einiger Härte geführt werden wird. Nicht weil Willy Brandt das so wünscht – er möchte es ehrlich verhindern –, sondern weil ganz unvermeidbar auf die Entwicklung in Bonn das tatsächliche Verhalten der Sozialdemokraten gegenüber den Grünen in Hamburg so gut wie in Hessen einwirken wird.

Während wir im Arbeitszimmer des Kanzlers über seine vielleicht letzte Rede im Deutschen Bundestag diskutieren, wird Hans-Jürgen Wischnewski zu einem Telefonat mit dem immer noch tapfer gegen Genscher und Lambsdorff fechtenden FDP-Abgeordneten Schmidt-Kempten herausgerufen. Der will bei uns den Wahrheitsgehalt einer Parole erkunden, die vielleicht nicht ohne Wissen der zum Wechsel unter beinahe allen Konditionen entschlossenen Führung in seiner Fraktion herumgereicht wird. Bei der Union liege ein Papier, erzählt man den FDP-Parlamentariern, das eine geheime Verabredung zwischen SPD und CDU über Neuwahlen enthalte – eine Guillotine also für die 53 Listenabgeordneten! Nichts dergleichen stimmt, nichts dergleichen ist irgendwann zwischen uns und der Opposition auch nur andeutungsweise beredet worden. Mit solchen Tricks sollen die um ihre Mandate bangenden Abgeordneten gefügig gemacht werden.

Schmidt hat sich gerade das ungewöhnlich starke und immer noch anhaltende internationale Echo auf die Bonner Vorgänge angesehen. Er ist tief besorgt, daß Genscher durch seine ungezügelten innenpolitischen Manöver in Bonn das Ansehen der Bundesrepublik im Ausland, im Osten so gut wie im Lager der Verbündeten, beschädigt. Für dieses Ansehen hat Schmidt in achteinhalb Jahren ungleich mehr geleistet als ein ungemein geschickter, ungemein geschmeidiger Außenminister.

Wieder und wieder besprechen wir das Thema, das uns im Kleeblatt seit Tagen nicht losläßt. Wie denn auch? Soll Helmut Schmidt ganz aufhören? Soll er die Fraktion schon am Tag nach seiner Ablösung als Regierungschef von Herbert Wehner übernehmen? Ohne zu wissen, was im SPD-Präsidium über die künftige Strategie geredet worden ist, glaube ich beinahe sicher zu sein: der Kanzler hat im Erich-Ollenhauer-Haus gestern vielleicht endgültig entschieden, daß er dem Druck widersteht. Das muß ja nicht bedeuten, daß sich Helmut Schmidt ganz und gar aus der deutschen und aus der internationalen Politik herausnimmt. Überhaupt nicht!

Um 17.51 Uhr legt sein Bürochef Werner Bruns eine Meldung von dpa vor.

Regierungsbildung/FDP
Von 54 FDP-Bundestagsabgeordneten stimmten 34 für und 18 gegen konstruktives Mißtrauensvotum und Wahl Helmut Kohls zum Bundeskanzler. Zwei enthielten sich der Stimme.

Quod erat expectandum! Und trotzdem: Hut ab vor denen, die sich nicht haben einschüchtern lassen. Merkwürdig: im Kanzleramt tun einige so überrascht, als sei der tibetanische

Schneemensch gerade aus dem Rhein gestiegen. Zwei Stunden später präsentiert Alex Möller im Hotel Steigenberger sein neues Buch, mit dem – wie man das so nennt – beziehungsreichen Titel «Tatort Politik». Helmut Schmidt sitzt in einer Ecke des ungemütlichen Salons, raucht wieder und wird von den Gästen angestarrt. Jeder hier kennt inzwischen die Meldung. Der Kanzler war nicht überrascht. Richard Stücklen hat ihm heute morgen – in Kenntnis der Stimmung seiner CSU-Freunde – prophezeit, daß alles am Freitag so laufen werde, wie es sich Kohl und Genscher wünschen.

Etwas nach 21 Uhr meldet sich bei Helmut Schmidt der französische Staatspräsident. Über lange Jahre waren die Beziehungen zwischen François Mitterrand und dem deutschen Sozialdemokraten nach einem recht heftigen Zusammenstoß unter dem Dach der Sozialistischen Internationale vor gut acht Jahren kühl bis frostig. Seit der Sozialist Frankreichs Präsident ist, hat sich eine gute menschliche Beziehung zwischen ihnen entwickelt – was beide irgendwann vielleicht ein bißchen erstaunt haben mag.

Mitterrand möchte dem Bonner Kanzler nicht nur gute Wünsche sagen. Nicht nur das. Ihm liegt daran, mit Schmidt auch künftig über deutsch-französische Politik zu reden. Der Kanzler ist bewegt. Gerade weil er sich früher nicht so leicht hat vorstellen können, daß es gelingen werde, mit Mitterrand eine mehr als freundlich-höfliche Beziehung herzustellen. Mitterrand weiß aber, daß sich Helmut Schmidt, jahrzehntelang, als «leidenschaftlicher» Anglophiler unscharf porträtiert, im Kopf und auch mit dem Gefühl der deutsch-französischen Versöhnung kaum weniger intensiv verpflichtet fühlt als der erste Kanzler dieser Republik. Hier sieht Schmidt, wie viele seiner Landsleute, die größte außenpolitische Leistung des Rheinländers Konrad Adenauer.

29. September 1982

Um 9 Uhr Kabinettssitzung. Keine Titanic-Stimmung. Keines der gängigen Klischees ist brauchbar. Hatte der Kanzler gestern seine Freunde davor gewarnt, Erleichterung zu zeigen – heute morgen ist ein bißchen davon beim Bungalow-Frühstück vorhin zu bemerken gewesen. In Wahrheit sind die meisten froh, daß die Würgerei in wenig mehr als achtundvierzig Stunden ein Ende haben wird. Das Kabinett behandelt Routinepunkte. Darunter auch sehr teure wie die Bundeshilfe für die seit Jahren scheinbar unheilbar kränkelnde Stahlindustrie an der Saar, für die der Graf als guter Parteifreund des FDP-Vorsitzenden Klumpp* stets ein ganz weit offenes Ohr hatte.

Schmidt schickt die Beamten vor die Tür. Gemeinsam mit Willy Brandt und Herbert Wehner beginnt ein Ministergespräch. Es ist 10.20 Uhr. Sinn der Übung soll sein, den Vorsitzenden von Partei und Fraktion noch einmal die Argumentationslinie zu erläutern, die der Kanzler übermorgen im Parlament aufbauen will. Herbert Wehner schweigt bis zum Schluß, äußert sich nur mit einem einzigen Satz zu seinem Geschäftsführer Jürgen Linde zu einer Geschäftsordnungsfrage. Auch der SPD-Vorsitzende ist nach dem augenscheinlich nicht besonders harmonischen Zwiegespräch mit Schmidt am gestrigen Abend im Präsidium eher schweigsam. Willy Brandt wird dem Kanzler den Rücken stärken, daran ist Zweifel nicht erlaubt.

Die meiste Zeit wird über die Koalitionsvereinbarungen der neuen Regierungspartner gesprochen. Manches hätten wir mit der FDP genauso gut oder besser veranstalten können. Anderes zeigt die neuen Bettgenossen unterwegs zu jener Ellenbogengesellschaft, die, so ist zu fürchten, trotz Norbert Blüm ungute Konturen annehmen wird. Sie kommt nicht in Stiefeln, eher in Mokassins. Was sich in diesem Papier ankündigt, hat Ingrid Matthäus-Maier anschaulich und

---

* Werner Klumpp, Vorsitzender der saarländischen FDP.

treffend zugleich die «Umverteilung von unten nach oben» genannt. Damit wird sie von Schmidt jetzt häufig zitiert werden. Das Koalitionsdokument ist in verräterischer Eile zustande gekommen. Die tiefen Gegensätze zwischen Norbert Blüm und dem «Marktgrafen» sind nur höchst dürftig zugekleistert worden.

Kurz nach 20 Uhr Besprechung mit dem Kanzler über seine Rede am Tag der Abstimmung über das konstruktive Mißtrauensvotum. Der erste Entwurf ist viel zu breit geraten, eine jener enzyklopädisch angelegten Regierungserklärungen, zu denen der Kanzler neigt, die aber für den Freitag nichts taugen. Es wird schwer sein, die Wirkung der Rede vom 17. September zu erzielen, ja zu übertreffen.

Wie sollte Schmidt an einem Abend wie heute auch seelisch im Gleichgewicht sein. Sein Arbeitszimmer ist fast schon leergeräumt. Alle Bücher sind schon in Kisten verpackt, auch die vielen Fotos, die ihn mit deutschen und ausländischen Zelebritäten zeigen. Links neben seinem Schreibtischstuhl hängt noch das von ihm in Ehren gehaltene Porträt von August Bebel, an der gegenüberliegenden Wand ein Nolde, der sein Lieblingsmaler ist. Auf dem Schreibtisch stehen in einer Jugendstilvase langstielige rote Rosen, Adenauer-Rosen.

Die Rede müssen wir ganz neu schreiben. Wir trennen uns kurz nach 22 Uhr. Vom Presseamt läute ich noch mal beim Kanzler an. Nicht wegen des Redeentwurfs, aus dem wir in den nächsten sechsunddreißig Stunden bestimmt noch etwas Gutes werden machen können. Wie gern rühmt sich Helmut Schmidt seiner Robustheit. In den letzten Stunden war ihm dann doch die schwere seelische Belastung anzumerken. Wenn es so kommt, wie wir erwarten, wird der Kanzler dem Nachfolger seinen Rat anbieten. Ungewiß, ob der Pfälzer, so wie sich das Verhältnis zwischen den beiden so völlig ungleichartigen Politikern entwickelt hat, davon Gebrauch machen wird. Da müßte der Jüngere schon sehr viel Souveränität aufbringen.

Helmut Schmidt will in seiner Rede am Freitag noch keine klare Antwort auf die Frage nach seiner politischen Zukunft geben. Nach dem Besuch eines befreundeten Sozialdemokraten, der ihm zu erklären versuchte, daß die SPD ohne seine Hilfe gleichsam verloren sei, sagt er: «Wo waren diese freundlichen Genossen, als einer mir die Tugenden eines KZ-Wächters angehängt und mich ein anderer mit Papen verglichen hat?»*

30. September 1982

Heute morgen hat sich aus Peking Henry Kissinger bei Schmidt gemeldet. Die beiden haben im Laufe der Jahre auch kritisch übereinander geredet, haben zu Dritten manche süffisante Bemerkung gemacht. Immer ist da aber ein großer Respekt voreinander gewesen. «On the record» möchte Henry nach Bonn telefonieren: «Helmut, Sie haben das unbestreibare und große Verdienst, daß Sie den Regierenden plausibel gemacht haben, was für eine schicksalhafte Rolle die Weltwirtschaft für die politischen Überlegungen von uns allen bedeutet.» Schließlich nach ein paar privaten Wendungen sagt der ehemalige Außenminister: «Ihr Platz in der Geschichte steht fest.»

In der Lage berichtet Staatssekretär Konow über den Ablauf am morgigen Freitag. Er und ich werden, anders als die Bundesminister, noch bis Montag im Dienst zu bleiben haben. Es sei denn, Bundeskanzler Helmut Kohl hält es für richtig, uns noch am Freitag zu «entpflichten», wie das im Beamtendeutsch heißt. Noch einmal hat uns Hans-Dietrich Genscher zu beschäftigen. Heute schon ist sicher, daß die Mitglieder des Kabinetts Kohl erst am kommenden Montag vereidigt werden und anschließend ihre Ministerien übernehmen können. Weil es dem alten und dem neuen Vizekanzler so ungeheuer eilt, wieder ins alte Amt zu kommen,

---

* Gemeint sind Äußerungen von Oskar Lafontaine und des früheren Ständigen Vertreters Bonns in Ost-Berlin, Günter Gaus.

hat der FDP-Vorsitzende offenbar den Wunsch geäußert, daß seine Ernennungsurkunde gleichzeitig mit der von Helmut Kohl schon am Freitagnachmittag von der Bundesdruckerei ausgeliefert wird. Übereifrige Bamten wollten Genscher entgegenkommen. Da macht Gerhard Konow nicht mit, denn dieses Petitum Genschers ist nicht korrekt, und Schmidts Kanzleramtschef ist für äußerste Korrektheit.

Mit dem Kanzler arbeiten wir vom Mittag bis zu seiner Rede vor dem Diplomatischen Corps mit großer Konzentration an seiner Abschiedsrede. Betrüblich zu erfahren, heute erst, daß Wolfgang Mischnick nun selber an der Legende strickt, die Sozialdemokraten hätten seine Leute mutwillig aus der Regierung «herausgetrieben». Hat er das nötig? Von einem meiner journalistischen Freunde, der sich in der FDP gut auskennt, bekam ich vorhin berichtet, daß Genscher nicht aufhört, auf Kohl zu drücken, damit die Idee von Bundestagswahlen Anfang März ganz bald im Orkus verschwindet. Einem ihm eng vertrauten FDP-Abgeordneten hat Genscher angedeutet, er werde sein Amt als Außenminister auch dann nicht aufgeben, wenn man ihn im November auf dem Berliner FDP-Parteitag als Vorsitzenden abwählen sollte.

Noch gibt es «FJS». Der war und bleibt für schöne und nicht so schöne Überraschungen gut. Aus München erfahren wir, daß er die FDP auch nach dem Freitag nicht aus der Beugehaft entlassen will. Sollte Helmut Kohl den Pressionen von Genscher nachgeben und sich vor Neuwahlen im März unter irgendwelchen Vorwänden zu drücken versuchen, erwägt der CSU-Vorsitzende die Minister seiner CSU aus dem Kabinett zurückzuziehen. Ermutigende Perspektiven für die von Helmut Kohl fast stündlich beschworene «Handlungsfähigkeit» der neuen Bundesregierung. Natürlich bleibt ungewiß, ob sich Strauß im März nächsten Jahres noch an solche Drohungen erinnern wird. Auch im Verdrängen ist er ein Großer.

1. Oktober 1982

Die Abschiedsrede des Kanzlers, an der wir mit jener erschöpfenden Akribie gearbeitet haben, auf die er auch in den letzten Stunden nicht verzichtet, weckt keine große Emotion. Und doch eine richtige Schmidt-Rede: «Keine Girlanden, gedankliche Geschlossenheit, eine Punktation, kein Dekalog, wie anfangs erwogen, ein «Dodekalog»*, wie wir zu eigener Erheiterung feststellen. Es ist der Versuch, die eigene Partei auf eine Politik zu verpflichten, die ihr Glaubwürdigkeit bewahren soll.

Seltsam, daß Rainer Barzel, mit dem der Kanzler vor einigen Tagen noch manche Übereinstimmung im Urteil festgehalten hat, an diesem Tag unter seinen Möglichkeiten bleibt. Das ist kaum mehr als eine bessere Wahlkampfrede. Hat er das nötig, ein Mann, der andere intellektuell um Haupteslänge überragt. Mit dieser Rede bleibt Barzel nicht nur Helmut Schmidt allerhand schuldig.

Wolfgang Mischnick versuchte die Freien Demokraten mit einem Debattenbeitrag zu rehabilitieren, der rundum als stark empfunden wird. Viele Male hat er hinnehmen müssen, daß die Abgeordneten, wenn er ans Pult trat, das Plenum verließen. Heute spüren wir alle, daß er in den letzten Wochen schlimme seelische Spannungen hat aushalten müssen. Seine Verneigung vor Herbert Wehner, die guten Worte für Helmut Schmidt, das zeigt Stil. Was die meisten Zuhörer jetzt nicht wahrnehmen wollen: die Mischnick-Rede ist nicht nur Bekenntnis. Auch der Fraktionsvorsitzende der FDP ist, wenn man seine politische Biographie genauer ansieht, mit seinem geistigen Standort nicht so leicht zu identifizieren. Es mag ja so sein, daß der Mischnick vorhin die beste Rede seiner Parlamentarierzeit gehalten hat. Das Bonner Publikum, das ihn dafür fast überschwenglich preist, gibt mit solchem Lob auch eine Selbstauskunft: eine Rede, nur wenn sie von den ermüdenden Stereotypen ab-

---

* Dodeka (griech.) = 12; deka = 10.

weicht, wird von vielen sogleich als Sternstunde gefeiert. Wer darauf aufmerksam macht, daß Mischnick zugleich einen meisterlichen Akt der Disziplinierung der Genscher-Gegner in der FDP-Fraktion vollzogen hat, gilt heute mittag als kleinlich.

Uns Sozialdemokraten berührt sehr viel mehr, was Hildegard Hamm-Brücher an die Adresse ihres Parteivorsitzenden sagt. Dem ist nicht Kalkül anzumerken, da ist eine große und sehr ehrliche Empörung. Genscher, so hören wir aus seinen eigenen Reihen, hat Stunden später herumerzählt, die Münchnerin hätte wohl anders geredet, wäre sie sich ihres Amtes als Staatsministerin im Auswärtigen Amt auch unter dem Kanzler Kohl sicher gewesen.

Was Gerhart Baum vorträgt, verdient Achtung. Sein Kurs, den auch wir in den letzten Wochen nicht als schnurgerade empfunden haben, ist, von heute an, übersichtlich. Für Genscher ist der Dresdner jedenfalls nicht mehr erreichbar. Baum rüstet für den Berliner Parteitag. Über Divisionen verfügt er auch heute nicht. Wenn er es schafft, den gesinnungsstarken Karl-Hermann Flach mit seinem Freiburger Programm durch viele Delegiertenstimmen zu rehabilitieren, ist ein neues Bündnis mit den Sozialdemokraten keine Wahnvorstellung.

Wenige Minuten nach der Wahl von Helmut Kohl zum sechsten Bundeskanzler der Republik verabschiedet sich Helmut Schmidt als Regierungschef von seiner Fraktion. Wehner sagt, er «schäme sich ein wenig», als er Schmidt einen Strauß roter Rosen in Klarsichtfolie aushändigt. Ja, tatsächlich, der Blumen- und Gartenfreund Wehner macht das seltsam zögerlich, nicht wie sonst, wenn er Geburtstags-Rosensträuße den Abgeordneten ausfolgert wie ein Arbeitsbuch.

Außer dem Dank an die Fraktion, die ihm über achteinhalb Jahre, manchmal mit Bedrückung, auch mit Skrupeln, aber doch treu gefolgt ist, will Schmidt auch etwas Mut machen. Das gelingt nicht so richtig. Was er den Fraktionskollegen über das «frustrierende Erlebnis» der Oppositionsarbeit sagt, dieses Immerzu-nur-reden-und-nicht-gestalten-Können, dieses Abgeschnittensein vom «Herrschaftswissen», wirkt nicht gerade inspirierend. Willy Brandt hat von der «herzlichen Bitte» gesprochen, Schmidt möge sich als Spitzenkandidat für die nächste Bundestagswahl zur Verfügung stellen. Die Zweifel des Kanzlers bleiben. Ja, gewiß, mit ihm kann die Partei vielleicht im besten Fall ganze fünf Prozent mehr holen.

Aber nachher? «Einige», sagt er später in unserem kleinen Kreis, «werden mich wegwerfen wie ein verbrauchtes Blatt Löschpapier.» Er sagt das ohne Weinerlichkeit. Christliche Legenden, Nächstenliebe zumal, ist in der Partei gewiß nicht ausgestorben, aber manchmal nur noch in der Fasson von Erhard Eppler zu erfahren.

Der Kanzler hat vor einigen Monaten, etwas feierlich, in der *Zeit* gesagt, daß er, nach drei Jahrzehnten in der SPD auch als Sozialdemokrat sterben werde. Das ist seine innere Befindlichkeit, auch und gerade in diesen Tagen. Er wird sich, wenn er – nach dem Gespräch mit Loki – endgültig gegen das Verbleiben in der aktiven Politik entscheiden sollte, bestimmt nicht als der Alte aus Langenhorn beckmesserisch über die eigene Partei, über Willy Brandt und über andere führende Genossen äußern, auch wenn er sich manchmal wird auf die Zunge beißen müssen. Nachzetern ist nicht seine Art.

Am Abend, zwei Stunden vor dem Abflug des Kanzlers, sitzen wir in seinem nun ganz ausgeräumten Arbeitszimmer. Auch August Bebel blickt ihm nicht mehr über die Schulter. Was wird bleiben von dieser nach Konrad Adenauer längsten Kanzlerschaft?

Helmut Schmidt weiß: «Die neue Ostpolitik, das ist Willys große Leistung. So was haben wir nicht vorzuzeigen.» Und doch: die Republik durch die beinahe lebensgefährlichen Strudel der Weltwirtschaftskrise hindurchbugsiert zu haben, das ist sein eigenes großes Verdienst gewesen. Dann die Schleyer-Krise. Nicht Staatsräson, sondern Bewahrung des liberalen Rechtsstaates. Manche haben es für eine heroi-

sche Redensart gehalten, daß Schmidt am Tage nach einem
Scheitern der «Landshut»-Befreiung das Kanzleramt hatte
verlassen wollen. Das war von ihm sehr überlegt worden. Es
war ja nicht Werner Maihofer, auch nicht Jochen Vogel, es
waren weder Helmut Kohl noch Franz Josef Strauß, es war
der Kanzler Schmidt, der die Verantwortung für eine Strategie zentnerschwer zu tragen hatte, die das Risiko der Ermor-
dung des BDI-Präsidenten kalkulieren mußte, damit der
Rechtsstaat nicht zum erpreßbaren Nachtwächterstaat würde. Da wäre der Rücktritt nach einem Mißlingen in Mogadi-
schu, für ihn, so wie er nun mal ist, von innerer Logik gewesen.

Für Helmut Schmidt hat in der eiligen Bilanz die Reise
nach Moskau im Sommer 1980 viel Gewicht. Daß er zu Leonid Breschnew im Kreml zeitweilig wie der Vertreter einer
Großmacht redete, das hat er damals genau empfunden.
Das hätte, wußte er in jenen Tagen, auch ganz anders ausgehen, hätte mit einem explosionsartigen Knall enden
können. Damals hatte er das Konto der «Mittelmacht» Bundesrepublik für einige Stunden schon überzogen. Dann,
buchstäblich über Nacht, kam ihm die Sowjetführung einen
großen Schritt entgegen, ob aus Einsicht in die eigene
Interessenlage oder als eine Art von Prämie für eine
Schmidt zugedachte Rolle als «Makler» zwischen den beiden Großmächten, bleibt offen. Jedenfalls konnte Helmut
Schmidt den Amerikanern signalisieren, daß Moskau nun
doch zu Verhandlungen über die Mittelstreckenraketen bereit sei. Der Dialog über die nukleare Abrüstung konnte
weitergehen. Da hatte der Oberleutnant der Großdeut-
schen Wehrmacht, der 1941 kurz vor Moskau stand, ein
höchst erfolgreiches Spähtruppunternehmen für den Westen vollbracht.

Er ist, vier Stunden nach der «Entlassung», nicht in der
Stimmung irgendwas zu vergolden. «Alles in allem haben
wir es nicht so schlecht gemacht.» Ich sage: «Das ist so, wie
es diese plattdeutsche Redensart ausdrückt, die Sie so gern
zitieren: ‹Wenn de Mensch dohn deit, watt he kann, denn

kann he nich mehr dohn, as he deit.›» Das tut ihm gut, gerade jetzt. So hat er es gemeint.

Aus dem Vorzimmer wird gesagt, daß Margaret Thatcher am Apparat ist. Mit der Lady aus Downing Street Nr. 10 gab es nur in den ersten Monaten Harmonie. Nachher fast nur Schwierigkeiten und Konfrontationen. Sie vertrat Großbritanniens Interessen noch etwas rigoroser, als das der Kanzler-Freund Jim Callaghan* getan hat. Freundschaften halten in der Außenpolitik nicht von Rücksichtslosigkeiten ab. Heute abend ist die Premierministerin gar nicht eisern. Sie möchte, daß Schmidt diesen Anruf nicht als eine Sache des Protokolls versteht. Das vermittelt sie ihm auch mit etwas weiblicher Weisheit in der Stimme. Der Kanzler dankt für offene und trotz mancher Spannungen freundschaftliche Gespräche, dankt für die Einladungen zu Begegnungen in der Zukunft. Seit er vor dem Zweiten Weltkrieg als Schüler in England war, empfindet er eine tiefe Neigung für das Land. Deshalb spricht er zu Maggy Thatcher jetzt von «your great nation». Dann, zum Ende, sagt Helmut Schmidt: «God bless you, Margaret.»

Eine gute Stunde später verläßt er das Amt. Ein letztes Mal bringt ihn die Bundesluftwaffe in seine Vaterstadt. Für den kommenden Montag ist der Abgeordnete Schmidt-Bergedorf auf den Lufthansaflug Nr. 406 nach Düsseldorf-Lohausen gebucht. Nicht für die «First class». Der Kanzler außer Diensten ist ein genügsamer Mann. Er fliegt «Economy» – das ist ja eigentlich sein Wort.

---

* Britischer Außenminister 1974–1976, 1976–1979 Premierminister.

Dokumentation

Das Scheidungspapier der sozialliberalen Koalition

Memorandum des Bundeswirtschaftsministers
Graf Lambsdorff vom 9. September 1982   121

Bruch der sozialliberalen Koalition

Bundestagsreden am 17. September 1982
von

Helmut Schmidt	142
Helmut Kohl	151
Willy Brandt	153
Hans-Dietrich Genscher	158

Kanzlersturz

Bundestagsreden am 1. Oktober 1982
von

Helmut Schmidt	162
Wolfgang Mischnick	174
Gerhart Baum	183
Hildegard Hamm-Brücher	188

**Memorandum des Bundeswirtschaftsministers
Graf Lambsdorff vom 9. September 1982**

Konzept für eine Politik zur Überwindung der Wachstumsschwäche und zur Bekämpfung der Arbeitslosigkeit

I

Nach der Besserung wichtiger Rahmenbedingungen (Lohn- und Zinsentwicklung, Leistungsbilanz) und der leichten Aufwärtsbewegung der Produktion im ersten Quartal 1982 haben sich *seit Ende des Frühjahrs die Wirtschaftslage und die Voraussetzungen für einen baldigen Aufschwung erneut verschlechtert:**

▷ Unerwartet starker Rückgang der Auslandsnachfrage bei stagnierender und zuletzt wieder rückläufiger Binnennachfrage;
▷ Verschlechterung des Geschäftsklimas und der Zukunftserwartungen in der Wirtschaft (Ifo-Test);
▷ Einschränkung der gewerblichen Produktion;
▷ Anstieg der Arbeitslosigkeit und Zunahme der Insolvenzen.

Der Zinssenkungsprozeß ist zwar – nach zeitweiliger Unterbrechung – zuletzt wieder in Gang gekommen; das Zinsniveau ist aber trotz der insgesamt angemessenen Geldpolitik der Bundesbank immer noch vergleichsweise hoch.

Diese erneute Verschlechterung der Lage ist zum Teil Reflex von Vorgängen im internationalen Bereich (anhaltende Schwäche der Weltkonjunktur, ungewisse Konjunktur- und Zinsentwicklung in den USA, amerikanisch-europäische Kontroversen). Die gesamte Weltwirtschaft steht offensichtlich in einer hartnäckigen Stabilisierungs- und Anpassungskrise. Bei immer noch hohen Inflationsraten und weiter zunehmender Arbeitslosigkeit hält die Wachstumsschwäche in Nordamerika und Europa nun schon ungewöhnlich lange an; auch Japan ist inzwischen in ihren Sog geraten.

Diese weltweite Wachstumsschwäche darf aber nicht darüber hinwegtäuschen, daß die derzeitigen weltwirtschaftlichen Schwierigkeiten die Summe einzelstaatlicher Fehlentwicklungen sind und daß ein wesentlicher Teil der Ursachen unserer binnenwirtschaftlichen Probleme auch im eigenen Lande zu suchen ist.

Eine Hauptursache für die seit Jahren anhaltende Labilität der deutschen Wirtschaft liegt zweifellos in der weitverbreiteten und eher noch wachsenden *Skepsis im eigenen Lande.* Die seit über zwei Jahren andauernde Stagnation, die immer neu hervortretenden Strukturprobleme, die wachsende Arbeitslosigkeit, die große Zahl von Insolvenzen,

---

* Hervorhebungen des Autors sind hier kursiv gesetzt

das Bewußtwerden internationaler Zinsabhängigkeit sowie nicht zuletzt die Auseinandersetzungen und die Unklarheit über den weiteren Kurs der Wirtschafts-, Finanz- und Gesellschaftspolitik haben in weiten Bereichen der deutschen Wirtschaft zu Resignation und Zukunftspessismismus geführt. Dieser offenkundige Mangel an wirtschaftlicher und politischer Zuversicht dürfte auch ein wesentlicher Grund dafür sein, daß die kräftige Expansion der Auslandsnachfrage im vergangenen Jahr – entgegen aller bisherigen Erfahrung – nicht zu einer Aufwärtsentwicklung der Binnenwirtschaft geführt hat.

Mit den Operationen '82 und '83 sowie der Gemeinschaftsinitiative sind zwar wichtige Schritte in richtiger Richtung unternommen worden. Bisher ist es jedoch dadurch nicht gelungen, die pessimistische Grundstimmung zu überwinden und die wirtschaftlichen Zukunftserwartungen zu bessern. Die bisherigen Beschlüsse sind in der Wirtschaft vielfach als zu kurzatmig, zu vordergründig, zu unsystematisch und teilweise sogar als in sich widersprüchlich angesehen worden. Die Skepsis hinsichtlich einer grundlegenden Problemlösung konnte jedenfalls dadurch nicht überwunden werden. Eine die Wirtschaft *nicht* überzeugende Konsolidierungspolitik kann aber keine neuen Unternehmensinitiativen wecken; sie kann sogar durch das Zusammentreffen von staatlicher Nachfragekürzung und ansteckendem Pessimismus in der Privatwirtschaft einen noch gefährlicheren Circulus vitiosus in Richtung Depression auslösen. Es besteht nämlich dann die Gefahr, daß immer mehr Unternehmen ihre Investitionen einschränken und unrentable Betriebsteile abstoßen, um ihre Liquidität zu sichern.

II

Die gegenwärtig besondes deutliche Vertrauenskrise ist nicht kurzfristig entstanden. Sie muß im Zusammenhang mit tiefgreifenden *gesamtwirtschaftlichen Veränderungen* gesehen werden, die zwar zumeist schon in einem längeren Zeitraum eingetreten sind, deren volle Problematik aber teilweise erst in den letzten Jahren – nicht zuletzt im Zusammenhang mit den neuen internationalen Herausforderungen aufgrund der zweimaligen Ölpreisexplosion, des Vordringens der Schwellenländer und der Stabilisierungspolitik wichtiger Partnerländer – deutlich geworden ist. Es handelt sich hierbei vor allem um:

▷ einen gravierenden Rückgang der gesamtwirtschaftlichen *Investitionsquote* (Anteil der Anlageinvestitionen am BSP) von durchschnittlich 24,1 Prozent in den sechziger Jahren auf durchschnittlich 20,8 Prozent in der zweiten Hälfte der siebziger Jahre (nach einem leichten Wiederanstieg zwischen 1976 und 1980 seither erneuter Rückgang auf unter 21 Prozent); die Ursachen hierfür dürften nicht zuletzt in der schon seit längerem *tendenziell sinkenden Kapitalrendite* der gewerblichen Wirtschaft (bei gleichzeitigem Anstieg der

Umlaufrendite der festverzinslichen Wertpapiere) und damit zusammenhängend in der geringeren Eigenkapitalausstattung der Unternehmen sowie in den vielseitig gewachsenen Risiken und in den zunehmenden Hemmnissen gegenüber gewerblichen Investitionen liegen;

▷ den besonders in der ersten Hälfte der siebziger Jahre entstandenen starken Anstieg der *Staatsquote* (Anteil aller öffentlichen Aufgaben incl. Sozialversicherung am BSP) um über 10 Prozent-Punkte von rund 39 Prozent auf 49,5 Prozent (seither bewegt sie sich zwischen 48 Prozent und fast 50 Prozent); dieser strukturelle Anstieg des Staatsanteils am Sozialprodukt ist *ausschließlich* zustande gekommen durch die *überaus expansive Entwicklung der laufenden Ausgaben zwischen 1970 und 1975, insbesondere für den öffentlichen Dienst, die Sozialleistungen* (einschließlich Sozialversicherungsleistungen) *und auch die Subventionen an Unternehmen.* Die staatliche Sozialleistungsquote allein (Anteil der öffentlichen Sozialleistungen am BSP) nahm in den siebziger Jahren um rund 6 Prozent zu, während die öffentliche Investitionsquote (Anteil der öffentlichen Investitionen am BSP) im gleichen Zeitraum rückläufig war; nach den bisherigen Haushaltsplanungen wird die öffentliche Investitionsquote auch in den nächsten Jahren weiter sinken;

▷ den tendenziellen Anstieg der *Abgabenquote* (Anteil der Steuer- und Sozialabgaben am BSP) in den siebziger Jahren um 5 Prozent-Punkte von knapp 36 Prozent auf rund 41 Prozent; dieser Anstieg ist *nahezu ausschließlich* auf die *Anhebung der Sozialbeiträge* insbesondere in der Kranken-, Renten- und Arbeitslosenversicherung zurückzuführen. Die gesamtwirtschaftliche Steuerlastquote ist dabei zwar weitgehend konstant geblieben; die direkte Steuerbelastung durch Lohn- und Einkommensteuer hat jedoch – trotz mehrmaliger Steuersenkungen – deutlich zugenommen, während die indirekte Steuerbelastung insbesondere bei den Verbrauchsteuern rückläufig war;

▷ den tendenziellen Anstieg der *Kreditfinanzierungsquote* der öffentlichen Haushalte (Anteil der öffentlichen Defizite am BSP) seit Ende der sechziger Jahre um rund 5 Prozent-Punkte, wobei dieser Anstieg durch die vorübergehenden Bundesbankablieferungen an den Bundeshaushalt noch unterzeichnet ist. Trotz der bisherigen Konsolidierungsmaßnahmen dürfte der überwiegende Teil dieser Defizite struktureller und nicht konjunktureller Natur sein.

Diese fundamentalen gesamtwirtschaftlichen Veränderungen haben zusammen mit einer Vielzahl von gesetzlichen, bürokratischen und tarifvertraglichen Verpflichtungen sowie mit tiefgreifenden Verhaltensänderungen in der Gesellschaft (z.B. gegenüber dem technischen Fortschritt, der wirtschaftlichen Leistung, der Eigenverantwortung) wesentlich dazu beigetragen,

▷ die Anpassungsfähigkeit der deutschen Wirtschaft an binnenwirtschaftliche und weltweite Marktänderungen zu schwächen,

▷ die frühere Eigendynamik und das Selbstvertrauen der deutschen Wirtschaft zu erschüttern,

▷ die Unternehmen in ihren Investitionsdispositionen zu verunsichern und die Bereitstellung von Risikokapital zu mindern (verfügbare Geldmittel sind in den letzten Jahren offenbar in weit größerem Maße als bisher in Form von Geldvermögen oder im Ausland angelegt worden).

Ähnliche, ja zum Teil noch weitergehende gesamtwirtschaftliche Strukturprobleme gibt es zwar auch in einer Reihe von anderen Industrieländern. Insofern handelt es sich hierbei sicherlich auch um generelle Veränderungen und Schwierigkeiten in hochentwickelten Volkswirtschaften mit ausgebauten Sozialsystemen. Diese Erkenntnis ist jedoch angesichts der sich auftürmenden Probleme am Arbeitsmarkt, in den öffentlichen Haushalten und den sozialen Sicherungssystemen kein wirklicher Trost; und sie entbindet vor allem nicht von der Notwendigkeit ihrer Lösung durch eigene Anstrengungen.

Die derzeitige weltweite Stagnation erschwert natürlich die Lösung der binnenwirtschaftlichen Probleme, wie ihre Überwindung umgekehrt auch davon abhängt. Die weltweiten Probleme können nämlich – zumindest nachhaltig – nur dann überwunden werden, wenn die Ursachen der Anpassungsschwierigkeiten in den einzelnen Ländern selbst behoben werden. Das gilt besonders für die großen Industrieländer und damit nicht zuletzt für die Bundesrepublik Deutschland. Zwar sind die Anpassungserfordernisse im privaten und vor allem öffentlichen Sektor bei uns bislang weniger schwerwiegend als in den meisten Industrieländern; sie sind aber auch in unserem Lande inzwischen in eine erhebliche Dimension hineingewachsen. Unabhängig davon, wie lange die internationale Wachstumsschwäche noch andauert, kann und muß deshalb in der Bundesrepublik das erforderliche Mindestmaß an politischer Entschlossenheit sowie wirtschaftlicher und sozialer Anpassungsbereitschaft mobilisiert werden, um den Anstieg der Arbeitslosigkeit zu stoppen und die Beschäftigungschancen eines neuen Wachstumsprozesses in der Weltwirtschaft auch tatsächlich nutzen zu können.

III

Die derzeitig verfügbaren Informationen schließen zwar nicht aus, daß im Herbst doch noch Anzeichen für eine gewisse *konjunkturelle Erholung* erkennbar werden. Da die Wachstums-, Beschäftigungs- und Budgetprobleme in der Bundesrepublik jedoch nicht primär konjunktureller Natur sind (die zweijährige Stagnation steht im Widerspruch zu allen früheren konjunkturzyklischen Erfahrungen), ist die Gefahr sehr groß, daß die Aufwärtsbewegung nur schwach und relativ kurzfristig ausfällt. Sie wird jedenfalls aller Voraussicht nach allein nicht ausreichen, die derzeitigen und erst recht die sich für die nächsten Jahre (schon aufgrund der demographischen Entwicklung) abzeichnenden Arbeitsmarkt- und Finanzierungsprobleme zu lösen.

Wirkliche Erfolge bei der Lösung der Beschäftigungsprobleme und bei der Konsolidierung der öffentlichen Finanzen können nur erreicht werden, wenn es gelingt, einen *hinreichend starken und über längere Zeit anhaltenden Wachstumsprozeß* zu erreichen. Das notwendige Wirtschaftswachstum muß dabei durchaus nicht im Widerspruch zu den ökologischen Anforderungen stehen. Die Umweltpolitik kann sogar, wenn ihre Kosten bei der Einkommensverteilung berücksichtigt sowie unnötige Friktionen und Unsicherheiten vermieden werden, Innovations- und Investitionstätigkeit stimulieren und damit positive Wachstums- und Beschäftigungseffekte auslösen.

Ein solcher Wachstumsprozeß kann nur auf der Grundlage einer breitangelegten privaten *Investitionstätigkeit* erreicht und gesichert werden. Die oft zu hörende These, für mehr Investitionen fehle sowohl kurz- als auch längerfristig die notwendige Absatzperspektive, verkennt dreierlei:

▷ Für Investitionsentscheidungen sind weniger kurzfristige Absatzerwartungen als vielmehr längerfristige Rentabilitätsperspektiven ausschlaggebend.

▷ Es gibt zwar auf Einzelmärkten Sättigungserscheinungen, keinesfalls kann aber von einer generellen Marktsättigung gesprochen werden.

▷ Investitionen verändern auch selbst direkt und indirekt die Marktperspektiven; sie sind der eigentliche Motor der Wirtschaftsentwicklung.

Bei der notwendigen Investitionstätigkeit haben nicht nur die Großunternehmen, sondern vor allem auch die mittleren und kleinen Unternehmen eine zentrale Rolle zu spielen. Die Erfahrung zeigt, daß ihre Initiativkraft für den wirtschaftlichen Fortschritt von ausschlaggebender Bedeutung ist. Die mit den privaten Investitionen häufig verbundenen Rationalisierungseffekte stehen dabei keineswegs im Gegensatz zu den beschäftigungspolitischen Erfordernissen. Auch Rationalisierungsinvestitionen dienen der Sicherung vorhandener Arbeitsplätze; sie fördern zudem über die damit verbundene Nachfrage- und Einkommenseffekte die Beschäftigung in anderen Bereichen. Die von den Rationalisierungsinvestitionen ausgehenden Veränderungen der Beschäftigungsstruktur können und müssen dabei durch intensive Bemühungen um berufliche Weiterbildung und Umschulung erleichtert und gefördert werden.

Gegenwärtig wieder verstärkt in die Diskussion kommende Maßnahmen der *Arbeitszeitverkürzung* können zwar bei richtiger Ausgestaltung (z. B. dauerhaften Verzicht auf Lohnausgleich bzw. einen Teil
der Rente) und möglichst branchendifferenzierter Anwendung (Bestandteil der Tarifverhandlungen) bei der Bewältigung der Beschäftigungsprobleme in den achtziger Jahren in begrenztem Umfang eine
flankierende Rolle spielen; das gilt insbesondere für geeignete Formen
einer Verkürzung der Lebensarbeitszeit (befristete Regelung mit vol-
lem versicherungsmathematischem Abschlag). Ohne eine nachhaltige
Belebung des Wirtschaftswachstums ist jedoch weder eine Lösung der
Beschäftigungsprobleme noch erst recht der Finanzierungsprobleme
im öffentlichen Gesamthaushalt (einschließlich der Sozialversicherung)
möglich. Wachsende Arbeitslosigkeit, unkontrollierbare Eskalation
der Haushaltsprobleme und mangelnde Finanzierbarkeit der sozialen
Sicherungssysteme können aber leicht den Boden für eine politische
Systemkrise bereiten.

IV

Angesichts der Komplexität der Ursachen für die derzeitige Beschäfti-
gungs- und Wachstumskrise gibt es sicherlich kein einfaches und kurzfristig wirkendes Patentrezept für ihre Überwindung. Wichtig ist aber,
daß die *Bekämpfung der Arbeitslosigkeit als die politische Aufgabe
Nummer 1 in den nächsten Jahren allgemein anerkannt wird und daß
daraus die notwendigen Schlußfolgerungen gezogen werden.* Dieser vor-
dringlichen Aufgabe haben sich andere Wünsche und Interessen unter-
zuordnen, mögen sie für sich betrachtet noch so wichtig erscheinen. In
der politischen und öffentlichen Diskussion ist dies noch nicht deutlich
genug geworden. Zwar wird allenthalben die Sicherung und Schaffung
von Arbeitsplätzen gefordert, in Wirklichkeit werden aber von politischen und gesellschaftlichen Gruppen, von Verbänden und auch von
Ressorts die jeweiligen Sonderinteressen nach wie vor immer wieder
vorangestellt.

Auch die derzeit wieder verstärkt zu hörende Forderung nach einer
Politik der *forcierten* staatlichen Nachfragestützung durch zusätzliche
mehrjährige kreditfinanzierte öffentliche Ausgabenprogramme verkennt, daß dadurch allein (schon wegen der damit verbundenen Folgekosten) die strukturellen Probleme in den öffentlichen Haushalten eher
noch vergrößert würden. Der damit ausgelöste Nachfrageeffekt dürfte
zudem angesichts der pessimistischen Grundstimmung weitgehend ver-
puffen, zumal auch der Anteil der öffentlichen Investitionen an den
gesamten Anlageinvestitionen nur 16 Prozent ausmacht. Die Erwartungen der privaten Investoren hinsichtlich der künftigen Zins- und Ab-
gabenbelastung würden dagegen weiter verunsichert und die private
Investitionstätigkeit dadurch eher gedämpft als stimuliert werden. Deswegen dürfte zumindest eine *isolierte* Politik zusätzlicher staatlicher

Nachfrageunterstützung nach wie vor eher kontraproduktiv sein. Das bedeutet allerdings nicht, daß die weitere Entwicklung der staatlichen Nachfage – insbesondere im investiven Bereich – im Rahmen eines Gesamtkonzeptes nicht auch eine wichtige Rolle zu spielen hat.

Auch die Fortsetzung der in den letzten Jahren eingeleiteten Politik der schrittweisen und partiellen Korrekturen im Rahmen von Gesamtkompromissen und ohne ein von der Gesamtkoalition akzeptiertes Grundkonzept könnte sich in der derzeitigen Lage insgesamt eher als problemverschärfend denn als problemlösend erweisen. Wenn in der Öffentlichkeit immert wieder von Kurzatmigkeit, Halbherzigkeit sowie systemlosen bzw. gar in sich widersprüchlichen Kompromissen gesprochen wird, so verhindert dies nicht nur die notwendige Vetrauensbildung; es kumulieren sogar die unmittelbaren negativen Effekte staatlicher Nachfragekürzung mit neuer Unsicherheit für den privaten Bereich.

Notwendig und allein erfolgversprechend ist wohl nur eine Politik, die

▷ im Rahmen eines in sich widerspruchsfreien Gesamtkonzeptes,

▷ das auf mehrere Jahre hin angelegt und in seinen Eckwerten soweit wie möglich durch gesetzliche Entscheidungen im voraus abgesichert ist,

▷ schrittweise auf einen Abbau der dargelegten gesamtwirtschaftlichen Strukturprobleme hinarbeitet,

▷ die Investitionsbedingungen zuverlässig verbessert und

▷ der Wirtschaft damit wieder den Glauben an die eigene Zukunft gibt.

Wesentliche Kriterien dieser Politik müssen dabei ihre Glaubwürdigkeit, Verläßlichkeit und innere Konsistenz sein. Inhaltlich muß die Politik vor allem darauf ausgerichtet sein, dem Privatsektor in der Wirtschaft wieder mehr Handlungsraum und eine neue Zukunftsperspektive zu verschaffen; und innerhalb des Staatssektors muß sie die Gewichte von der konsumtiven in Richtung der investiven Verwendung verlagern.

Ein solches zukunftsorientiertes *Gesamtkonzept* der Politik muß sich auf folgende Bereiche konzentrieren:

1. Festlegung und Durchsetzung einer überzeugenden *marktwirtschaftlichen* Politik in allen Bereichen staatlichen Handelns mit einer klaren Absage an Bürokratisierung. Wirtschaftsrelevante Forschung und Entwicklung sind primär Aufgabe der Wirtschaft selbst. Die Politik muß jedoch dafür generell möglichst günstige Bedingungen schaffen und in besonderen Fällen auch gezielte Hilfen geben.

2. Festlegung und Durchsetzung eines mittelfristig angelegten und gesetzlich abgesicherten überzeugenden *Konsolidierungskonzeptes* für die öffentlichen Haushalte, das eine Erhöhung der *Gesamtabga-*

benbelastung ausschließt und das durch seine verläßliche Festlegung finanzielle Unsicherheiten abbaut und die Voraussetzungen für weitere Zinssenkungen schafft.

3. Festlegung und Durchsetzung einer mittelfristig angelegten und möglichst gesetzlich abgesicherten *Umstrukturierung* der öffentlichen Ausgaben und Einnahmen von konsumtiver zu investiver Verwendung, um die private und öffentliche Investitionstätigkeit nachhaltig zu stärken und die wirtschaftliche Leistung wieder stärker zu belohnen.

4. Festlegung und Durchsetzung einer *Anpassung der sozialen Sicherungssysteme* an die veränderten Wachstumsmöglichkeiten und eine längerfristige Sicherung ihrer Finanzierung (ohne Erhöhung der Gesamtabgabenbelastung), um das Vertrauen in die dauerhafte Funktionsfähigkeit der sozialen Sicherung wiederherzustellen und zugleich der Eigeninitiative und der Selbstvorsorge wieder größeren Raum zu geben.

Eine solche Gesamtpolitik, deren Aktionsfelder weit über den Bereich der traditionellen Wirtschafts-, Finanz- und Sozialpolitik hinausgehen, kann trotz der damit in der Übergangszeit verbundenen Einschränkungen für die öffentliche und private Nachfrage wesentlich dazu beitragen, in der Wirtschaft neues Vertrauen zu schaffen und den Mut zur Investition zu stärken.

Ihr Erfolg wird allerdings nicht zuletzt davon abhängen, ob die *Lohnpolitik* auch bei einer solchen Orientierung der staatlichen Politik die notwendige Verbesserung der Ertragsperspektiven sowie die relative Verbilligung des Faktors Arbeit zuläßt. Sicherlich wird es bei einer solchen Politik zu Auseinandersetzungen mit den Gewerkschaften kommen, die sich auch negativ auf das Stimmungsbild auswirken können. Die Gewerkschaften selbst müssen jedoch vorrangig an einer Lösung der Beschäftigungsprobleme interessiert sein. Es wird deswegen sehr darauf ankommen, daß Bundesregierung und Bundesbank übereinstimmend die beschäftigungspolitische Mitverantwortung der Tarifparteien deutlich machen. Der notwendige soziale Konsens kann dauerhaft nur gesichert werden, wenn die Arbeitslosigkeit konzentriert und nachhaltig bekämpft wird.

Wer bei einer solchen Politik den – in der Sache vordergründigen – Vorwurf einer «sozialen Unausgewogenheit» oder einer Politik «zu Lasten des kleinen Mannes» macht, dem kann und muß entgegengehalten werden, daß nur eine solche Politik in der Lage ist, die wirtschaftliche Grundlage unseres bisherigen Wohlstandes zu sichern und die Wachstums- und Beschäftigungskrise allmählich und schrittweise zu überwinden. Die notwendigen Korrekturen müssen auch vor dem Hintergrund des außerordentlich starken Anstiegs der Sozialleistungsquote (Anteil der Sozialleistungen am BSP) in den letzten beiden Jahrzehnten gesehen werden. Die schlimmste soziale Unausgewogenheit wäre eine andauernde Arbeitslosigkeit von 2 Millionen Erwerbsfähigen oder gar noch mehr.

V

Das erforderliche Gesamtprogramm für eine Politik zur Überwindung der Wachstumsschwäche und zur Bekämpfung der Arbeitslosigkeit sollte insbesondere *folgende Aktionsbereiche* (die in einem inneren sachlogischen Zusammenhang zueinander stehen) umfassen:

A. Wachstums- und beschäftigungsorientierte Haushaltspolitik

Leitlinien:

▷ Festhalten und Absichern des bisher vorgesehenen mittelfristigen Ausgaberahmens für den Bundeshaushalt

1983	1984	1985
250,5 Mrd DM	258,0 Mrd DM	266,0 Mrd DM
(+ 2 %)	(3 %)	(3 %);

▷ mehrjährige Verstärkung der wachstums- und beschäftigungsfördernden Ausgaben (möglichst ohne Folgekosten) bei gleichzeitiger weiterer Kürzung der konsumtiven Ausgaben (Umstrukturierung);
▷ Ausgleich von unvorhergesehenen, unvermeidlichen Mehrausgaben durch Einsparungen an anderen Stellen des Haushalts;
▷ Ausgleich von Mindereinnahmen, die sich trotz vorsichtiger Steuerschätzung aufgrund der ungewöhnlich langen Fortdauer der Konjunkturschwäche ergeben, teilweise auch durch vorübergehend höhere Nettokreditaufnahme;
▷ Anerkennung der politischen Führungsaufgabe des Bundes gegenüber Ländern und Gemeinden bei der Konsolidierung und Umstrukturierung, jedoch keine neue Mischfinanzierung.

Ansatzpunkte für konkrete haushaltspolitische Maßnahmen

1. Zusätzliche wachstums- und beschäftigungsfördernde Ausgaben (möglichst ohne Folgekosten) im Bundesbereich für etwa drei Jahre (Finanzierung vgl. Ziff. 2) für z. B.

▷ Verstärkung von Infrastrukturmaßnahmen im *Umweltschutz* (z. B. Gewässerschutz);
▷ Wiederaufstockung der Mittel für die *Gemeinschaftsaufgabe* «Regionale Wirtschaftsförderung» sowie «Agrarstruktur und Küstenschutz»;
▷ Verstärkung der Mittel für *Existenzgründung* (vgl. D 2);
▷ Erhöhung der Mittel für *Fernwärmeprogramm* Bund/Länder;
▷ Überwindung von Engpässen im *Straßenbau* (Bundesfernstraßen,

129

kommunaler Straßenbau) und im öffentlichen Personennahverkehr (ÖPNV);

▷ zeitgerechter Ausbau der für die Stahlindustrie benötigten *Bundeswasserstraßen* (z. B. Saar-Ausbau);

▷ Ausbau und Modernisierung der *Deutschen Bundesbahn*, wenn ein umfassendes Rationalisierungskonzept des neuen Vorstands verwirklicht werden kann.

Diese Maßnahmen des Bundes sollten flankiert werden durch entsprechende, in eigener Verantwortung zu entscheidende wachstums- und beschäftigungsfördernde Aktionen der *Länder* und *Gemeinden*.

Geprüft werden sollte darüber hinaus,

▷ ob und inwieweit die *Deutsche Bundespost* ihre Investitionen (z. B. im Bereich der Verkabelung) noch verstärken kann;

▷ ob durch Neuauflage eines zeitlich begrenzten *Bausparzwischenfinanzierungsprogramms* der noch immer stockende und steuerlich inzwischen eher benachteiligte Eigenheimbau unterstützt werden sollte;

▷ ob durch ein auf die nächsten Jahre (starke Schulabgängerjahrgänge) befristetes Programm in Zusammenarbeit mit den Kammern *zusätzliche überbetriebliche Ausbildungsmaßnahmen* für solche Jugendliche durchgeführt werden können, die bis zu einem bestimmten Zeitpunkt des jeweiligen Jahres keinen Ausbildungsvertrag abschließen konnten.

2. Weitere Einschränkung konsumtiver bzw. eindeutig nicht wachstums- und beschäftigungsfördernder Ausgaben

▷ zur Absicherung der noch bestehenden Haushaltsrisiken (z. B. für 1983: Bundesanstalt für Arbeit, Kindergeldregelung Bund/Länder, Zinsaufwand, Wohngeld, Bundesbahn);

▷ zur Finanzierung der unter Ziff. 1 genannten Mehrausgaben sowie

▷ zum Ausgleich für die unter B. genannten Steuermaßnahmen insoweit sie nicht durch Umstrukturierung des Steuersystems abgedeckt werden.

a) Öffentlicher Dienst (hätte auch Auswirkung für die Haushalte von Ländern und Gemeinden)

▷ Im voraus festgelegte Begrenzung des Anstiegs der *Beamtenbesoldung* für z. B. 3 Jahre. (Jedes Prozent weniger für Beamte, Soldaten und Versorgungsempfänger bei Bund [plus Bahn und Post], Ländern und Gemeinden: rund 1,23 Mrd./Jahr; davon Bund: 0,24 [plus Bahn: 0,13, Post: 0,14], Länder: 0,63 und Gemeinden: 0,10 Mrd. DM)

▷ Neugestaltung der *Beihilferegelung*, z. B. durch Einschränkung der erstattungsfähigen Ausgaben, Begrenzung der Erstattung auf 100

Prozent und eventueller Absenkung der Beihilfesätze oder Einführung zusätzlicher Eigenbeteiligung;
▷ generelle Herabstufung der *Eingangsbesoldung bzw. -vergütung,*
insbesondere für Akademiker.

b) Finanzhilfen (Subventionen) und steuerliche Vergünstigungen
(vgl. auch Teil D)

Notwendig ist ein weitere Abbau von Finanzhilfen und Steuervergünstigungen (allerdings ohne Anhebung der Gesamtabgabenbelastung).

Dies kann am besten durch eine weitere *gezielte* Reduzierung im
Rahmen eines mehrjährigen Stufenplanes geschehen.

Angesichts der damit verbundenen Schwierigkeiten könnte aber
auch ein genereller *linearer* Abschlag von 5 Prozent bzw. 10 Prozent
(nach Schweizer Muster) gewählt werden, wobei dann einige wenige
Bereiche ausgenommen werden

Den bekannten Nachteilen des linearen Abschlags steht der Vorteil
einer großen Breitenwirkung und einer Gleichbehandlung aller Betroffenen gegenüber. Außerdem wird im Vergleich zur gezielten Kürzung
die «Beweislast» umgekehrt.

c) Arbeitsförderungsgesetz

▷ Verringerung der Leistungen:
Verringerung des Leistungssatzes für Arbeitslosengeld am Anfang
der Bezugsdauer (z. B. erste drei Monate nur 50 Prozent des letzten
Nettoeinkommens, evtl. Mehrstufenregelung)
oder
generelle Senkung des Arbeitslosengeldes für Alleinstehende (ohne
Unterhaltsverpflichtung); Anknüpfen an frühere Regelung
oder/und
Einführung von Karenztagen bei der Zahlung von Arbeitslosengeld
(Beiträge zur Krankenversicherung werden jedoch durch Bundesanstalt gezahlt);
▷ Begrenzung des Arbeitslosengeldbezuges auf *maximal 1 Jahr,* auch
bei Krankheit; kein Entstehen von neuen Arbeitslosengeldansprü-
chen durch Teilnahme an Maßnahmen der Bundesanstalt (erhebliche Einsparungen zu erwarten);
▷ Anpassung der Leistungsgrundsätze für Teilnehmer an *Rehabilita-*
tionsmaßnahmen an die niedrigeren Leistungssätze für Fortbil-
dungs- und Umschulungsmaßnahmen und bei Abbruch oder Beendigung der Maßnahme keine Weiterzahlung des Übergangsgeldes;
▷ *keine Kumulation* mit alten Ansprüchen auf Arbeitslosengeld, wenn
zwischenzeitlich gearbeitet wird;
▷ Überprüfung von extrem *verwaltungs- und damit personalaufwendi-*
gen AFG-Leistungen (z.B. Sechzehnjährigen-Regelung für Kinder-
geld, Mehrfachberechnungen der Fahrtkostenzuschüsse für Unter-

haltsempfänger, Bagatellbeträge bei Widerspruchs- und Sozialgerichtsverfahren, Verfolgung der Ansprüche aus Konkursausfallgeld, übertriebene Härteregelungen).

▷ Überprüfung der *Kosten für Träger* der Maßnahmen von Unterhaltsgeld und Rehabilitation.

d) Mutterschaftsurlaubsgeld

(Umfang der Leistungen: 1981: 913 Millionen DM;
Zahl der Leistungsbezieher:1981:320 000)

▷ Ersatzlose Streichung, mindestens aber mehrjährige Aussetzung.

e) BAFöG
   (Einsparung auch für die Länder wegen 35 Prozent-Beteiligung)

▷ Streichung des *Schüler*-BAFöG (rund 1 Milliarde DM);
▷ Umstellung des BAFöG für *Studenten* auf (Voll-) Darlehen mit einer neugefaßten, verwaltungseffizienten Härteklausel (je nach Ausgestaltung allerdings größere Einsparung erst bei Rückzahlung).

f) Wohngeld

▷ Änderung des *Einkommensbegriffes* (z. B. Anrechnung von Grundrenten);
▷ Absenken der überhöhten Pauschale bei der *Einkommensberechnung* (z. B. 30 Prozent wegen Belastung durch Steuern und Sozialabgaben; 12,5 Prozent bei Bezug von Lohnersatzleistungen) auf die tatsächlichen durchschnittlichen Belastungen durch Steuern und Abgaben;
▷ Reduzierung der maximal bezuschussungsfähigen *Wohnfläche*.

B. Investitions- und leistungsfördernde Steuerpolitik

Die gegenwärtige und mehr noch die für die Zukunft erwartete Steuerbelastung ist für Investitionsentscheidungen zweifellos von erheblicher Bedeutung; mindestens ebenso bedeutsam sind jedoch die Erwartungen des Investors hinsichtlich der künftigen Lohn-, Arbeitszeit-, Sozial-, Umwelt-, Rechts- sowie Wirtschafts- und Finanzpolitik schlechthin. Insofern darf die Wirkung isolierter Steuermaßnahmen nicht überschätzt werden.

Leitlinien:

▷ Vermeidung eines Anstiegs der gesamtwirtschaftlichen Steuerlastquote; kein Ausweichen in parafiskalische Regelungen (Pfennigabgaben);
▷ leistungs- und investitionsfreundlichere Gestaltung des Steuersystems durch Beseitigung bzw. Reduzierung folgender Strukturprobleme (macht gezielte Investitionsanreize weniger dringlich);

▷ übermäßige Belastung durch *ertragsunabhängige* Steuern (Gewerbesteuer und Vermögenssteuer) und deren negative Folgen für Investitionsbereitschaft und Eigenkapitalbildung, vor allem in ertragsschwachen Phasen (nach einer Untersuchung des Ifo-Instituts schneidet die Bundesrepublik bei der Kapitalbesteuerung im internationalen Vergleich ungünstig ab);

▷ übermäßigeBelastung der Löhne und sonstiger Einkommen durch «normale» und «inflationsbedingte» *Progressionswirkung* und deren negative Folgen für Leistungsbereitschaft, Steuermoral (Steuerverkürzung, Schwarzarbeit etc.) und Lohnpolitik;

▷ weitgehende Kompensation der Steuermindereinnahmen (im Zusammenhang mit der Lösung der genannten Steuerstrukturprobleme) durch Anhebung insbesondere der *Mehrwertsteuer*; jedoch nicht für die ohnedies notwendige Rückgabe der heimlichen Steuererhöhungen («inflationsbedingter Progressionseffekt»);

▷ baldige inhaltliche Festlegung der Steuermaßnahmen, jedoch schrittweise Realisierung im Rahmen eines vorangekündigten Terminplanes;

▷ als Ergänzung für eine Übergangsphase evtl. zusätzliche steuerliche Investitionsanreize.

Ansatzpunkte für konkrete steuerpolitische Maßnahmen im Rahmen eines mehrjährigen, verbindlich festgelegten Stufenplanes

1. Schrittweise Abschaffung der Gewerbesteuer

▷ In einem *ersten* Schritt Halbierung der Gewerbesteuerbelastung der gewerblichen Wirtschaft nach DIHT-Modell (formale Beibehaltung der Gewerbesteuer bei der Umsatzsteuer, Problem: verbleibende Hebesatz-Autonomie der Gemeinden zu Lasten des Umsatzsteueraufkommens für Bund und Länder; daher Einschränkung der Hebesatz-Autonomie durch Höchstbetrags- bzw. Koppelungsvorschriften notwendig);

▷ in einem *zweiten* Schritt Abschaffung der Gewerbesteuer und Umsetzung der dann notwendigen Neuordnung des Finanzausgleichs unter Beteiligung der Gemeinden am Umsatzsteueraufkommen nach einem noch zu findenden Schlüssel (z. B. Vorschlag des Instituts «Finanzen und Steuern»).

2. Partielle Entlastung des gewerblich genutzten Vermögens von der Vermögenssteuer

▷ Beseitigung der Doppelbelastung durch Anrechnungsmethode oder Halbierung der Bemessungsgrundlage auf Ebene der Kapitalgesellschaft und Anteilseigner.

Denkbare kleinere Lösungen:

▷ Übernahme der Ertragsteuerwerte in die Vermögensaufstellung;

▷ Herabsetzung der Grenze für das Schachtelprivileg (z. B. auf 10 Prozent).

3. Entlastung der Lohn- und Einkommensbezieher (und damit auch der Personen-Unternehmen)
   vor allem durch Abflachung der Tarifkurve im extrem steilen mittleren Progressionsteil.

4. Steuerliche Anreize für Investitionen und Anlage in Risikokapital (evtl. nur für Übergangszeit)
   Einkommensteuerliche Begünstigung der längerfristigen Anlage in Risikokapital im Inland, z. B. von Einzahlungen in Beteiligungsfonds (wie in Österreich) bei mindestens zehnjähriger Festlegung, jedoch vorzeitiger steuerunschädlicher Verwendungsmöglichkeit zur Existenzgründung (vgl. D 2). Durch Einbeziehung nicht nur von Aktien, sondern auch von stillen Beteiligungen und GmbH-Anteilen Stärkung der Eigenkapitalbildung auch der mittelständischen Wirtschaft.

5. Anhebung der Mehrwertsteuer zum Ausgleich für investitions- und arbeitsplatzfördernde Steuerentlastungen
   (nicht jedoch für Rückgabe «heimlicher» Steuererhöhungen)
   Probleme:
   ▷ Preiserhöhungseffekte mit möglicher Rückwirkung auf Lohn- und Sozialpolitik;
   ▷ neuer Druck zur Abwanderung in die Schattenwirtschaft (allerdings kaum stärker als bei bisheriger Steuerstruktur).

C. Konsolidierung der sozialen Sicherung sowie beschäftigungsfördernde Sozial- und Arbeitsmarktpolitik

Leitlinien:

▷ Dauerhafte Konsolidierung der sozialen Sicherungssysteme *ohne* Anhebung von Beiträgen bzw. Einführung von Abgaben;
▷ stärkere Berücksichtigung der Prinzipien der Selbstvorsorge und Eigenbeteiligung sowie der Subsidiarität (soweit wie möglich dezentralisierte Hilfe, Stärkung der Eigenhilfe durch die Familie z. B. bei der Pflege älterer Menschen) in allen Bereichen der Sozialpolitik;
▷ Erleichterung der Flexibilität der Arbeitszeit, jedoch keine staatlich verordnete oder geförderte Arbeitszeitverkürzung;
▷ generell keine weitere Einschränkung der Bewegungsfreiheit der Unternehmen sowie Überprüfung der bestehenden gesetzlichen Regelungen auf ihre Wirkungen für die Beschäftigung.

Ansatzpunkte für konkrete sozial- und arbeitsmarktpolitische Regelungen

1. *Rentenversicherung* (incl. Knappschaft und landwirtschaftliche Altershilfe)

a) Mittelfristige Maßnahmen (bis Ende der achtziger Jahre)

▷ Sicherung der Aufwandsneutralität der 84er Reform und Verzicht auf ausgabensteigernde Maßnahmen;

▷ Anhebung der Beteiligung der Rentner an den Kosten ihrer Krankenversicherung über die bisher für 1986 vorgesehen 4 Prozent-Punkte hinaus bis zur Höhe des Arbeitnehmer-Anteils zur gesetzlichen Krankenversicherung (zur Zeit rund 6 Prozent);

▷ keine Einschränkung der bisher vorgesehenen Bundeszuschüsse;

▷ Einschränkung des Aufwands für Kuren (größere Selbstbeteiligung);

▷ Verschärfung der Bedingungen für die Erwerbs- und Berufsunfähigkeitsrente.

b) *Längerfristige* Maßnahmen (ab Ende der achtziger Jahre)

▷ Einführung eines kostendeckenden Abschlags bei der Inanspruchnahme der flexiblen Altersgrenze;

▷ Berücksichtigung des steigenden Rentneranteils in der Rentenformel;

▷ Anhebung der Altersgrenze (einzige Möglichkeit, weiter steigender Belastung durch Steigerung der Lebenserwartung zu begegnen).

2. Krankenversicherung (GKV)

▷ Verstärkte Kostendämpfung bei Leistungserbringern, z. B. Einführung eines gespaltenen bzw. degressiven Krankenhaus-Pflegesatzes und Abschaffung des Kostenersatzprinzips (Wiederzulassung von Gewinn/Verlust-Möglichkeit);

▷ Ausbau der Selbstbeteiligung im Krankenversicherungsbereich (z. B. bei Arzneimitteln und Arztbesuchen);

▷ neben der Selbstbeteiligung bei Kuren auch Teilanrechnung auf den Urlaub.

3. Lohnfortzahlung im Krankheitsfalle
(lt. BMA Aufwand 1980: 27,15 Milliarden DM)

Auch in diesem Bereich wäre die Einführung von Maßnahmen der Selbstbeteiligung (Karenztage, Abschläge, Änderung des Finanzierungsmodus) angebracht, sie stößt allerdings auf erhebliche Probleme (finanzielle Entlastung zum Teil fraglich, Vorrang von Tarifverträgen, Alimentationsprinzip bei Beamten).

Positive Signale könnten aber auch schon von kleineren Korrekturen ausgehen. Z. B.:

▷ Ausschluß von Prämien/Überstundenzuschlagen aus dem Entgeltbegriff;

▷ Wegfall der Leistungen bei Ausübung von Nebentätigkeiten;

▷ Einführung einer Teil-Arbeitsunfähigkeit;

▷ verstärkte Bekämpfung medizinisch unbegründeter Krankschreibungen (z. B. Vertrauensarzt).

4. Schwerbehindertengesetz

▷ Restriktive Regelung für das Anerkennungsverfahren (Kriegsopferversorgung läuft ohnedies aus) sowie Überprüfung des Behindertenbegriffs und des Leistungskatalogs;

▷ stärkere beschäftigungspolitische Orientierung durch den Wegfall des Mitzählens der Auszubildenden bei der Schwerbehinderten-Pflichtquote von 6 v. H. der Arbeitsplätze;

▷ in Klein- und Mittelbetrieben Anrechnung des schwerbehinderten Arbeitgebers auf die Pflichtzahl.

5. Sozialhilfe

Begrenzung ist wichtig für Kommunalhaushalte. Wegen des starken Anstiegs der Sozialhilfe fallen die Gemeinden als Hauptträger der öffentlichen Investitionen mehr und mehr aus. Gemeinden zahlen Sozialhilfe zu Lasten des Kreises, soweit nicht Regreß bei anderen Personen oder Stellen; indirekt ist das Land über Finanzausgleich beteiligt. Aufwand für Sozialhilfe 1980 insgesamt 13,3 Milliarden DM; Sozialhilfeempfänger 2,1 Millionen.

▷ Mehrjährige *Minderanpassung* (gegenüber derzeitigem Verfahren) bzw. zeitweiliges *Einfrieren* der Regelsätze.

(Besonderes Problem bei Sozialhilfe: relativ hohe Familienleistungen im Vergleich zu übrigen Familienleistungen bzw. Arbeitslosengeld, Arbeitslosenhilfe)

oder

▷ Überprüfung des für die Bemessung der Regelsätze relevanten Warenkorbs auf Angemessenheit

und

▷ strengere Regelung für die Zumutbarkeit einer dem Hilfesuchenden möglichen Arbeit;

▷ Überprüfung, ob nicht Arbeitslosenhilfe (die keine Versicherungsleistung ist und inzwischen vom Bund getragen wird) auch von Sozialämtern, die auf Prüfung der Bedürftigkeit spezialisiert und ortsnäher sind, verwalten zu lassen. Zudem wird Arbeitslosenhilfe häufig durch Sozialhilfe aufgestockt.

6. Arbeitsschutz-, Kündigungsschutz-, Arbeitsrecht und Jugendschutz

▷ Keine Belastung der Unternehmen (insbesondere der mittleren und kleineren) im Rahmen der geplanten Novellierung des *Arbeitsschutzes;*

▷ keine Änderungen des *Arbeitszeitrechts*, welche die betriebliche Flexibilität einschränken (z. B. keine gesetzliche Wochenhöchstarbeitszeit von 48 Stunden);

▷ praxisbezogene Auflockerung des *Jugendarbeitsschutzes* (zum Beispiel flexible Arbeitszeitregelung, Verbesserung der Ausbildungsmöglichkeiten);

▷ keine Erweiterung des *Kündigungsschutzrechtes;*

▷ Entwicklung und Propagierung von sozialpolitisch vertretbaren *Job-Sharing-Modellen;*

▷ keine staatliche Beteiligung bei *Tarifrenten-Regelungen* (ausschließlich Sache der Tarifpartner).

7. Antidiskriminierungsgesetz

▷ Verzicht auf eine Verschärfung der Regelungen des arbeitsrechtlichen EG-Anpassungsgesetzes.

8. Ausländerpolitik

▷ Beibehaltung des *Anwerbestopps* und möglichst enge Begrenzung des Familiennachzugs;

▷ schärfere Eingrenzung der aufenthaltsbeendenden Tatbestände (z. B. bei längerer Arbeitslosigkeit);

▷ Verdeutlichung der Rechte und Pflichten für diejenigen, die *Integration* anstreben;

9. Europäische Sozialpolitik

▷ Ablehnung gemeinschaftlicher Regelungen, insbesondere Richtlinien, die bereits im Stadium der Beratung (und nicht erst bei der Umsetzung in innerstaatliches Recht) das Investitionsklima belasten (z. B.: Vredeling-Richtlinie mit ihren Auswirkungen auf Mitbestimmung, Betriebsverfassung und Vertrauensschutz in der Wirtschaft; Einschränkungen im Recht der Arbeitnehmerüberlassung; Gemeinschaftsregelungen zur Arbeitszeitverkürzung);

▷ Ausgleich der Wettbewerbsbedingungen in der Gemeinschaft durch Harmonisierungen im Arbeitsschutz (ohne Verschärfungen des innerstaatlichen Rechts).

D. Politik zur Förderung von Marktwirtschaft, Wettbewerb und wirtschaftlicher Selbständigkeit

Die Leistungs- und Innovationsfähigkeit der Wirtschaft wird entscheidend bestimmt durch die Funktionsfähigkeit des Wettbewerbs und die Vielfalt der unternehmerischen Initiativen. Insbesondere die kleineren und mittleren Unternehmen sind infolge ihrer Kreativität, ihres unternehmerischen Wagemutes und ihrer Anpassungsfähigkeit unverzichtbare Träger des wirtschaftlichen und gesellschaftlichen Fortschritts. Deswegen muß der Förderung der wirtschaftlichen Selbständigkeit und der Bereitstellung von Risikokapital in den nächsten Jahren besondere Aufmerksamkeit gelten.

Leitlinien:

▷ Abbau von unnötiger Reglementierung und Bürokratie in allen Bereichen der Wirtschaft und stärkere Verlagerung bisher öffentlich angebotener Leistungen auf den privaten Bereich; enge Begrenzung des Postmonopols (kein Vordringen in den Endgerätemarkt).

▷ Trotz der schwierigen Wirtschafts- und Arbeitsmarktlage keine Lockerung der Wettbewerbspolitik und keine Gewährung von Erhaltungssubventionen; Fortsetzung des Kampfes gegen die Unternehmenskonzentration, auch um die Wiederholung von Sanierungsfällen wie AEG zu vermeiden.

▷ Verstärkte materielle und immaterielle Förderung der wirtschaftlichen Selbständigkeit, insbesondere der gewerblichen Existenzgründung.

▷ Neuorientierung der Vermögenspolitik durch relativ stärkere Förderung der Beteiligung am Produktivkapital.

Konkrete Ansatzpunkte für Maßnahmen

1. Verstärkte Förderung der wirtschaftlichen Selbständigkeit und insbesondere der gewerblichen Existenzgründung

▷ Breit angelegte *Informationskampagnen* über Wert und Möglichkeiten der wirtschaftlichen Selbständigkeit (Schulbücher, Lehrpläne, Medien, etc.);

▷ gezielte Förderung der gewerblichen Existenzgründung durch

　　▷ wesentlich attraktivere Ausgestaltung des *Eigenkapitalhilfeprogramms* (evtl. zeitlich begrenzt) als Anreiz für Unternehmensgründungen und -übernahmen auch im industriellen Bereich (Aufstockung der Förderhöchstbeträge, deutliche Verbesserung der Zinskonditionen, Vereinfachung des Antragverfahrens);

　　▷ Einführung von zuschußbegünstigten Ansparverträgen für *Existenzgründungen*, die zunächst neben, später ggf. an die Stelle des Eigenkapitalhilfeprogramms treten könnten (vgl. hierzu auch B, 4);

　　▷ Verbesserung der *Beratungshilfe* für Existenzgründungen.

2. Steuerliche Erleichterungen bei der Übernahme insolventer bzw. insolvenzbedrohter Unternehmen oder Betriebe

Zur Berücksichtigung des erhöhten Risikos Gewährung einer befristeten steuerfreien Rücklage in bestimmter Höhe der Anschaffungskosten; stufenweise Auflösung nach einigen Freijahren (Genehmigung durch Länderbehörden mit Beschleunigungsverfahren) – als Ergänzung zur bestehenden § 6 b-Regelung, die nur bei Finanzierung des Anteilserwerbs durch Veräußerung anderer Beteiligungswerte greift.

3. Weiterer Abbau der Reglementierung in der Wohnungswirtschaft

138

▷ Weitergehende Liberalisierung des *Mietrechts* z. B. durch
  ▷ Ermittlung der Vergleichsmieten nur anhand von Neumieten
    (z. B. nur Mieten der letzten 2 oder 3 Jahre);
  ▷ Zulassung von Staffelmieten auch für den Wohnungsbestand;
  ▷ Nachweis bei Mieterhöhungsverlangen auch durch Mieten aus
    dem eigenen Bestand;
▷ Auflockerung des *Kündigungsschutzes* (über die Zeitmietverträge
hinaus) durch weitgehende Zulassung der Änderungskündigung
(vom Wissenschaftlichen Beirat dem BMWi vorgeschlagen).
Denkbare Lösungen:
  ▷ Abdingbarkeit aller Kündigungsschutzbestimmungen bei
    Aufrechterhaltung des Vollstreckungsschutzes (vertragliche
    Vereinbarung des Kündigungsschutzes möglich);
  ▷ Aufhebung bzw. Abdingbarkeit nur von § 524 BGB (Vermie-
    ter muß bisher bei Kündigung «berechtigtes Interesse» nach-
    weisen), aber Beibehaltung der Sozialklausel gemäß § 556 a
    BGB («soziale Gründe» können Kündigung entgegenstehen);
▷ Verstärkung der Bemühungen um eine Vereinfachung des *Bau-
rechts* (primär allerdings Ländersache).

4. Vermögenspolitik

Neuorientierung der bisherigen Vermögenspolitik durch weitere Verlagerung der Förderung von Geldkapital zu Produktivkapital: Ansatzpunkte hierfür:

▷ Erweiterung des Anlagekatalogs für Produktivkapital im 624-DM-
Gesetz;
▷ verbesserte Rahmenbedingungen für betriebliche Vermögensbildung durch Lohntarifvertrag (entsprechend Vorschlag der IG-
Textil);
▷ Beibehaltung des Systems der individuellen, betrieblichen und tarif-
lichen Vermögensbildung, keine gewerkschaftlich beherrschten Ta-
riffonds.

5. Weiterentwicklung der Umweltpolitik

Zwischen den wirtschaftspolitischen und den umweltpolitischen Zielen
besteht durchaus kein prinzipieller Widerspruch. Die Umweltpolitik
kann sogar bei richtiger Ausgestaltung zum wirtschaftlichen und technischen Fortschritt beitragen. Allerdings müssen die Aufwendungen für
die Produktion des Gutes «Umwelt» bei den Einkommensforderungen
und der Zeitbedarf für die Anpassung der Wirtschaft bei der Festlegung
von Normen und Auflagen berücksichtigt werden. Aus wirtschaftspoli-
tischer Sicht ist deshalb besonders wichtig:

▷ längerfristige Orientierung der Umweltpolitik;
▷ frühzeitige Festlegung neuer Normen (zur Erleichterung der Anpassung und zur Stimulierung des technischen Fortschritts);

▷ Prüfung, inwieweit die bisherigen Instrumente des Umweltschutzes stärker durch ökonomische Anreize ergänzt werden können.

6. Konsequente Fortsetzung der Energiepolitik

Die marktwirtschaftlich orientierte Energiepolitik muß weitergeführt werden. Der Anpassungsprozeß von Wirtschaft und Verbrauchern sowie an den Energiemärkten verläuft zwar in raschem Tempo; in Teilbereichen ist jedoch eine weitere Unterstützung durch die Wirtschaftspolitik notwendig. Deswegen

▷ Fortsetzung der an der Eigenverantwortung von Verbrauchern und Wirtschaft orientierten Einsparpolitik (vgl. Maßnahmen in der Fortschreibung des Energieprogramms);

▷ weitere Absicherung der Versorgung mit der für Wachstum und Beschäftigung erforderlichen, möglichst unweltfreundlichen Energie zu wirtschaftlichen Bedingungen;

   ▷ im *Mineralölbereich* Anpassung der Kapazitäten an den veränderten Bedarf durch die Mineralölwirtschaft; dabei Erhaltung der bewährten Struktur des deutschen Mineralölmarktes wichtig;

   ▷ Fortsetzung der Absicherung des Versorgungsbeitrages der deutschen *Kohle*; zur Sicherung des Absatzes und zur Entlastung der öffentlichen Haushalte dabei verstärkter Beitrag des Bergbaus durch Ausnutzung aller Möglichkeiten zur Kostensenkung notwendig;

   ▷ Fortsetzung der Umstrukturierung der deutschen *Kraftwerke* – auch unter Berücksichtigung umweltpolitischer Erfordernisse; unerläßlich dabei bedarfsgerechter Zubau von kostengünstigen *Kernkraftwerken* im Grundlastbereich entsprechend der Dritten Fortschreibung. Gleichzeitig notwendig: Intensivierung der Anstrengungen zur Verwirklichung des *Entsorgungskonzeptes* auf der Grundlage der erreichten Fortschritte.

7. Verzicht auf eine weitere Verschärfung von Rechtsvorschriften für den Unternehmenssektor (evtl. mehrjähriges Moratorium)

   ▷ Keine weitgehende Verschärfung der Produzentenhaftung;
   ▷ keine weitere Verschärfung der Mitbestimmung;
   ▷ keine weitere Ausdehnung der Bilanzierungsvorschriften;
   ▷ keine Verschärfung des Datenschutzrechts.

8. Weitere Durchforstung der geltenden Rechtsvorschriften, bestehenden Auflagen und statistischen Meldepflichten

9. Appell an Länder und Gemeinden zu verstärkten Anstrengungen bei der Verlagerung bisher öffentlich angebotener Leistungen auf den privaten Bereich mit dem Ziel einer effizienteren Aufgabener-

füllung und Entlastung der Haushalte sowie einer Stärkung der wirtschaftlichen Dynamik

10. Verteidigung und Stärkung des offenen, multilateralen Welthandelssystems

▷ Aktives Vorgehen gegen protektionistische Bestrebungen, handelsverzerrende Praktiken und Renationalisierung der Märkte;

▷ Stärkung des GATT.

VI

Diese Überlegungen gehen über den konventionellen Rahmen der bisher als durchsetzbar angesehenen Politik hinaus. Die politischen Schwierigkeiten ihrer Durchsetzung werden nicht übersehen. Die Entwicklung der Arbeitslosigkeit gebietet es aber, daß die Politik für die Wirtschaft einen neuen Anfang setzt und eine Zukunftsperspektive gibt, die frei ist von entbehrlichen staatlichen Belastungen, so daß Investitionen in neue Arbeitsplätze und zur Sicherung vorhandener Arbeitsplätze wieder vertretbar und lohnend erscheinen.

Worauf es jetzt ankommt, steht im Leitsatz der Regierungserklärung vom 24. November 1980: «. . . entschlossenes gemeinschaftliches Handeln in Konzentration auf die wichtigen Aufgaben.»

Es kann im wirtschaftlichen und sozialen Bereich derzeit keine wichtigere Aufgabe geben, als die Arbeitslosigkeit zu bekämpfen, durch neues Wirtschaftswachstum wieder mehr Beschäftigung und auch eine allmähliche Lösung der öffentlichen Finanzierungsprobleme zu ermöglichen und damit schließlich alle Bürger am wirtschaftlichen und gesellschaftlichen Fortschritt teilnehmen zu lassen.

Wir stehen vor einer wichtigen Wegkreuzung. Wer eine solche Politik als «soziale Demontage» oder gar als «unsozial» diffamiert, verkennt, daß sie in Wirklichkeit der Gesundung und Erneuerung des wirtschaftlichen Fundaments für unser Sozialsystem dient. «Sozial unausgewogen» wäre dagegen eine Politik, die eine weitere Zunahme der Arbeitslosigkeit und eine Finanzierungskrise der sozialen Sicherungssysteme zuläßt, nur weil sie nicht den Mut aufbringt, die öffentlichen Finanzen nachhaltig zu ordnen und der Wirtschaft eine neue Perspektive für unternehmerischen Erfolg und damit für mehr Arbeitsplätze zu geben.

Die Konsequenz eines Festklammerns an heute nicht mehr finanzierbare Leistungen des Staates bedeutet nur die weitere Verschärfung der Wachstums- und Beschäftigungsprobleme sowie eine Eskalation in den Umverteilungsstaat, der Leistung und Eigenvorsorge zunehmend bestraft und das Anspruchsdenken weiter fördert – und an dessen Ende die *Krise des politischen Systems* steht.

Rede von Bundeskanzler Helmut Schmidt am 17. September 1982 vor dem Deutschen Bundestag

Herr Präsident! Meine Damen und Herren! Im Bericht zur Lage der Nation am Donnerstag, dem 9. September 1982, habe ich mit großer Sorge zur innenpolitischen Situation in der Bundesrepublik Deutschland gesprochen. Die Lage war und blieb auch danach durch Unsicherheit und Ungewißheit über den Bestand der sozialliberalen Koalition gekennzeichnet. Seit Herr Kollege Genscher im Sommer 1981 das Wort von der «Wende» geprägt und seitdem viele Male ausgesprochen hat, war zweifelhaft geworden, ob die FDP bis zum Ende der vierjährigen Wahlperiode an der vom Wähler 1980 eindrucksvoll bekräftigten Regierungskoalition mit den Sozialdemokraten festhalten will.

Diese Zweifel hatten sich seit der Koalitionsaussage der hessischen FDP zunehmend verstärkt. Die für jene Zusage an die CDU zunächst gegebene Begründung, man wolle durch eine CDU/FDP-Koalition in Hessen die sozialliberale Koalition im Bundestage weiterhin stützen, ist zu keiner Zeit glaubhaft gewesen; sie wird auch heute schon längst nicht mehr gebraucht.

Ich habe deswegen in der vorigen Woche den Bericht zur Lage der Nation zum Anlaß genommen, nachdrücklich den Anspruch der Bürgerinnen und Bürger auf Wahrheit und Klarheit zu unterstreichen. Wahrheit und Klarheit der politischen Willensbildung sind Voraussetzung für eine handlungsfähige Regierung und Gesetzgebung, Voraussetzung für innere und soziale Stabilität und vor allem für die außenpolitisch notwendige Verläßlichkeit der Regierungspolitik. Mit einem Wort: Die politische und wirtschaftliche Weltkrise verlangt eine voll handlungsfähige Bundesregierung.

Mein Appell und die Plenardebatte am Donnerstag letzter Woche haben – leider – die notwendige Klärung nicht gebracht. Herr Dr. Kohl hat meine Aufforderung nicht angenommen, die von ihm angestrebte Kanzlerschaft unverzüglich über ein konstruktives Mißtrauensvotum nach Art. 67 des Grundgesetzes zu erreichen und danach Neuwahlen herbeizuführen. Aber ebensowenig haben sich die Kollegen Genscher und Mischnick eindeutig und unmißverständlich ohne Wenn und Aber für das Festhalten ihrer Partei an der sozialliberalen Koalition ausgesprochen. Der eine klare Satz hat immer gefehlt, und er fehlte auch in dieser Woche, die morgen zu Ende geht, nämlich der Satz: Die FDP steht fest zur sozialliberalen Koalition.

Mit Recht hat z. B. eine Zeitung am Tage nach der Debatte zur Lage der Nation geschrieben: «Herr Genscher lieferte eine auf charakteristische Weise zweideutige Rede, die es vermied, seine Partei in der Koalitionsfrage festzulegen.» Seitdem sind täglich Zweifel und Ungewißheit über Wege und Ziele der FDP gewachsen. Ich bedaure dies außerordentlich. Denn ich bin nach wie vor der Überzeugung, daß es auch heute einen großen und soliden Bestand substantieller politischer Gemeinsamkeit zwischen Sozialdemokraten und Liberalen gibt.

Ich glaube deshalb, daß es uns in einer großen gemeinsamen Anstrengung hätte gelingen müssen, soweit das einem einzelnen außenwirtschaftlich hochabhängigen Industriestaat überhaupt gelingen kann, aus den gegenwärtigen Schwierigkeiten herauszukommen, und zwar ohne die soziale Gerechtigkeit zu verletzen und ohne den sozialen Frieden zu stören.

Voraussetzung dafür wäre ein ehrlicher, vor allem ein uneingeschränkter Wille zur politischen Gemeinsamkeit. Er müßte deutlich stärker sein als Freude und Lust an vielfach wechselnden Taktiken und Interview-Gefechten je nach tagespolitischer Opportunität. Zusammenarbeit ist nicht möglich bei unausgesprochen bleibenden versteckten Vorbehalten.

Die mehrfach wiederholte, öffentlich gebrauchte Redensart von den – ich zitiere – «neuen Sachfragen, die sich neue Mehrheiten suchen», hat Anlaß genug gegeben, innere Vorbehalte des Redners, nämlich des Kollegen Genscher, zu erkennen. Denn bisher, Herr Kollege Genscher, hatten wir doch alle Sachfragen einvernehmlich gelöst.

Die Bürger, die Medien und die öffentliche Meinung insgesamt haben die von einem Bundesminister mir am 10. September abends vorgelegte Denkschrift nahezu übereinstimmend als «Scheidungsbrief» oder – ich zitiere – als «Manifest der Sezession» verstanden – das heißt auf deutsch: als Dokument der Trennung.

Dieses Verständnis ist durch die gestrige Erklärung des Bundesministers für Wirtschaft hier vor dem Bundestag keineswegs aufgehoben worden. Daß die Denkschrift mit dem vom gleichen Ressortminister zu verantwortenden Jahreswirtschaftsbericht übereinstimmt, kann ich ebensowenig anerkennen. Es bleibt auch unverständlich, daß die Denkschrift ganz neuerdings bloß mittelfristig und nicht auch schon für die unmittelbare Zukunft gemeint gewesen sein soll. Zu alledem hatte ja der gleiche Redner noch im Mai mehrfach vor der Industrie gesagt, ein etwaiger Regierungswechsel in Bonn werde nicht zum großen oder wichtigen Wechsel in der Wirtschaftspolitik führen; dazu fehle es unserem Staate objektiv an Handlungsspielraum.

Im übrigen aber hat die öffentliche Meinung die Denkschrift sehr richtig verstanden. Sie will in der Tat eine Wende, und zwar eine Abwendung vom demokratischen Sozialstaat im Sinne des Art. 20 unseres Grundgesetzes und eine Hinwendung zur Ellenbogengesellschaft. (Anhaltender lebhafter Beifall bei der SPD – Oh-Rufe von der CDU/CSU) – Auf die Zwischenrufe aus der CDU/CSU kann ich nur sagen: Fragen Sie die katholische Arbeiterbewegung, wie sie das versteht! Offenbar soll die Denkschrift als Wegweiser dienen zu anderen Mehrhei-

143

ten. Jedenfalls wird dieser Eindruck bewußt in Kauf genommen, und er wird nicht überzeugend korrigiert.

Der durch das Verhalten mehrerer FDP-Politiker eingetretene Zustand der Unsicherheit darf nicht fortgesetzt werden. Wenn ganze Landesverbände und viele einzelne Politiker des Koalitionspartners FDP miteinander öffentlich Streit führen über die Frage, ob man der Koalition treu bleiben solle oder ob man ein konstruktives Mißtrauensvotum wagen solle – und wenn ja, wann man es wagen solle –, so hätte die dadurch entstandene große Unsicherheit und zusätzliche Verunsicherung auch der Wirtschaft durch die Parteiführung ausgeräumt werden müssen. Dies ist nicht geschehen.

Im Interesse unseres Landes, im Interesse unseres parlamentarischen Regierungssystems und seines Ansehens, nicht zuletzt im Interesse des sozialdemokratischen Koalitionspartners kann und will ich nicht länger zusehen, wie die Handlungsfähigkeit und das Ansehen der Bundesregierung stetig beschädigt werden. Es wird mir niemand verdenken, daß ich auch mich selbst nicht demontieren lassen möchte.

Ich habe letzte Woche die Opposition aufgefordert, einen konstruktiven Mißtrauensantrag einzubringen und damit einen anderen Bundeskanzler zu wählen. Die Oppositionsführer haben darauf geantwortet, man wolle erst die Wahlen zu den Landtagen in Wiesbaden und in München abwarten. Erst danach werde man weitersehen. Ich habe daraus entnommen, Herr Dr. Kohl, daß Sie gegenwärtig noch nicht glauben, genug Abgeordnete des Deutschen Bundestages hinter sich bringen zu können.

Aus der öffentlichen Diskussion von FDP-Politikern ist zu entnehmen, daß diejenigen, die den gegenwärtigen Bundeskanzler stürzen und durch Herrn Dr. Kohl ersetzen wollen, ebenfalls zunächst die beiden Landtagswahlen abwarten wollen, um damit die Reaktionen der Wählerinnen und Wähler auf den für Wiesbaden angekündigten Koalitionswechsel der FDP auszuprobieren. Mit anderen Worten: Wenn die FDP in Wiesbaden die Fünf-Prozent-Schwelle überschreiten sollte, so würde dies einigen Bonner FDP-Politikern genug Mut zum Kanzlersturz einflößen; wenn umgekehrt die FDP in Wiesbaden unter 5 Prozent bleiben und damit aus dem Landtage ausscheiden sollte, dann wollten dieselben Kollegen – vielleicht – bereit sein, die sozialliberale Koalition in Bonn fortzusetzen. Aber 1 Prozent mehr oder 1 Prozent weniger in Wiesbaden ist keine solide Grundlage für eine Bundesregierung.

Für den ersten Fall, 1 Prozent mehr, wird schon jetzt – so habe ich registriert –, vorsorglich daran gearbeitet, die Schuld für den angestrebten Koalitionsbruch den Sozialdemokraten zuzuweisen.

Ich habe letzte Woche betont, daß ungeachtet meines nachdrücklichen Hinweises auf die verfassungsrechtliche Möglichkeit eines konstruktiven Mißtrauensvotums nur Neuwahlen zum Bundestag eine volle demokratische Legitimität für einen anderen Bundeskanzler, für eine andere Bundesregierung, für eine andere Politik ergeben können. Ich wiederhole: die Bürger haben das Recht zu wissen, mit welcher Absicht eine sogenannte neue Mehrheit tatsächlich antritt, welche Antworten ein anderer Bundeskanzler auf die Lebensfragen der Nation geben will und wie seine Führungsmannschaft, seine Ministermannschaft aussehen soll. Herr Dr. Kohl hat bisher darauf mit keinem Wort geantwortet – welche Antworten? Welche Absichten? Außer Ihnen selbst, Herr Dr. Kohl, weiß niemand, ob Sie andere oder gar bessere Lösungen für die uns alle bedrängenden Probleme zur Verfügung haben.

Ich habe seit der Kabinettssitzung vorgestern mit meinen engsten politischen Freunden die Situation nüchtern geprüft. Herr Brandt, Herr Wehner und ich sind übereinstimmend zu dem Ergebnis gekommen, daß Neuwahlen zum Bundestage in der Tat der beste Weg wären, um aus der gegenwärtigen innenpolitischen Krise herauszuführen. Sie sollten so schnell stattfinden, wie dies verfassungsrechtlich möglich ist.

Wir stimmen also ausdrücklich dem Ministerpräsidenten Stoltenberg zu, ebenso den Ministerpräsidenten Albrecht, Späth und Strauß, ebenso den Kollegen Barzel, Biedenkopf, Ihrem Generalsekretär Geißler. Diese CDU- und CSU-Führungspersonen, aber auch viele andere im Land, haben sich in den letzten Tagen ganz eindeutig für Neuwahlen ausgesprochen.

Sie selbst, Herr Dr. Kohl, haben vor einigen Tagen der *Westfälischen Rundschau* in Dortmund gleichfalls gesagt, am liebsten hätten Sie Neuwahlen. Allerdings, haben Sie hinzugefügt, sähen Sie im Augenblick keinen realistischen Weg dorthin. Und Sie haben dann noch hinzugefügt – ich zitiere wörtlich –:

Eine von der Union geduldete Minderheitsregierung unter Bundeskanzler Helmut Schmidt wäre nur möglich, wenn sie in Absprache mit der Opposition Neuwahlen vorbereitet.

Und weiter wörtlich:

Ich sehe noch nicht den Kanzler der SPD, der solche Absprachen trifft.

Herr Dr. Kohl, Sie irren sich; denn ich bin zu solcher Absprache und Vereinbarung bereit. Und ich bin sehr gespannt, ob Sie zu Ihrem Worte stehen können.

Ich mache hiermit den im Bundestag vertretenen Parteien und Fraktionen den Vorschlag einer Absprache, wie Herr Kohl sagte, oder einer Vereinbarung zum Zwecke der unverzüglichen Herbeiführung von Neuwahlen. Jeder weiß, daß das Grundgesetz dafür einen Weg anbietet. Es ist allerdings ein sehr komplizierter Weg, und er bedarf einer politischen Willensbildung und Übereinstimmung einer Mehrheit des Bundestages. Dieser Weg ist heute vor zehn Jahren schon einmal be-

schritten worden. Er führt über die Vertrauensfrage des Bundeskanzlers nach Art. 68 des Grundgesetzes. Danach kann der Bundespräsident auf meinen Vorschlag den Bundestag dann auflösen, wenn vorher
ein Antrag des Bundeskanzlers, ihm das Vertrauen auszusprechen,
nicht die Mehrheit des Bundestages gefunden hat.

Aber als zweite Bedingung schreibt das Grundgesetz vor: Der Bundestag kann nur dann aufgelöst werden, wenn nicht inzwischen durch
ein konstruktives Mißtrauensvotum ein anderer Bundeskanzler gewählt wird.

Der Weg der Vereinbarung, die ich Ihnen anbiete, ist für mich und
vor allem für die mich tragende größere Regierungspartei wahrlich
nicht leicht zu gehen, weil ja doch in Wirklichkeit volles Vertrauen zwischen der sozialdemokratischen Bundestagsfraktion und dem Bundeskanzler besteht. (Anhaltender lebhafter Beifall bei der SPD)

Ich für meine Person bin aber bereit, diese Bedenken zurückzustel-
len – für meine Parteifreunde wird mein Parteivorsitzender Willy
Brandt im Laufe der Debatte das Wort ergreifen –, um – erstens – nach
Verabredung die Vertrauensfrage zu stellen und – zweitens – meine
eigenen Freunde zu bitten, sich der Abstimmung darüber fernzuhalten,
damit ich anschließend dem Herrn Bundespräsidenten die Auflösung
des Bundestages vorschlagen kann.

Dieser Weg setzt – drittens – voraus, daß er auf der Grundlage einer
Vereinbarung durch eine klare Mehrheit des Bundestages beschritten
wird, und – viertens – muß diese Vereinbarung natürlich einschließen,
daß die Opposition von Art. 68 Abs. 1 Satz 1 keinen Gebrauch macht.
(Lachen bei der CDU/CSU) – Ich erkläre es gleich für diejenigen, die
das Grundgesetz nicht unter der Achsel haben. – Mit anderen Worten:
Die Verabredung muß den Verzicht der Opposition auf ein zwischen-
zeitliches Mißtrauensvotum einschließen, denn damit würden Neuwahlen auf unbestimmte Zeit verschoben, sofern Sie überhaupt Neuwahlen
wirklich wollen.

Tatsächlich würde die Frage der Neuwahl des Deutschen Bundestages dann zum Handelsobjekt bei bevorstehenden Koalitionsverhandlungen zwischen Ihnen und unserem bisherigen Partner FDP; vielleicht
finden die Neuwahlen dann überhaupt nicht statt. Ich will eines klarstellen: Ich kann Ihnen keineswegs – ich will das natürlich auch gar nicht
– den Weg über das konstruktive Mißtrauensvotum abschneiden, zu
dem ich Sie ja letzte Woche aufgefordert hatte, ohne bisher eine Antwort zu erhalten. Selbst wenn Sie ihn jetzt noch beschreiten wollen, so
kann es für diesen Weg natürlich keine Mitwirkung durch den Bundeskanzler geben. Sie müssen dann selbst ausprobieren, ob Sie bei der
FDP genug Stimmen finden können. In jedem Falle aber muß, so denke
ich, der Oppositionsführer alsbald erklären, wann eigentlich er die
Neuwahl will, von der die ganze CDU und die ganze CSU öffentlich
reden.

146

Ich bin so bereit, alle Partei- und Fraktionsvorsitzenden des Bundestages für nächste Woche zum gemeinsamen Gespräch für eine solche Vereinbarung einzuladen. Dabei gehe ich davon aus, daß die Neuwahl zum Bundestag noch in diesem Herbst stattfinden soll. Wie Sie wissen, besteht die grundgesetzliche Vorschrift aus Art. 39, daß die Neuwahl nicht später als 60 Tage nach Auflösung des Bundestages zu erfolgen hat. Ich denke also an Neuwahl für etwa Ende November.

Wir sind uns gewiß alle darüber im klaren, daß die Auflösung des Bundestages mitten in einer Wahlperiode eine Ausnahme bleiben muß. Deshalb haben die Väter des Grundgesetzes ja unter dem Eindruck der negativen Erfahrung mit häufigeren Reichstagsauflösungen in der Weimarer Republik die Parlamentsauflösung bewußt außerordentlich schwierig gemacht. Das war eine gute und richtige Entscheidung. Sie haben nur diesen einen von mir soeben beschriebenen komplizierten Weg offengelassen.

Weil aber die Bundesrepublik inzwischen politisch erwachsen geworden ist, weil Weimarer Verhältnisse auch in Zukunft in Bonn nicht zu befürchten sind, zweifle ich nicht, daß die Wählerinnen und Wähler meinen Vorschlag verstehen werden. Im Gegenteil, ich bin überzeugt, die öffentliche Meinung Deutschlands wird den Vorschlag für unverzügliche Neuwahlen einhellig begrüßen. (Beifall bei der SPD)

Herr Brandt, Herr Wehner, alle meine politischen Freunde und ich, wir sind uns dessen sehr bewußt, daß sich die Sozialdemokratie gegenwärtig in einem handfesten politischen Tief befindet. Wir wissen, daß wir bei Neuwahlen wahrscheinlich Federn lassen müssen. Angesichts der Weltwirtschaftskrise kann gegenwärtig kaum irgendwo in einem parlamentatisch-demokratischen Staat der Welt eine Regierungspartei zusätzliche Wähler für sich gewinnen. Das wird wohl auch uns so gehen. Aber die SPD ist eine selbstbewußte Partei, die auch Krisen durchstehen kann! Dies hat sie im Laufe ihrer hundertzwanzigjährigen Geschichte in weit schwereren Zeiten oft genug bewiesen. Wir tragen die Regierungsverantwortung mit innerer Überzeugung, aber wir kleben nicht an unseren Stühlen.

Ich verkenne keineswegs, daß Neuwahlen auch für die FDP schwerwiegende Fragen aufwerfen. Sie wird Mut brauchen, um Neuwahlen zuzustimmen. Denn wenn sie im Wahljahr 1980 mit 10,6 Prozent der Zweitstimmen in den Bundestag eingezogen ist, so steht ein solches Ergebnis gegenwärtig für sie nicht in Aussicht. Aber es wäre nicht in Ordnung, meine Damen und Herren von der FDP, wenn Sie Ihre 1980 mit den Plakattiteln «Schmidt/Genscher gegen CSU und CDU» gewonnenen Mandate jetzt in eine Regierung aus CDU/CSU und FDP einbrächten.

Die kritische Lage der FDP ist von einigen ihrer Führungspersonen selbst verursacht worden. (Beifall bei der SPD) Ich kann Ihnen die Feststellung nicht ersparen, daß Sie demnächst aus vorangegangenem

Tun haften müssen, und ich hoffe, daß Sie gute Schuldner sein werden.

Wenn jetzt, meine Damen und Herren, eine geschichtliche Epoche in der Entfaltung unseres demokratischen Gemeinwesens beendet wird, wenn jetzt die Zukunft dieser Entfaltung ungewiß ist, so will ich in diesem Zusammenhang meinen Stolz auf das in der sozialliberalen Koalition Geleistete noch einmal hervorheben. (Beifall bei der SPD und bei Abgeordneten der FDP) Das gilt für die Aufarbeitung des Reformdefizits, das wir 1969 vorgefunden haben, das gilt für den Ausbau des Sozialstaats, das gilt ebenso für unsere Friedenspolitik im Verein mit unseren Nachbarn im Osten. (Beifall bei der SPD und bei Abgeordneten der FDP) Ich bin stolz auf diese gemeinsame Leistung und ich werde sie mit großem persönlichem Einsatz verteidigen. Ich stehe ebenso eindeutig zu allem, was wir bis zum heutigen Tage miteinander verabredet haben. (Carstens, Emstek CDU/CSU: Schulden und Arbeitslosigkeit!)

Ich gehöre zu denjenigen Sozialdemokraten, die im Laufe der gemeinsamen Arbeit zu vielen Abgeordneten der FDP sehr enge kollegiale und menschliche Bindungen gefunden haben. Ich danke Ihnen allen, besonders Wolfgang Mischnick, ebenso besonders denen, die bis zur letzten Stunde treu zur sozialliberalen Koalition stehen. Ich bin auf sehr viel guten Willen in Ihrer Fraktion zur sozialliberalen Zusammenarbeit gestoßen. Das ging schon meinem Vorgänger im Amte, Herrn Willy Brandt, so. Das hat uns immer wieder Kraft gegeben für die Anstrengungen, die nötig waren, um bei Meinungsverschiedenheiten Kompromisse zu finden, die zugleich sowohl dem öffentlichen Wohle nützlich als auch beiden Koalitionspartnern tragbar waren.

Dies galt zuletzt für die schwierigen Beratungen zum Haushaltsgesetzentwurf für 1983 und für die ihn begleitenden Gesetzestexte am 30. Juni und am 1. Juli. Ich habe mich danach in einem langen Gespräch am 31. Juli mit Herrn Kollegen Genscher um Stabilisierung der Gemeinsamkeit bemüht, erneut in der Kabinettssitzung am 25. August. Im gleichen Sinne habe ich am Abend des 25. August Herrn Genscher einen persönlichen Brief geschrieben; der Brief hat am 30. August zu einem weiteren Gespräch geführt.

Ich habe bis zu diesem Mittwoch jede denkbare Anstrengung zur Aufrechterhaltung der Gemeinsamkeit unternommen – gegen die Skepsis fast der gesamten deutschen Presse und gegen viele Skeptiker in beiden Koalitionsfraktionen. Ich habe es an gutem Willen nicht fehlen lassen.

Aber nach den Ereignissen der letzten Tage mußte ich das politische Vertrauen zu einigen Führungspersonen der FDP verlieren. Eine weitere Zusammenarbeit ist weder den sozialdemokratischen Bundesministern noch dem Bundeskanzler zuzumuten.

Die Herren Genscher und Mischnick kennen den Text der Erklärung, die ich Ihnen gegenwärtig unterbreite, seit anderthalb Stunden.

148

Herr Genscher teilte mir daraufhin soeben den Rücktritt der vier FDP-Minister mit. Ich habe die Absicht, bis zur Neuwahl des Bundestages das Auswärtige Amt selbst zu führen. Ich habe die Absicht, bis zur Neuwahl des Bundestages den Bundesminister Lahnstein zugleich für das Bundesministerium für Wirtschaft, den Bundesminister Schmude zugleich für das Bundesministerium des Innern und den Bundesminister Engholm zugleich für das Landwirtschaftsministerium zuständig zu machen. (Beifall bei der SPD – Lachen bei der CDU/CSU) – Wenn in einer so ernsten Stunde angesichts der freundlichen Gesichter in der CDU auch eine Freundlichkeit meinerseits erlaubt ist: Björn Engholm natürlich deshalb, weil er neben Josef Ertl einer derjenigen ist, die wirklich etwas von Fisch verstehen. (Heiterkeit und Beifall bei der SPD)

Der Oppositionsführer hat heute in einer Frankfurter Zeitung einen politischen Neuanfang verlangt. «Neuanfang», Herr Dr. Kohl, ist ein sehr unklares Wort. Bekennen Sie sich zur Neuwahl in der kürzesten Frist, wie sie in der letzten Woche schon in vielen Zwischenrufen von den Bänken der Opposition verlangt worden ist! Ich habe Sie vorhin zitiert; Sie sprachen da in einem anderen Zeitungsgespräch von einem Minderheitskabinett. Ich wiederhole: Damit will ich nicht hantieren, sondern ich bin für die Neuwahl des Bundestages.

In der Zwischenzeit werden die sozialdemokratischen Minister und ich unsere Pflicht tun. Die laufende Regierungsarbeit wird keinen Schaden nehmen. Sie hat auch bisher keinen Schaden genommen, wenn die Bürger das auch kaum zur Kenntnis gebracht bekommen haben.

Ich fasse zusammen. Nicht nur viele junge Deutsche, sondern auch eine große und zunehmend größer werdende Zahl von älteren Bürgern fühlen sich in den letzten Monaten durch das, was «die in Bonn» tun oder lassen, zunehmend bedrückt. Ich kann diese Sorge gut verstehen, denn ich teile sie. Weil ich meine Verantwortung ernst nehme, weigere ich mich, taktischen Manövern noch länger zuzusehen. (Lebhafter Beifall bei der SPD) Uns Sozialdemokraten sind Ansehen und Festigkeit der Demokratie wichtiger als taktische Vorteile zugunsten der eigenen Partei.

Ich habe Mal um Mal dem Koalitionspartner das ernstgemeinte Angebot gemacht, in einer großen und gemeinsamen Anstrengung die Handlungsfähigkeit der sozialliberalen Bundesregierung zu kräftigen und über den Haushalt 1983 hinaus schopferische Regierungsarbeit auch in der zweiten Hälfte dieser Legislaturperiode zu leisten. Ich bin Mal um Mal ohne eine klare Antwort geblieben. Ein einziger Satz hätte Klarheit schaffen können. Er ist bis heute ausgeblieben. Statt dessen habe ich viele Male von Herrn Kollegen Genscher hören oder lesen müssen, neue Sachfragen schüfen sich neue Mehrheiten. Es drängt sich mir der Eindruck auf, daß die Haushaltsberatungen von einigen Führungspersonen der FDP nur noch zum Schein geführt werden, weil ein

149

Vorwand gesucht wird, mit dem der Partnerwechsel dem Publikum erklärt werden soll. Was da seit Wochen über Zeitpläne und Fahrpläne für den Wechsel geredet und geschrieben, aber niemals richtiggestellt worden ist, berührt die Selbstachtung der Sozialdemokratischen Partei Deutschlands, berührt die Selbstachtung der sozialdemokratischen Bundesminister und berührt meine eigene Selbstachtung. Aber auch wenn meine persönlichen Empfindungen nicht so wichtig sind: Wichtig bleibt, das Regierungsamt nicht durch Machenschaften beschädigen zu lassen! (Lebhafter Beifall bei der SPD) Eigensüchtiges parteiliches Handeln schadet dem Ansehen der Bundesrepublik Deutschland auch jenseits unserer Grenzen. Verläßlichkeit für unsere Partner im Bündnis und unsere Nachbarn in West und Ost schaffen wir nicht allein durch die Kontinuität unserer Außen- und Sicherheitspolitik, sondern die Berechenbarkeit für unsere Verbündeten und für unsere Partner hängt in erster Linie von der Glaubwürdigkeit unseres demokratisch-parlamentarischen Systems ab.

Ich bitte deshalb die im Bundestag vertretenen Parteien und Franktionen, gemeinsam einen mutigen Schritt zu tun, um die gegenwärtige innenpolitische Krise zu beenden, auf überzeugende Weise und schnell zu beenden. – Ich danke Ihnen. (Anhaltender lebhafter Beifall bei der SPD, die Abgeordneten der SPD erheben sich)

Rede des CDU/CSU-Fraktionsvorsitzenden Helmut Kohl am 17. September 1982 vor dem Deutschen Bundestag

Herr Präsident! Meine sehr verehrten Damen und Herren! Ich will mich direkt an Sie wenden, Herr Bundeskanzler, und zunächst zum Ausdruck bringen, was wir zu dieser letzten Rede denken.

Jede Regierung, Herr Bundeskanzler, hat für ihre Arbeit Respekt verdient, und den wollen wir Ihnen auch am Ende Ihrer Regierungszeit nicht vorenthalten. Aber, Herr Bundeskanzler, dieser Respekt hätte eine noble und eine menschlich faire Form des Abschieds von einem Partner erfordert, mit dem Sie immerhin 13 Jahre zusammengearbeitet haben und dem Sie Ihre Kanzlerschaft mit verdanken. Vieles von dem, was Sie gesagt haben, zielte nicht auf diese Stunde, sondern auf das Bild der Geschichte, das beeinflußt werden soll. Und so will ich der beabsichtigten Legendenbildung klar entgegentreten: Wechsel in der Demokratie ist keine «Machenschaft», wie Sie es bezeichnet haben. Es ist schade, Herr Bundeskanzler, daß Sie in Ihrer Abschiedsrede Ihre Erbitterung über sich Herr werden ließen. Es ist schade wegen des Beispiels. Sie haben von den Jungen im Lande gesprochen. Was sollen eigentlich junge Mitbürger denken, (Oh-Rufe bei der SPD) wenn Wechsel in der Demokratie zur «Machenschaft» degradiert wird? (Beifall bei der CDU/CSU und bei Abgeordneten der FDP) Das Grundgesetz, unsere Verfassung, sieht ausdrücklich den Wechsel der politischen Macht auch durch den Willen der Mehrheit der frei in den Bundestag gewählten Abgeordneten vor. Demokratie, Herr Bundeskanzler, ist Herrschaft auf Zeit. Darin unterscheidet sie sich von allen anderen Regierungsformen. Es ist ein völlig normaler Vorgang, und es hat nichts mit Machtwechsel, mit «Königsmord» und anderem zu tun, wenn eine handlungsunfähig gewordene Regierung abtritt und durch eine neue, handlungsfähige Regierung ersetzt wird.

Herr Bundeskanzler, Sie haben zutreffend die großen schweren internationalen Probleme geschildert; Sie haben zutreffend die innere Entwicklung und Lage unseres Landes geschildert. Wir stimmen dieser Lagebeurteilung zu. Wir verstehen aber nicht, Herr Bundeskanzler, warum Sie nach dieser Bilanz Ihrer Regierungszeit nicht die selbstverständlichste, die einfachste Konsequenz ziehen und einfach zurücktreten. (Anhaltender lebhafter Beifall bei der CDU/CSU) Sie haben versucht, als Patriot in Ihrem Amt das Beste zu tun. Jetzt wäre es eine patriotische Pflicht zurückzutreten.

Sie haben gesagt – und dabei auf die große Tradition Ihrer Partei hingewiesen –, den Sozialdemokraten seien Ansehen und Festigkeit der Demokratie wichtiger als taktische Vorteile. Ziehen Sie doch bitte daraus die Konsequenz, und lassen Sie das Taktieren! Ich habe Ihnen am vergangenen Donnerstag in der Debatte zur Lage der Nation gesagt

151

– und ich bleibe dabei –: Unsere Verfassung, unser Grundgesetz enthält gerade für die jetzt eingetretene politische Situation überzeugende Lösungsvorschläge. Art. 68 des Grundgesetzes fordert Sie förmlich auf, Herr Bundeskanzler, die Vertrauensfrage zu stellen. Die Verfassung sieht nicht den von Ihnen jetzt vorgeschlagenen Weg vor.

Ich kann keinen Sinn in einem Parteiführergespräch erkennen, dessen eigentlicher Zweck doch letztlich nur darin besteht, die Zeit Ihrer Minderheitsregierung zu verlängern. (Lebhafter Beifall bei der CDU/CSU) Wir, die CDU/CSU, gehen den von der Verfassung vorgesehenen Weg. Wir werden zu unserer Verantwortung stehen. Wir werden versuchen, so rasch wie möglich eine handlungsfähige Regierung zu bilden, und uns dann der Wahlentscheidung unserer Mitbürger stellen. Herr Bundeskanzler, warum sollten wir, die CDU/CSU, uns vor diesem Urteil fürchten?

Ich finde es auch nicht gut, daß Sie anderen unterstellen, sie vermieden aus Angst oder bloßem Taktieren das, was demokratische Pflicht in dieser Situation ist. Ich habe gesagt: Pflicht. Wir, die CDU/CSU, stehen in der Pflicht: für die junge Generation, die Hoffnung und Taten braucht, die sie lange genug entbehren mußte; für die alten Mitbürger, die an ihrem Lebensabend Sicherheit erwarten; für die Arbeitslosen, nicht zuletzt für die jungen Arbeitslosen, die Arbeitsplätze suchen; für die Wirtschaft, die Vertrauen braucht, um das alles zu ermöglichen, was jetzt zu geschehen hat.

Herr Bundeskanzler, mit einem Wort – ich wiederhole das, was Sie gesagt haben, in anderer Form –: Wir sind überzeugt, unser Volk braucht einen neuen Anfang. Wir sind dazu bereit. (Anhaltender lebhafter Beifall bei der CDU/CSU)

Rede des SPD-Parteivorsitzenden Willy Brandt am 17. September 1982 vor dem Deutschen Bundestag

Herr Präsident! Meine Damen und Herren! Dieser 17. September 1982 ist ganz gewiß nicht ein Tag wie jeder andere. Die sozialliberale Koalition hat ihr Ende gefunden, und vor dem Bundestag werden jetzt Meinungen darüber ausgetauscht und damit zugleich den Bürgern nahegebracht, welcher Ausweg aus der entstandenen Krise der angemessene oder aus der Sicht des einen, des anderen oder des Dritten der richtige sei.

Der Bundeskanzler hat heute vormittag dem Deutschen Bundestag dargelegt, daß es seiner Überzeugung nach – und ich stimme ihm darin zu; die Sozialdemokratische Partei und Fraktion stimmen ihm darin – aus der entstandenen Lage, wie er sie geschildert hat, keinen besseren Ausweg gebe, als die Parteien und Franktionen zu bitten, sich über den Weg zu Neuwahlen zu verständigen.

Herr Kollege Kohl, wollen Sie mit dem, was Sie eben gesagt haben, den Ministerpräsidenten, die erwähnt worden sind, wollen Sie den Ministerpräsidenten Stoltenberg, Albrecht, Späth und Strauß, wollen Sie Ihren Kollegen Biedenkopf und Geißler durch Ihre Aussage bescheinigen, daß die vom Bundeskanzler vorgeschlagene Regelung, nämlich Neuwahlen, eine nicht vorgesehene, eine nicht angemessene wäre? Er greift doch das auf, wonach Ihre Freunde gerufen haben. Jetzt drücken Sie sich nicht vor der Konsequenz! (Lebhafter Beifall bei der SPD – Vereinzelter Beifall bei der FDP)

Herr Kollege Kohl, Sie mögen jetzt geneigt sein, den bequemeren Weg zu gehen. Ob dies der angemessene Weg ist, wird sich zeigen müssen.

Im Kern geht es meiner Meinung nach in dieser Stunde darum, ob es angesichts der Lage, wie sie der Bundeskanzler geschildert hat, einen kalten Wechsel in diesem Hause geben darf und soll, ohne daß die Menschen in diesem Lande entscheiden können, (Zurufe von der CDU/CSU) ob Sie wirklich, ohne daß die Wähler befragt sind, die Weichenstellung rückgängig machen wollen, die von uns gemeinsam seit 1969 bis 1972 erneuert und dann durch zwei Bundestagswahlen bestätigt – cine Politik der Reformen und der aktiven Friedenssicherung gewesen ist und unserer Überzeugung nach bleiben muß. Ich füge gleich hinzu: Dazu gehört jene Reform der Reformen, die nicht einseitig und unausgewogen und sozial ungerecht erfolgen darf. Darüber muß eine Entscheidungsfindung in unserem Volk möglich gemacht werden, und darüber sollte unserer Überzeugung nach in allgemeinen und freien Wahlen, wie sie unser Grundgesetz vorsieht, entschieden werden.

Herr Kollege Kohl, der Bundeskanzler befindet sich meiner Überzeugung nach in Übereinstimmung mit dem Empfinden all der Bürger, die es als unerträglich empfinden, daß es weitergeht, wie es jetzt geworden war. (Lachen und Beifall bei der CDU/CSU) Ich sage auch, und ich habe es am letzten Donnerstag hier gesagt, daß es so nicht weitergeht, daß taktische Doppelbödigkeit irgendwo ihr Ende finden muß, (Beifall bei der SPD und bei Abgeordneten der CDU/CSU) daß Klarheit und Wahrheit und Verläßlichkeit geboten sind; die braucht nämlich unsere Demokratie zusätzlich zu den von Ihnen eben erwähnten Kriterien.

Meine Damen und Herren, das Grundgesetz – das wissen wir alle – hat für Neuwahlen hohe Hürden errichtet, und es sieht eine Selbstauflösung des Bundestages auch bei noch so qualifizierter Mehrheit nicht vor. Wir Sozialdemokraten sind bereit, dazu beizutragen, daß diese hoch angesetzten Hürden genommen werden, und uns über den Weg zu vorzeitigen Neuwahlen zu verständigen, wie wir es vor zehn Jahren schon einmal in diesem Haus gemacht haben. Und wir Sozialdemokraten sind darauf eingestellt, alsbald in die Auseinandersetzung um die Inhalte – und um die muß es ja dann wohl gehen –, um die Themen einzutreten und die Neuwahlen mit dem Bundeskanzler Helmut Schmidt und für den Bundeskanzler Helmut Schmidt zu führen, (Beifall bei der SPD – Lachen bei der CDU/CSU – Dr. Marx, CDU/CSU: Jetzt ist die Katze aus dem Sack!) der heute vormittag zutreffend und nicht ohne daß dies nicht auch das Gehör der jetzigen Opposition verdiente – darauf hingewiesen hat, daß unsereins und die sozialdemokratische Partei im Ganzen sich schon durch ganz andere Schwierigkeiten hindurchgearbeitet und danach neue Stärke gewonnen haben.

Wir wissen, verehrte Kollegen von der CDU und der CSU, natürlich, daß die Meinungsbefragungen für uns in diesem Augenblick nicht sonderlich gut aussehen. Und doch sage ich aus meinem Verständnis der Verantwortung: Egal, was die Meinungsbefragungen sagen – die Verantwortung für den Staat geht vor. Wir scheuen also trotz dessen, was man uns da entgegenhält, nicht, die Verantwortung in die Hände der Bürger zurückzulegen. Und Sie sollten das mitmachen! Statt zu finassieren und die Dinge auch heute im unklaren zu lassen, sollten auch Sie, verehrter Herr Kohl, zu der gebotenen Klarheit beitragen. Wenn Sie das tun, können sie auf Ihre Weise zu dem beitragen, was ganz gewiß in diesem Augenblick im Interesse des Staates geboten ist.

Ich will dem folgendes hinzufügen, meine verehrten Kolleginnen und Kollegen. Was immer – nicht nur in den letzten Tagen, sondern seit dem vorigen Sommer – sich entwickelt hat: Wir stehen inhaltlich zu dem, was wir mit unseren Kollegen von der Freien Demokratischen Partei zuwege gebracht haben. Das ist nicht wenig. Und ich denke nicht daran, keiner von uns denkt daran, davon etwas abstreichen zu lassen. Wir werden nicht verlassen, was gemeinsam geleistet und beschlossen wurde, und wir werden in der Kontinuität unserer Entscheidungen und Beschlüsse bleiben, unserer Entscheidungen, die wir gemeinsam mit anderen gefällt haben, und natürlich der Beschlüsse der Sozialdemokratischen Partei Deutschlands, wie wir der jeweiligen Lage und unserer Stärke nach in die Willensbildung und in die Entscheidungen dieses Staates einbringen.

Nun ist es so: Wenn man lange miteinander – wie ich meine, überwiegend gut – zusammengearbeitet hat, dann empfiehlt es sich nicht, wenn das zu Ende geht, hintereinander herzuzetern. (Beifall bei Abgeordneten der SPD und bei der FDP – Zurufe von der CDU/CSU: Na, na!) Ich kann mir denken, was z. B. in den Kollegen der Freien Demokratischen Partei vorgeht, die bis zuletzt gehofft hatten – wie ich übrigens auch und die meisten bei uns –, die Koalition werde nicht zerbrechen, sondern sie könne die Kraft zu einem neuen Start finden. Ich will ebenso deutlich machen: Sozialliberale Erkenntnisse und Erfahrungen werden bei uns Sozialdemokraten nicht nur wachgehalten werden, sondern politisches und geistiges Heimatrecht haben.

Herr Kollege Kohl, die aus den Abgeordneten der CDU/CSU bestehende gegenwärtige Opposition sollte sich auch nicht zu früh freuen. Nicht jeder, der auf eine Erbschaft scharf ist, kommt wirklich auf seine Kosten. (Beifall bei der SPD – Dr. Kohl, CDU/CSU: Herr Brandt, dann muß aber eine Erbschaft da sein!)

Ich will noch folgendes sagen und knüpfe dabei an das an, was ich soeben an die Adresse unseres bisherigen Koalitionspartners gesagt habe. Gerade vor dem Hintergrund dessen, was seit dem Herbst 1969 gemeinsam geleistet wurde, bedauere ich nicht nur in diesem Augenblick, was Teile der Freien Demokratischen Partei uns – ich sage es jetzt auch noch einmal: nicht erst in diesen letzten Tagen, sondern seit dem letzten Sommer – zugemutet haben. Sie konnten nicht glauben, sie hätten es bei der SPD mit einer Vereinigung von Leuten zu tun, mit denen man machen kann, was man will.

Ich habe soeben von taktischen Doppelbödigkeiten gesprochen und will dann auch in aller Offenheit fragen, warum man glaubt, in einem hessischen Wahlkampf ganz anders als in Bonn reden zu können. Überall in der Bundesrepublik, gerade aber im Lande Hessen und auch im Lande Bayern, sollen die Bürger in diesem Augenblick wissen, daß wir, was immer das im Augenblick kostet, Klarheit und Verläßlichkeit in Bonn und überhaupt für geboten halten.

Auch dies noch: Die Einlassungen des bisherigen Wirtschaftsministers Graf Lambsdorff, nicht nur im letzten Papier festgehalten, stellten für uns Sozialdemokraten eine Zumutung an Einseitigkeit dar, vor allem was die Komponente sozialer Gerechtigkeit und was den Wert des sozialen Friedens in diesem Lande angeht, ganz abgesehen davon – ich habe das in der vorigen Woche am Donnerstag vorgebracht und keine Antwort bekommen –, daß sich natürlich mancher darüber gewundert hat, wieso Graf Lambsdorff glaubte, noch der einen Koalitionsregierung angehören zu können, obwohl er nicht nur intern eine andere für erstebens- und wünschenswert erklärte.

Meine Damen und Herren, ich sage hier in aller Deutlichkeit: Es ist wichtiger, Arbeitslosigkeit durch eine aktive Beschäftigungspolitik einzudämmen und zu bekämpfen, als gegen Gewerkschaft und Sozialdemokraten Front zu machen. Es ist gewiß wichtig, nicht weniger als bisher, sondern mehr als bisher die Antennen auszufahren, wo es um die kritischen Arbeitnehmer im Lande und ihre Vertrauensleute in Betrieb und Gewerkschaft geht – und um die vielen jungen Mitbürger, auf die sich Herr Kollege Kohl, glaube ich, der Zahl nach eben nur in geringem Maße hat berufen können. Sie wollen mit uns, daß aktive Beschäftigungspolitik und eine völlig unzweideutig bleibende aktive deutsche Politik der Friedenssicherung die entscheidenden Orientierungspunkte in der Politik dieses Landes bleiben. (Beifall bei der SPD) Hierüber wollen wir dann streiten. Das sind die Themen 1 und 2. Wenn es um die Beschäftigungspolitik geht, muß man sagen, daß dazu auch Opfer gehören. (Dr. Marx, CDU/CSU: Die Schulden!)

Wenn hier «Ergänzungsabgabe» gesagt und dies bisher nur beiseite geschoben worden ist, dann steht dieses Wort ja nur beispielhaft dafür, daß die einen meinen: Man darf darüber nicht nur reden, sondern muß bereit sein, auch etwas zu tun, auch etwas, was hier und dort – zumal bei denen, die sie tragen können – Einbußen bedeuten würde.

Es gilt ganz gewiß das, was der Bundeskanzler heute früh über den Sozialstaatsauftrag gesagt hat, der nicht eine papierne Formel werden darf, sondern der unser dauerhafter und verpflichtender Auftrag bleiben muß.

Herr Kollege Genscher, ist sage es in allen Offenheit, zumal Sie nach der Ordnung des Hauses nach mir sprechen – ich wäre auch, wie Sie wissen, mit anderem einverstanden gewesen –: Sie haben bei dem Bundeskanzler – und nicht nur bei ihm – den bedrückend gefestigten Eindruck aufkommen lassen, es gehe Ihnen nicht mehr um die Tatsache des Bruchs, sondern um den Zeitpunkt. Herr Kollege Kohl, wenn Sie das Wort «Königsmord» hineinbringen: Ich habe es ja nicht erfunden. Ich habe es aus der Freien Demokratischen Partei gehört – wie die Zeitungsleser und diejenigen, die Nachrichten hören, auch. Dies hat die Dinge und dann leider auch die Personen in die Lage geraten lassen, die der Bundeskanzler heute früh dargestellt hat.

Wir könnten auch – das sage ich jetzt noch zusätzlich – nicht mitmachen, wenn ins Unverbindliche entschwinden oder nach rechts hin überspielt werden sollte, wofür wir 1969 – ich zusammen mit Walter Scheel – angetreten sind: unsere deutsche Außenpolitik aus der Verkrampfung zu lösen und eine Politik aktiver Friedenssicherung im Rahmen unserer Möglichkeiten zu betreiben. (Lebhafter Beifall bei der SPD)

Das ist – ich sage es noch einmal – das zweite der großen Themen, um die dann nicht nur hier im Hause gestritten werden muß. Ich weiß mich dabei in Übereinstimmung mit vielen im Lande, auch mit solchen, die sich in den Parteien bisher noch nicht wiedergefunden zu haben glauben – ganz abgesehen davon, daß der Bundeskanzler nach meiner Überzeugung recht hat, wenn er hier vor dem Bundestag sagt: Innenpolitisches Hickhack und parteipolitische Taktik dürfen nicht zu Lasten der internationalen Reputation unseres Staates gehen.

Wir meinen also, daß Klarheit geboten ist. Wir halten uns für die angeregten Gespräche bereit. Wir nehmen die Einladung des Bundeskanzlers an. Ich meine, Sie sollten sich das auch noch einmal überlegen.

Ich bitte von dieser Stelle aus unsere Freunde im Land, sich auf neue Konstellationen einzustellen (Zurufe von der CDU/CSU) und sich auf Neuwahlen einzustellen, die wir gerne gleich hätten.

Den Bürgern in der Bundesrepublik Deutschland versichere ich: Unabhängig von der Art der Verantwortung, in der sie als Wähler uns stellen, werden wir unsere Pflicht erfüllen, so gut wir es können, für die Wohlfahrt unseres Staates und für den Frieden.

Ich danke für Ihre Aufmerksamkeit. (Anhaltender lebhafter Beifall bei der SPD)

Rede des FDP-Parteivorsitzenden Hans-Dietrich Genscher am 17. September 1982 vor dem Deutschen Bundestag

Herr Präsident! Meine sehr verehrten Damen und Herren! Herr Bundeskanzler, wir sind mit Ihnen und Herrn Kollegen Brandt der Auffassung: Die Koalition aus SPD und FDP ist beendet; Sie wie wir haben jetzt die Freiheit, in eigener Verantwortung zu entscheiden.

Nach wochenlangen Gerüchten über Pläne zu einer Minderheitenregierung – (Widerspruch bei der SPD) – Meine Kollegen von der SPD, wir haben alles angehört, was von allen Seiten gesagt wurde. Der Ernst der Stunde sollte es gebieten, daß Sie in Anstand und Ruhe das hören können, was ich sage, (Beifall bei der FDP und der CDU/CSU – Liedtke, SPD: Dann sagen Sie auch etwas Anständiges!) auch wenn Sie es für falsch halten.

Nach wochenlangen Gerüchten über Pläne zu einer Minderheitenregierung, zur erneuten Stellung der Vertrauensfrage, zur Entlassung meines Kollegen Graf Lambsdorff – das war das mindeste, was über ihn gesagt wurde – und zum Bemühen um eine Neuwahl-Vereinbarung ist jetzt politisch der Weg geöffnet für alle Möglichkeiten, die das Grundgesetz bietet.

Was immer in dieser Aussprache schon gesagt wurde, was heute und in Zukunft noch gesagt werden wird, ich stelle fest: Wir Freien Demokraten werden auch in dieser schweren, unser Land aufwühlenden Zeit mit Respekt und Achtung allen anderen Demokraten in unserem Lande gegenübertreten, Ihnen, Herr Bundeskanzler, Ihren politischen Freunden, unseren Partnern von gestern, mit besonderem Respekt. (Beifall bei der FDP)

Wir bekennen uns zu jeder Phase unserer Geschichte, zu unserer Mitwirkung in Regierung und Opposition unseres Landes. Wir bekennen uns zu den Erfolgen, zu den Rückschlägen, zu den Entscheidungen, die Bestand haben werden, und denen, die korrekturbedürftig sind. Wir bekennen uns ebenso zu den großen wie zu den schweren Stunden. Es hat Phasen gegeben, in denen unsere Zusammenarbeit leichter, und andere, in denen sie schwerer war. Was dabei an menschlichen Bindungen entstanden ist, werden wir von uns aus weder heute noch in Zukunft beschädigen. Wo wir auch in Zukunft stehen mögen, Herr Bundeskanzler: Unsere Verantwortung, für unser Land zu handeln – und das ist für Demokraten eine gemeinsame Verantwortung –, diese Verantwortung bleibt.

Es ist offenkundig, daß die Einigungs- und Kompromißmöglichkeiten in der Regierungskoalition aus Freien Demokraten und Sozialdemokraten immer schwerer wurden, um so schwerer, je stärker durch strukturelle Veränderungen im Haushalt auch fühlbare Eingriffe notwendig wurden. Auch uns ist keiner dieser Eingriffe leichtgefallen, vor allem dort nicht, wo sie Empfänger kleiner Einkommen trafen, und dort, wo sie für Menschen fühlbar wurden, die als Rentner ihre Lebensleistung schon erbracht haben. Wir wußten und wir wissen, daß wir immer das Ziel im Auge behalten müssen, unser soziales System nicht in Gefahr geraten zu lassen, sondern es zu sichern. Wir sind überzeugt, daß die Arbeitslosigkeit derzeit die größte Bedrohung des sozialen Rechtsstaats und des sozialen Friedens ist. Deshalb muß es vorrangige Aufgabe unserer Innenpolitik werden, sie zu überwinden.

Mein Brief vom 20. August 1981 war der Versuch, einen gemeinsamen Weg zu zeigen, wie die veränderten ökonomischen Bedingungen als Reformchance für mehr Freiheit, Selbstverantwortung und Subsidiarität begriffen und genutzt werden können. In den Beratungen im Herbst 1981, Anfang 1982 und im Sommer 1982 hat sich gezeigt, daß unter den gegebenen Bedingungen die Unterschiede in den Grundsatzpositionen einer liberalen Partei und einer sozialdemokratischen Partei deutlich zum Ausdruck kommen, ja daß die Gefahr besteht, daß einer von ihnen oder beide beim Überschreiten der Kompromißmöglichkeiten Verluste ihrer Identität erleiden.

Deshalb habe ich in öffentlicher Sitzung des Deutschen Bundestages am 9. September 1982 und auch bei anderen Gelegenheiten davon gesprochen, daß der Haushalt 1983 zur Bewährungsprobe der Koalition werden würde.

Die Kritik aus den Reihen Ihrer Partei, Herr Kollege Brandt, an den Beschlüssen vom 1. Juli 1982 haben überdeutlich gemacht, daß die Sorge um den Bestand der Koalition jeden aufmerksamen Beobachter schon den ganzen Sommer über beschäftigen mußte. Es waren nicht die Freien Demokraten, die diese Beschlüsse an irgendeiner Stelle in Frage gestellt haben. Aber mit jedem Tag wurden die Wirkungen Ihres Münchener Parteitages deutlicher.

Der Herr Bundeskanzler hat am 21. August 1982 die folgende Frage beantwortet:

Sehen Sie, von heute aus betrachtet, bis zur nächsten Bundestagswahl 1984 überhaupt eine Chance, daß Ihre Partei, die sozialliberale Koalition aus diesem Tief wieder herausfinden, und wenn ja, woraus soll diese Chance entstehen?

Der Bundeskanzler hat gesagt:

Die Chance ist keineswegs gleich Null. Aber ich will nicht behaupten, daß die Chance sehr groß sei.

Ich glaube, das war in der Tat eine realistische Einschätzung.

Meine Damen und Herren, Art und Form der Reaktion auf das von dem Herrn Bundeskanzler erbetene Papier meines Kollegen Graf Lambsdorff haben der deutschen Öffentlichkeit gezeigt, daß der Münchener Parteitag die Regierungsarbeit der SPD endgültig eingeholt hatte. Was angesichts von 2 Millionen Arbeitslosen Anspruch auf eine sachliche und kritische Diskussion, zu der wir aufgefordert hatten, gehabt hätte, wurde letztlich zum Mittel der innenpolitischen Auseinandersetzung, ja in einigen Fällen sogar Anlaß zu persönlicher Herabsetzung eines Mitglieds der gemeinsamen Regierung und Koalition. Meine Damen und Herren, wer nicht einen einzigen der Vorschläge von Graf Lambsdorff für richtig gehalten hätte, durfte sich dennoch zu dieser Form der Auseinandersetzung nicht hinreißen lassen. Der Vorwurf, die Denkschrift meines Kollegen richte sich gegen das Sozialstaatsprinzip unserer Verfassung, wendet sich gegen jeden, der ihn erhebt. Er erhellt aber, daß auch bei einer dreizehnjährigen Zusammenarbeit mit einer liberalen Partei die Übereinstimmung über das, was Liberalität und Toleranz gegenüber der Meinung des anderen gebieten, doch nicht so groß ist, wie es gelegentlich beschworen worden ist.

In der Entwicklung, die mit den Beschlüssen Ihres Münchener Parteitages beschleunigt wurde, liegt der Grund für die schwere Krise, in die die Koalition von Tag zu Tag mehr geriet. Die Wochenzeitung *Die Zeit* schrieb am 16. September 1982 – ich zitiere wörtlich –:

> Geschichtsverfälschung sollte kein Vorschub geleistet werden. Nicht die FDP, sondern die SPD ist als erste von dem für die Koalition vereinbarten Kurs abgewichen – durch Widerstand gegen notwendige Etatkürzungen, durch Forderung nach höheren Steuern und Abgaben, schließlich durch ständiges Gemäkel an gemeinsamen Beschlüssen.

Meine Damen und Herren, und das ist die Wahrheit. Sie gilt leider nicht nur für die Wirtschafts- und Finanzpolitik, sie galt zunehmend auch für die Außen- und Sicherheitspolitik. Die deutsche Öffentlichkeit ist in den letzten Jahren Zeuge der Probleme geworden, die hier aus der Sozialdemokratischen Partei entstanden sind. Hier liegen die Besorgnisse im Hinblick auf die Glaubwürdigkeit und Berechenbarkeit der deutschen Außenpolitik, die ich oft gehabt habe. (Dr. Barzel, CDU/CSU: Sehr wahr!)

In den letzten Tagen gab es dann Versuche, auch die Außen- und Sicherheitspolitik noch in die Auseinandersetzung um die Koalition hineinzuziehen. Das einhellige Urteil der deutschen Presse über meinen Aufsatz in der amerikanischen Zeitschrift *Foreign Affairs* hat diese Versuche untauglich werden lassen. Aber angesichts der Bedeutung, die gerade in der vor uns liegenden Phase die deutsche Außen- und Sicherheitspolitik für unsere nationalen Interessen, für den Frieden in Europa und in der Welt hat, will ich doch die drei Gedanken wiederholen, die ich schon in der gestrigen Debatte vorgetragen habe.

Lassen wir uns nicht dazu hinreißen, die Außen- und Sicherheitspolitik zum Prügel der innenpolitischen Auseinandersetzungen zu machen. Lassen wir uns auch in noch so heftigen Auseinandersetzungen nicht dazu verleiten, dem innenpolitischen Gegner den Friedenswillen und

Friedensfähigkeit abzusprechen. Halten wir auch in einer veränderten innenpolitischen Lage an dieser in aller Welt respektierten Außen- und Sicherheitspolitik fest. Wir stehen zu unserer Politik des inneren und des äußeren Friedens.

Herr Bundeskanzler, meine Bitte um Entlassung aus meinem Amt ist die Konsequenz aus der Beendigung der Koalition. Ich habe das meinem Freund und Kollegen Wolfgang Mischnick in den frühen Morgenstunden mitgeteilt und Sie unterrichtet, als wir uns heute morgen vor Beginn der Fraktionssitzung zu einer Unterredung trafen, in der Sie mir auch den Text Ihrer Rede übergaben.

Sie schlagen Neuwahlen vor, Herr Bundeskanzler. Wir fürchten die Entscheidung der Wähler nicht. (Lachen bei der SPD – Liedtke, SPD: Dann los!) Wir sehen aber keinen Nutzen in einer Vereinbarung über die Möglichkeiten zur Ausnutzung oder Nichtausnutzung dessen, was das Grundgesetz vorsieht. Ich denke, es sollte auch zum Konsens der Demokraten gehören, daß niemand herabgesetzt wird – hier im Hause und außerhalb –, der legale, durch das Grundgesetz vorgesehene Möglichkeiten erwägt und sie möglicherweise auch nutzen will.

Meine Damen und Herren, wir sind der Überzeugung, das Land darf sowohl aus außen- wie auch aus wirtschaftspolitischen Gründen nicht einer mehrmonatigen Periode der Entscheidungsunfähigkeit, übrigens auch der parlamentarischen Handlungsunfähigkeit, überlassen werden. (Zuruf von der SPD: auf keinen Fall!)

Wir sind deshalb bereit, dazu beizutragen, eine handlungsfähige Regierung zu bilden. Wenn diese Regierung die jetzt unmittelbar vor uns liegenden Aufgaben erledigt hat, sollte sie sich mit diesen Aufgaben, ihrer Erledigung und ihrem Programm dem Wähler zur Wahl stellen. Sollte die Bildung einer solchen Regierung aus diesem Bundestag heraus nicht möglich sein, so muß es zu Neuwahlen kommen. Wir Freien Demokraten sind überzeugt: Unser Land braucht eine handlungsfähige Regierung. Wir sind bereit, zu ihrer Bildung beizutragen. Wir werden unsere Pflicht erfüllen – gegenüber unserem Land, gegenüber unseren Wählern, gegenüber unseren Grundüberzeugungen. – Ich danke Ihnen. (Beifall bei der FDP und der CDU/CSU)

Rede von Bundeskanzler Helmut Schmidt am 1. Oktober 1982 vor dem Deutschen Bundestag

Herr Präsident! Meine Damen und Herren! Die sozialliberale Koalition, deren gewählter Bundeskanzler heute durch ein Mißtrauensvotum gestürzt werden soll, hat 1980 durch die Wählerinnen und Wähler eine überzeugende Bestätigung und einen Auftrag für weitere vier Jahre bekommen. (Anhaltender Beifall bei der SPD und der FDP) Die Mehrheit der Wähler hatte weder 1976 Herrn Dr. Kohl noch 1980 Herrn Strauß in das Amt des Bundeskanzlers berufen wollen. Der Vorsitzende der FDP hatte auf dem Wahlparteitag seiner Partei am 6. Juni 1980 erklärt: «Wer FDP wählt, garantiert, daß Schmidt Bundeskanzler bleibt, der Wähler soll wissen, woran er, ist ohne Wenn und Aber. Die Entscheidung über uns, die FDP, ist die Entscheidung über die Fortführung der Koalition.» Mit meinem Namen auch auf ihren Wahlplakaten hat die FDP im Oktober 1980 ein sehr gutes Wahlergebnis erzielt, und unmittelbar nach der Wahl haben die Parteivorsitzenden von SPD und FDP in einer gemeinsamen Verlautbarung den Willen zum Zusammenwirken und zur gemeinsamen Verantwortung «für Frieden und sozialen Fortschritt» auch für die kommenden vier Jahre ausdrücklich bekräftigt.

Seit dem August des vorigen Jahres ist der Vorsitzende der FDP zielstrebig und schrittweise von allen früheren Erklärungen abgerückt. Am 9. September habe ich ihn von dieser Stelle aus zu einer klaren Antwort aufgefordert. Es hätte zu der Antwort nur eines einzigen Satzes bedurft. Aber dieser Satz: «Wer stehen fest zur sozialliberalen Koalition» wurde absichtsvoll vermieden. Statt dessen hat die FDP acht Tage später, in der Bundestagssitzung vom Freitag, dem 17. September, diesem Haus und dem deutschen Volk sehr fadenscheinige Erklärungen vorgetragen. Über viele Jahre, Herr Kollege Genscher, werden die Bürger dieses Verhalten nicht vergessen. (Anhaltender, lebhafter Beifall bei der SPD)

Am letzten Sonntag hatten die hessischen Wählerinnen und Wähler Gelegenheit, hierzu ihre Meinung zu sagen. Und jeder weiß: Die katastrophale Niederlage der FDP in Hessen war die Antwort der Wähler auf das Verhalten der FDP-Führung hier in Bonn. (Beifall bei der SPD und bei Abgeordneten der FDP)

Mehr als drei Viertel der Bürgerinnen und Bürger sind für Neuwahlen zum Bundestag. Sie empfinden die Art des Wechsels, der heute von Ihnen in geheimer Abstimmung herbeigeführt werden soll, als Vertrauensbruch. Sie sind bitter darüber, vorausgegangene Erklärungen nachträglich als Täuschung bewerten zu müssen. (Beifall bei der SPD und bei Abgeordneten der FDP) Dabei wissen die Bürger, daß das Grundgesetz Ihnen diese Handlungsweise ermöglicht. Ihre Handlungsweise ist zwar legal, aber sie hat keine innere, keine moralische Rechtfertigung. Und weil Sie alle auf der rechten Seite des Hauses dieses spüren, haben die Parteien der CDU, der CSU und der FDP öffentlich verlauten lassen, sie wollten im März 1983 Neuwahlen herbeiführen. Ich setze Zweifel in die Aufrichtigkeit dieser Ankündigung. (Anhaltender, lebhafter Beifall bei der SPD)

Es ist schließlich erst drei Wochen her, daß viele CDU- und CSU-Führungspersonen öffentlich und dringlich nach Neuwahlen jetzt verlangt haben (Abg. Dr. Jenninger, CDU/CSU: Sie haben sie abgelehnt!), tatsächlich aber seither eine Auflösung des Bundestages, die Ihnen angeboten war, Herr Kollege, und damit einer Neuwahl ausgewichen sind, sorgfältig ausgewichen sind. Dies gilt auch und besonders für den Vorsitzenden der CSU, auch er hat seine Forderung nach Neuwahlen jetzt seit dem hessischen Wahlsonntag und seit dem unerwartet schlechten Abschneiden der CDU zurückgenommen. (Beifall bei der SPD – Zurufe von der CDU/CSU)

Deshalb wende ich mich an den Oppositionsführer. Herr Dr. Kohl, Sie wissen von dem Brief des Herrn Bundespräsidenten, den dieser am 29. September – vorgestern – an unseren Kollegen Bindig gerichtet und veröffentlicht hat. Der Bundespräsident erklärt darin, er könne die von Ihnen ins Auge gefaßte Prozedur für Neuwahlen zum Bundestag Anfang März 1983 gegenwärtig nicht abschließend beurteilen. Er erklärt, seine pflichtgemäß zu treffende Ermessensentscheidung könne unter Abwägung aller relevanten Umstände erst dann getroffen werden, wenn ein Bundeskanzler den Bundespräsidenten ins Spiel bringt. In gebotener Zurückhaltung hat damit der Bundespräsident seine verfassungsrechtlichen Bedenken gegen die zwischen Ihnen, Herr Dr. Kohl, und Herrn Genscher getroffene Abrede zum Ausdruck gebracht. Ich halte es danach für sehr unwahrscheinlich, daß Sie tatsächlich im Januar eine Auflösung des Bundestages herbeiführen werden, damit am 6. März gewählt werden kann. Denn über Ihre Neuwahlabsicht habe ich in dem in den letzten Tagen von den deutschen Zeitungen veröffentlichten schriftlichen Ergebnis Ihrer Koalitionsgespräche mit der FDP auf insgesamt 22 Seiten kein einziges Wort finden können. (Hört! Hört! bei der SPD) Herr Dr. Kohl, Sie streben eine andere Bundesregierung an. Weil eine solche Bundesregierung nicht aus einem neugewählten Bundestag hervorgehen kann, war Ihre bisherige Ankündigung von Neuwahlen – wenigstens binnen sechs Monaten – durchaus folgerichtig. Sie sollte ja auch aufgebrachte Wählerinnen und Wähler beschwichtigen. Und Ihre wahrheitswidrige Parole vom Staatsnotstand soll ja nur davon ablenken, daß Ihnen sofortige Neuwahlen unerwünscht sind. Man darf aber eine Regierung nicht auf Unklarheiten aufbauen. (Lebhafter Beifall bei der SPD und bei Abgeordneten der FDP)

Ich höre, daß Ihr Kollege Dr. Barzel nach mir sprechen wird. (Bravo-Rufe bei der CDU/CSU) – Ich billige Ihren Beifall an der Stelle.

Herr Barzel hat manchmal auch meinen Beifall. Aber bitte, Herr Dr. Barzel, erklären Sie dann heute morgen für die CDU/CSU dem Bundestag gegenüber und damit dem ganzen Volk gegenüber – ohne Wenn und Aber –, daß wir am 6. März einen neuen Bundestag wählen werden und auf welche Weise Herr Dr. Kohl zu diesem Zwecke die Auflösung des Bundestages herbeiführen wird. Wenn die CDU/CSU eine solche Erklärung heute unterlassen sollte, so mag das zwar den FDP-Vorsitzenden beruhigen, aber sie gefährden damit die Glaubwürdigkeit von CDU und CSU und FDP insgesamt. Und Sie würden damit den Eindruck vertiefen, daß diese drei Parteien sich hier im Bundeshaus in Bonn – weit entfernt von der Stimmung im Lande – zu einem Manöver einigen, das von unseren Bürgern weit überwiegend mißbilligt wird.

Dieser Regierungswechsel, den Sie anstreben, berührt die Glaubwürdigkeit unserer demokratischen Institutionen. (Lebhafter Beifall bei der SPD und Beifall bei Abgeordneten der FDP – Oho-Rufe von der CDU/CSU) Aber auch andere Werte könnten auf dem Spiel stehen. Ich habe die Absicht, mich dazu in zwölf Punkten zu äußern.

Erstens. Glaubwürdigkeit der Institutionen und der handelnden Personen ist eine der unverzichtbaren Voraussetzungen für die Lebensfähigkeit einer demokratischen Gesellschaft und eines demokratischen Staates. Wenn die Bürger nicht an die ehrlichen Absichten der an der Spitze des Staates handelnden Person glauben können, dann wird es den Bürgern sehr schwer gemacht, überhaupt an die Demokratie zu glauben. Je größer die Glaubwürdigkeitslücken, desto geringer die Handlungsfähigkeit von Parlament und Regierung. Aber umgekehrt gilt auch, je klarer die moralische Legitimation einer Regierung – (Zurufe von der CDU/CSU) je klarer ihre moralische Legitimation, desto größer ihre Fähigkeit, auch in kritischen Situationen die Bürger innerlich für die Regierungshandlungen aufzuschließen und zu gewinnen. (Lebhafter Beifall bei der SPD) Ich füge hinzu: In dem Worte Glaubwürdigkeit steckt das gewichtige Wort «Würde». Unsere Demokratie braucht Würde. (Lebhafter Beifall bei der SPD und Beifall bei Abgeordneten der FDP – Demonstrativer Beifall bei der CDU/CSU) Für einen großen Teil der jungen Generation ist die Glaubwürdigkeit wichtiger Institutionen gegenwärtig stark gefährdet. Viele von uns Älteren finden es schwierig, die kritische Jugend zu verstehen. Manche von uns – auch ich selbst – haben inzwischen manches dazugelernt, aber es kommt darauf an, daß beide Seiten dazulernen, daß beide Seiten sich wirklich ernst nehmen. Wir müssen uns gegenseitig in unseren Sorgen und Ängsten, aber auch in unseren Hoffnungen und in unseren Überzeugungen ernst nehmen und uns zu verstehen suchen. Ohne Idealismus der Bürger gibt es keinen moralischen Staat; ohne wägende Vernunft kann blinder Idealismus zu politischer Romantik und damit in Gefahr führen. Zur Glaubwürdigkeit der Demokratie gehört der Wechsel der Regierungen. Deshalb beklage ich mich nicht, wenn die sozialliberale Bundesregierung ihre Verantwortung abgeben muß. Was ich jedoch beklage, ist der Mangel an Glaubwürdigkeit dieses Wechsels und dieser Art eines Regierungswechsels. (Beifall bei der SPD und bei Abgeordneten der FDP)

Der Stil, die Hektik und Geschäftigkeit, die Hast und Eile, in der unzureichende Grundlagen einer neuen Regierung aufs Papier gebracht worden sind, offenbart eine Geringschätzung der Wähler.

Zweitens. Die Nation hat verstanden, daß ihr Lebensinteresse eine Politik der guten Nachbarschaft in Mitteleuropa gebietet. Die Erfahrungen des Zweiten Weltkriegs und der Teilung Deutschlands haben in uns Deutschen eine starke Sehnsucht nach der Dauerhaftigkeit des Friedens bewirkt. Deutsche Außenpolitik muß vom Geist der Friedensbereitschaft, der Friedfertigkeit geprägt sein und bleiben.

Ich füge hinzu: Auch der Friedfertige kann sich nicht darauf verlassen, daß seine eigene Friedenssehnsucht schon ausreicht, um den Frieden zu bewahren. Der Friede muß immer wieder neu wieder gestiftet werden. Er muß insbesondere gestiftet werden zwischen solchen Staaten, die sich gegenseitig mißtrauen und die sich gegenseitig bedrohen. Gerade sie müssen miteinander reden und aufeinander hören. Partnerschaft ist unabweisbar notwendig gerade unter Staaten entgegengesetzter Grundordnungen, entgegengesetzter Interessen und Ideologien.

Drittens. Wir halten fest an der Europäischen Gemeinschaft und am Nordatlantischen Bündnis. Nur gemeinsam können wir unsere Freiheit wahren und unseren wirtschaftlichen Wohlstand mehren. Diese Gemeinschaften sind und wollen sein Gemeinschaften von liberalen, von rechtsstaatlichen Demokratien. Sie sind von gemeinsamen Werten geprägt. Dies ist und bleibt, wie ich denke, gemeinsame Auffassung aller Parteien dieses Bundestags. (Beifall bei der SPD und der FDP) Ich möchte hinzufügen, die Nordatlantische Allianz entspricht den gemeinsamen Interessen der Europäer und der Nordamerikaner in den USA und in Kanada. Nur gemeinsam können sie alle ihre Sicherheit, ihren Frieden bewahren.

Zugleich ist die Allianz eines der wichtigsten Verbindungsglieder für die deutsch-amerikanische Freundschaft. Wir Deutsche haben die Freiheitsrechte des einzelnen als geistiges Erbe aus der großen amerikanischen Revolution übernommen. Wir sind einander durch Grundwerte verbunden, sosehr wir uns auch voneinander unterscheiden. In solcher Freundschaft ist gegenseitige Kritik notwendig und hilfreich. Wer gegenüber dem Freunde Kritik unterdrückt, kann auf die Dauer kein guter Freund bleiben. Und wer seine eigenen Interessen gegenüber dem Freunde nicht vertritt, kann eben dadurch Respekt und Freundschaft verlieren. Gerade weil ich vier amerikanischen Präsidenten und Administrationen ein kritischer Partner gewesen bin, bekenne ich mich in dieser Stunde noch einmal zur deutsch-amerikanischen Freundschaft. (Beifall bei der SPD und der FDP) Auch die deutsch-französische Zusammenarbeit – vor 20 Jahren von Adenauer und de Gaulle durch den Elysée-Vertrag, durch die Umarmung in der Kathedrale von Reims eingeleitet – muß ein tragender Pfeiler in der Politik beider Staaten bleiben, und zwar unabhängig davon, wer in Paris und wer in Bonn die Regierungen führt. Die außerordentlich enge Zusammenarbeit mit den französischen Präsidenten Giscard d'Estaing und François Mitterrand hat mich mit großer politischer und somit menschlicher Befriedigung erfüllt. Wir Sozialdemokraten werden auch in Zukunft beharrlich für eine Ausweitung der deutsch-französischen Zusammenarbeit eintreten.

Viertens. Deutsche Außenpolitik muß die Aussöhnung mit den Nachbarn im Osten weiterhin vertiefen. Ungeachtet aller ideologischen, aller außenpolitischen Meinungsunterschiede brauchen wir ein Verhältnis guter Nachbarschaft. Die Ost-Verträge müssen nicht nur eingehalten, sondern sie müssen auch praktisch angewendet und weiterhin entfaltet werden. Ich füge hinzu: Dazu gehört auch das auf 25 Jahre angelegte wirtschaftliche Kooperationsabkommen mit der Sowjetunion. Aber die Völker der Sowjetunion, die Völker Osteuropas und wir im Westen, wir haben einander mehr zu bieten als Erdgas und als Röhren und als Weizen. (Beifall bei der SPD und der FDP) Wir haben uns zu bieten die gemeinsame Erfahrung aus dem bisher schrecklichsten Kriege und, und dies ist dann eins der persönlichen Elemente, wir haben uns zu bieten wechselseitige Beiträge zur Kultur Europas. Auch unsere tiefe Bedrückung über das Kriegsrecht in der Volksrepublik Polen darf und wird unseren Willen zur Versöhnung mit der polnischen Nation nicht beeinträchtigen. (Beifall bei der SPD und bei Abgeordneten der FDP) Eingedenk der Höhen und schlimmen Tiefen über zehn Jahrhunderte deutsch-polnischer Geschichte haben mein Amtsvorgänger Willy Brandt und später auch ich einen neuen Anfang in den deutsch-polnischen Beziehungen eingeleitet; diese bedürfen auch in Zukunft aufrichtiger, nicht nachlassender Bemühungen. Ich habe gestern den ausländischen Botschaftern die Stetigkeit der deutschen Außenpolitik erläutert. Herr Dr. Kohl, Sozialdemokraten werden sehr sorgfältig darüber wachen, daß die Grundlinien nicht unter dem Deckmantel bloß angeblicher Kontinuität und angeblicher Verläßlichkeit verbogen werden. (Beifall bei der SPD – Dr. Mertes, Gerolstein CDU/CSU: Ungeheuer!) Die Bundesrepublik Deutschland hat gestern in New York – da die Zeitungen hier auf innenpolitische Ereignisse konzentriert sind, ist das gegenwärtig noch nicht ins Bewußtsein gedrungen – im Forum der Vereinten Nationen, in dem Staatsminister Wischnewski die Außenpolitik unseres Staates darlegte, eine überwältigende Demonstration des Vertrauens aller Vertreter aller Staaten der Welt in unserer Außenpolitik gefunden, und ich bitte Sie herzlich, dieses Kapital zu bewahren.

Fünftens. Der Sinn unserer Deutschlandpolitik, der innerste Kern, ist die Erhaltung der Einheit der Nation. Beide deutsche Staaten sind sich ihrer Verantwortung für den Frieden bewußt. Die Bundesrepublik darf den Dialog mit der Führung der DDR nicht abreißen lassen. Wir müssen alle Chancen wahrnehmen, die Zusammengehörigkeit aller Deutschen zu stärken und praktisch erlebbar zu machen.

Wir dürfen die Hoffnungen der Deutschen in der DDR nicht enttäuschen: Die Bürgerinnen und Bürger der DDR müssen täglich spüren können, daß wir sie nicht nur unsere Landsleute nennen, sondern daß wir täglich ihnen als Landsleute gegenübertreten, daß wir zu ihnen gehören und daß sie Bürger eines anderen Staates sind, darf an unserer Haltung nichts beeinträchtigen.

Ich füge hinzu: Herr Dr. Kohl, Ihre Koalitionsvereinbarung, die in allen Zeitungen veröffentlicht wurde, enthält bisher zur Deutschlandpolitik nur ein leeres Blatt. (Dr. Wörner, CDU/CSU: Das stimmt doch nicht!) Nur ein leeres Blatt. Ich bitte Sie eindringlich, dieses Blatt auszufüllen und sich dabei nicht auf die Wiederholung alter Formeln zu beschränken. (Beifall bei der SPD) Sie haben meinen Besuch bei dem Generalsekretär der SED kritisiert. Ich aber weiß, daß dieser Besuch Millionen Deutschen Mut gemacht hat, der Abgrenzungsideologie der Funktionäre zu widerstehen. Auch ich werde den Besuch im Dom zu Güstrow nicht vergessen, umgeben von all diesen Sicherheitsbeamten, in einer Kirche, in der Bischof Rathke zu Herrn Honecker und zu mir über die Friedenspflicht des Christenmenschen gesprochen hat.

Es ist wahr, wir haben an die DDR nichts zu verschenken. Auch in Zukunft muß zäh verhandelt werden. Aber Deutschlandpolitik muß auch in Zukunft durch die sprichwörtlichen kleinen Schritte dazu helfen, daß Deutsche sich treffen können, daß sie miteinander reden können (Beifall bei der SPD und der FDP) und daß sie sich praktisch als Angehörige eines und desselben Volkes erleben.

Sechstens. Mit der Bundeswehr leisten wir unseren Beitrag zur gemeinsamen westlichen Verteidigung. Sie hat Gewicht im Kräftefeld zwischen West und Ost. Sie ist ein unübersehbares Element der Friedenssicherung. Solange ein einvernehmlich begrenztes niedrigeres Gleichgewicht der Streitkräfte nicht erreicht ist, mindestens solange muß es bei der gemeinsamen westlichen Strategie der Abschreckung bleiben, das heißt mit anderen Worten: Unsere Bundeswehr muß kämpfen können, damit sie niemals wirklich zu kämpfen braucht. (Beifall bei der SPD und bei Abgeordneten der FDP)

Ich füge hinzu: Die Bundeswehr findet in unserem Land breite Zustimmung. Die Wehrpflicht, die Theodor Heuss zu Recht «das legitime Kind der Demokratie» genannt hat, ist die notwendige Klammer zwischen Armee und Volk. Es befriedigt uns zu sehen, daß auch Gewerkschaften und Bundeswehr Verständnis füreinander gefunden haben. Die Qualität unsere Streitkräfte und unserer Soldaten zeigt: Nicht ein hoher Rüstungshaushalt ist die Hauptsache, sondern die Männer sind die Hauptsache, ihre Motivation und ihre Ausbildung. Zum erstenmal seit mehr als 100 Jahren sind deutsche Streitkräfte völlig frei davon, ein Faktor der Innenpolitik sein zu wollen. Wer geschichtlich denken kann, der muß dies als einen unschätzbaren Fortschritt bewerten. Und wir Sozialdemokraten sind stolz darauf, hierzu entscheidend beigetragen zu haben. Wer – anders – als Kriegsdienstverweigerer einen schweren Ersatzdienst auf sich nimmt, der verdient den gleichen Respekt wie der wehrpflichtige Soldat. Es wird im Interesse der jungen Männer (Beifall bei der SPD), es wird im Interesse der jungen Männer, Herr Dr. Kohl und Herr Strauß, höchste Zeit, daß CSU und CDU endlich ihren inneren Streit beenden, der schon allzulange die notwendige Novellierung des Kriegsdienstverweigerungsrechtes behindert hat.

Siebtens. Der weltweite Rüstungswettlauf bedroht den Frieden. Zur Politik der vereinbarten schrittweisen Abrüstung, des vereinbarten Gleichgewichts auf niedrigerer Ebene, dazu gibt es keine vernünftige friedenspolitische Alternative. Denn weder der Westen noch der Osten kann allein seinen Frieden garantieren. Sicherer Friede bedarf der Sicherheitspartnerschaft beider Seiten, der Partnerschaft zum Frieden.

Ich füge hinzu: Als ein Land, das sich verpflichtet hat, eigene Atomwaffen weder zu besitzen noch anzustreben, muß die Bundesrepublik hartnäckig auf unserem vertraglichen Anspruch bestehen, daß die Großmächte ihre Kernwaffenarsenale abrüsten. (Lebhafter Beifall bei der SPD und bei der FDP) Als ein Stationierungsland haben wir Deutschen ein vitales Interesse besonders an den Genfer INF-Verhandlungen über Mittelstreckenwaffen. Wir müssen diese Verhandlungen kritisch und anregend begleiten. Wenn aber die Verhandlungen trotz größter Anstrengungen unserer amerikanischen Freunde dennoch erfolglos bleiben sollten, so brauchen wir ein entsprechendes Gegengewicht gegen die uns bedrohenden sowjetischen SS-20-Raketen. (Beifall bei der SPD und vereinzelt bei der FDP und bei der CDU/CSU) Verhandlungen und Verträge über Rüstungsbegrenzung und Abrüstung sind heute Bestandteil umfassender strategischer Konzeptionen geworden. Die in Nordamerika und Europa begonnene öffentliche Strategiediskussion darf nicht abgebrochen, sie muß vielmehr vertieft werden. Alle Regierungen – in Ost und West – müssen sich der dringenden Frage ihrer Bürger und der Frage der Friedensbewegungen in all den Ländern stellen, wie sie die Gefahren des Rüstungswettlaufs bannen, wann sie endlich aus dem Teufelskreis ausbrechen wollen.

Die Antwort darauf kann nicht in einseitiger Abrüstung liegen, weil sie uns militärisch und politisch erpreßbar machen würde. Die Antwort kann ebensowenig in einseitiger Aufrüstung gesucht werden.

Achtens. Alle Volkswirtschaften befinden sich gegenwärtig in einem tief krisenhaften Anpassungsprozeß. Dabei hat für uns der Kampf gegen die Arbeitslosigkeit – und das heißt der Kampf für ein neues Wirtschaftswachstum – den Vorrang. Auch aus eigenem Interesse an Arbeitsplätzen und an Wachstum muß die Bundesrepublik fortfahren, ihr internationales Gewicht gegen den Protektionismus in die Waagschale zu werfen, der sich heute über die ganze Welt ausbreitet.

Binnenwirtschaftlich dürfen weder Bundesregierung noch Landesregierung und Städte durch eine deflationistische Haushaltspolitik zur Schrumpfung der Nachfrage beitragen. Nachfrageschrumpfung wird nicht zur Belebung der Investitionstätigkeit führen. Die Bundesbank muß endlich entschieden zur Zinssenkung beitragen. Sie hat ihren Spielraum bisher keineswegs ausgenutzt. (Beifall bei der SPD – Zurufe von der CDU/CSU)

Ich füge hinzu: Die Spitzenposition unserer Volkswirtschaft kann nur behauptet werden, wenn Leistungswille und Verantwortungsbereitschaft der Arbeitnehmer und ihrer Gewerkschaften gestärkt werden; nicht aber darf man sie schwächen. Die Bewahrung eines stabilen sozialen Sicherungsnetzes als Ausdruck einer solidarischen Gesellschaft und der soziale Konsens sind unerläßliche Voraussetzungen dafür.

Wir haben zwischen zwei extremen ökonomischen Theorien, wie sie heute in einigen Staaten des Westens tatsächlich ausprobiert werden, einen mittleren Kurs gewählt. Weder haben wir eine inflationistische Ausweitung des Staatskredits noch eine deflationistische Schrumpfungspolitik betrieben. Dies hat sich ausgezahlt: Unsere Zahlungsbilanz ist gesund, unsere Währung ist stabil, der Preisanstieg in der Bundesrepublik ist der geringste in der Europäischen Gemeinschaft, aber unsere realen Löhne sind die höchsten in der Europäischen Gemeinschaft. Ich warne vor den Folgen einer deflationistischen Politik. (Zustimmung bei der SPD) CDU und CSU und FDP wollen nach ihren veröffentlichten Vereinbarungen die Haushalte kürzen und damit die allgemeine Nachfrage senken oder drosseln. Sie wollen die Wirtschaftssteuern senken, obgleich schon heute die steuerliche Situation für die Unternehmen die günstigste ist seit der Währungsreform, schon heute! (Beifall bei der SPD, Zurufe von der CDU/CSU) Es soll hier «Angebotspolitik» kopiert werden, sie wird genau wie in Amerika, wo das zwei Jahre früher probiert wurde, im Ergebnis zu stärkerer Arbeitslosigkeit führen. Und die Sache wird nicht besser dadurch, daß CDU/CSU- und FDP-Führung die Steuervergünstigungen ausgleichen wollen durch eine Umsatzsteuererhöhung, die jedermann tragen muß, und die Sie uns, meine Damen und Herren von der CDU/CSU, Anfang des Jahres, als wir sie für Investitionszulage verwenden wollten, die Sie uns mit der Begründung angeblicher Wirtschaftsfeindlichkeit abgelehnt haben. (Lebhafter Beifall bei der SPD und bei Abgeordneten der FDP) Das Monstrum einer Zwangsanleihe erhöht völlig überflüssigerweise die von Ihnen bisher so laut beklagte Staatsverschuldung. Ökonomisch hat die Zwangsanleihe keinen Sinn, es ist eine Konstruktion, die nur den Zweck hat, das Gesicht des früheren Wirtschaftsministers wahren zu helfen. Der Gesamtansatz Ihrer öffentlich dargelegten Finanz- und Wirtschaftspolitik ist verfehlt, er kann bestensfalls eine kurze Scheinblüte auslösen, (Lachen bei Abgeordneten der CDU/CSU) die nach wenigen Monaten einer sich verstärkenden Arbeitslosigkeit weichen wird. (Unruhe bei der CDU/CSU) Ja, ich verstehe, daß Sie für diesen Fall heute schon vorbeugen möchten, indem Sie Sozialdemokraten nachträglich und wider besseres Wissen Schuld anlasten wollen, aber der kritische Bürger durchschaut diese Absicht Ihrer bösen Legendenbildung. (Lebhafter Beifall bei der SPD – Zurufe von der CDU/CSU)

Neuntens. Wir alle spüren, wie im Westen, in den kommunistischen Ländern, auch in der Dritten Welt Millionen Menschen sich immer stärker um ihre natürliche Umwelt sorgen. Jeder verantwortliche Politiker und Unternehmensleiter, auch wenn es unbequem ist, muß in jedem Einzelfall einen vertretbaren Ausgleich zwischen ökonomischen Interessen und Umweltinteressen zustande bringen. Wer in Zukunft sichere Arbeitsplätze will, der muß deren Auswirkung auf die Umwelt berücksichtigen. Wer das Recht auf eine lebensfähige Umwelt vertritt, der muß gleichzeitig für Arbeitsplätze sorgen, die andererseits lebensfähig sind.

Ich füge hinzu: Umweltschutz gehört zu den Kernbereichen sozialliberaler Übereinstimmung. Im Koalitionspapier von CDU/CSU und FDP finde ich dazu fast überhaupt nichts. (Hört! Hört! bei der SPD – Zustimmung bei Abgeordneten der FDP) Will eigentlich die FDP-Führung ihr umweltpolitisches Programm völlig vergessen? Der Schutz der natürlichen Umwelt bedarf auch internationaler Anstrengungen. Er bedarf der Verträge, wenn die Ausrottung der Fischbestände in den Weltmeeren, wenn die Anreicherung der Atmosphäre mit Kohlendioxyd und wenn die Ausbreitung des schwefelsauren Regens tatsächlich verhindert werden soll.

Zehntens. In aller Welt gefährdet die Stagnation der Wirtschaft oder zu geringes Wachstum die Finanzierung der sozialen Sicherungssysteme. Die Dynamik dieser Systeme muß deshalb begrenzt werden. Dies darf aber nicht so weit gehen, daß die Lebensrisiken auf den einzelnen zurückgewälzt werden. Das Prinzip der Solidarität mit dem Schwächeren darf nicht außer Kraft gesetzt werden.

Ich füge hinzu: Wir haben die höchsten realen Renten und fast die höchsten Sozialleistungen in Europa erreicht. Sie sollten und dürfen nicht stärker eingeschränkt werden, als dies aus finanziellen Gründen unerläßlich ist. Eine Einschränkung aus ideologischen Gründen hat keinerlei Rechtfertigung. Wir Sozialdemokraten warnen vor einer Umverteilung von unten nach oben! (Lebhafter Beifall bei der SPD) Sie wollen die Mieter belasten zugunsten der Vermieter und der Bauherren. Gleichzeitig wollen Sie das Wohngeld kürzen, gleichzeitig sollen Bildungschancen beeinträchtigt und gekürzt werden, Sozialhilfeempfänger sollen in stärkerer Weise zu Opfern herangezogen werden als leistungsfähige Einkommensbezieher. Der gewerkschaftliche Protest dagegen ist sehr einleuchtend. Wir Sozialdemokraten sehen in der Ergänzungsabgabe ein geeignetes Instrument sozialer Gerechtigkeit. Wenn aber nun die Bessergestellten die von Ihnen erfundene Zwangsanleihe später zurückerhalten sollen – übrigens, Graf Lambsdorff, welch ungeheuer marktwirtschaftliches Instrument, diese Zwangsanleihe! –, (Heiterkeit und starker Beifall bei der SPD) wenn diese Anleihe der Besserverdienenden ihnen später zurückgezahlt werden soll, während doch die Opfer der Schüler und Lehrlinge, der Sozialhilfeempfänger, die Opfer der Rentner und Wohngeldbezieher und Kindergeldempfänger, während doch diese Opfer endgültig gemeint sind und nie zurückgegeben werden, dann hat das mit sozialem Ausgleich nichts mehr zu tun. (Lebhafter Beifall bei der SPD) Und dann wollen Sie zu allem Überfluß den bis zu 15 000 DM im Jahr betragenden steuerlichen Splittingvorteil für Ehepaare mit hohem Einkommen auch noch bestehen lassen, statt ihn wenigstens einzuschränken.

Elftens. Das Grundgesetz verpflichtet unseren Staat zur Gerechtigkeit. Notwendige Opfer sind moralisch und politisch nur dann zu vertreten, wenn sie gerecht verteilt werden, d. h. hier: Wenn jedermann nach Maßgabe seiner wirtschaftlichen Leistungsfähigkeit herangezogen wird. Wir Sozialdemokraten werden jedem Versuch entgegentreten, soziale Gerechtigkeit zurückzudrängen und sie durch das Ellbogen-Prinzip zu ersetzen.

Zwölftens. Eine menschliche Gesellschaft bedarf der inneren Liberalität. Über die Qualität unserer Demokratie entscheidet zuallererst der Respekt vor der Freiheit und der Würde des anderen, d. h. entscheidet zuallererst das Maß an innerer Liberalität, die wir tatsächlich üben und bewahren. Ohne gelebte Freiheit gibt es keine politische Kultur. Ich wurde dieser Tage gebeten – das füge ich hinzu –, meine Empfindungen zu beschreiben während der langanhaltenden Entführung von Hanns-Martin Schleyer und der damit verbundenen Verbrechen. Ich hab' sicherlich für die Kollegen von der CDU/CSU und der FDP, die daran beteiligt waren, mit geantwortet. Es schien dem Fragesteller unvermeidlich, danach zu fragen, ob wir uns damals an der Staatsräson ausgerichtet hätten. Aber in Wirklichkeit hat sich unser Handeln nicht an Staatsräson orientiert, sondern an unseren Grundwerten, an der Notwendigkeit, die innere Freiheitlichkeit unseres Gemeinwesens zu verteidigen, die wir nur durch Festigkeit gegenüber ihren Verächtern und ihren Feinden verteidigen können. Die freiheitliche Gesellschaft, die offene Gesellschaft hat millionenfach Fürsprecher und Verteidiger. Ich zitiere aus den Freiburger Thesen der FDP:

«Diese neue Phase», das ist vor gut zehn Jahren geschrieben und beschlossen worden, «der Demokratisierung und Liberalisierung im ursprünglichen und nicht in dem heute oft mißbrauchten Sinn dieser Worte entspringt aus einem gewandelten Verständnis der Freiheit, das dem modernen Liberalismus die neue politische Dimension eines nicht mehr nur demokratischen, sondern zugleich sozialen Liberalismus erschließt. Nicht nur auf bloß formale Garantien, sondern auch auf die sozialen Chancen in der alltäglichen Wirklichkeit kommt es an.» Dem stimmen wir Sozialdemokraten immer noch zu. Immer noch! (Lebhafter Beifall bei der SPD und bei Abgeordneten der FDP) Der beabsichtigte personelle Wechsel im Amt des Bundesministers des Innern muß aber ebenso Besorgnis erwecken, wie die fast völlige Ausklammerung der Rechts- und Innenpolitik aus Ihrer Koalitionsvereinbarung. Die meisten jungen Menschen sind sich der Freiheitlichkeit unseres Staates bewußt, auch wenn sie keineswegs allem zustimmen, was in unserem Staat geschieht, das tun wir ja auch nicht. Sie tun es noch weniger. Aber es gibt auch Gruppen, die den Wert der Freiheit unterschätzen. Wir wollen jene neue Gruppe, die jetzt in den hessischen Landtag einziehen wird, nicht unter Quarantäne stellen, aber die Wortführer der Grünen müssen wissen, daß die freiheitlich demokratische Ordnung nicht zur Disposition steht. Sie müssen Klarheit darüber gewinnen, daß die Demokratie Gewalt als Mittel zur Durchsetzung eines politischen Ziels nicht verträgt. Ja, daß die Demokratie sich gegen Gewaltanwendung zu wehren hat. Das Recht, für Veränderungen und für Reformen einzutreten, das haben junge Bürger weiß Gott genauso wie wir hier im Bundestag. Aber sie können sich nur legitimieren, soweit sie sich ohne Wenn und Aber zur parlamentarisch-demokratischen Verantwortung bekennen. (Beifall bei der SPD und bei Abgeordneten der FDP) Zum Schluß, meine Damen und Herren: Wir Sozialdemokraten haben – bei wachsenden wirtschaftlichen und sozialen Schwierigkeiten in der ganzen Welt – unseren Kurs des Ausgleichs zwischen den sich widerstreitenden Interessen seit langen Jahren beharrlich und kontinuierlich verfolgt. Die Thesen, die ich Ihnen heute vorgetragen habe, die hatte ich als Sozialdemokrat, oder ich habe sie in ähnlichen Worten vor achteinhalb Jahren schon in die damaligen Koalitionsverhandlungen eingebracht, genau wie die damaligen Koalitionspartner ihre Vorstellungen eingebracht haben und daraus ein gemeinsamer Weg gebaut worden ist. Diese Thesen, die damals galten, gelten ebenso für die Gegenwart, und sie gelten ebenso für die überschaubare Zukunft. Ich weiß, daß viele treue Liberale unsere Meinung innerlich bejahen. Tausende haben mir in den letzten Tagen in diesem Sinne geschrieben und telegrafiert.

Ich habe Anlaß, mich weiterhin vielen Männern und vor allem Frauen in der FDP – meinen Respekt vor den wackeren Frauen der FDP-Fraktion! – (Anhaltender Beifall bei der SPD) politisch, aber auch persönlich verbunden zu fühlen, mit denen ich seit 1969 an der Seite Willy Brandts, an der Seite Herbert Wehners, zusammengearbeitet habe. Die hier gewachsenen politischen und menschlichen Gemeinsamkeiten

172

können durch taktische Wendemanöver nicht ausgelöscht werden, (Lebhafter Beifall bei der SPD) sondern sie werden fortbestehen und gewiß auch wieder erlebbar werden.

Ich habe der sozialliberalen Koalition 13 Jahre lang gedient. Ich habe dies aus Überzeugung und innerer Befriedigung getan, weil ich wußte, daß dies ein notwendiger Dienst an unserem Land und an der geteilten Nation war. Ich habe unserem Land, unserem Staat in verschiedenen Ämtern dienen dürfen, dabei kommt viel politische Erfahrung, viel Lebenserfahrung zusammen. Ich denke in Dankbarkeit an diejenigen, die mich in diese Ämter berufen haben und in Dankbarkeit an jene, die mir in meinem Dienst geholfen haben.

Aber heute richten wir Sozialdemokraten den Blick nach vorne. Wir wissen, daß Millionen von Arbeitnehmern ihre Hoffnungen setzen auf die Sozialdemokratische Partei Deutschlands als diejenige Kraft, die beharrlich für soziale Gerechtigkeit kämpfen wird. (Lebhafter Beifall bei der SPD) Wir wissen, daß Hunderttausende Menschen in schreibenden und lehrenden Berufen, Gewerbetreibende, Selbständige, Menschen in helfenden und heilenden Berufen, in künstlerischen Berufen ihr Vertrauen in unsere Liberalität gesetzt haben. Wir wissen, daß nicht nur Millionen junger Menschen, sondern auch Millionen alter Menschen uns mehr Chancengleichheit verdanken und daß sie deshalb auch weiterhin auf uns Sozialdemokraten rechnen.

Ein letztes Wort: Ich weiß, daß diese Stunde von den Deutschen in der DDR und ebenso hier in der Bundesrepublik mit Besorgnis im Fernsehen verfolgt wird. Sie alle vertrauen unserer Politik der guten Nachbarschaft und unserer Friedenspolitik. Wir Sozialdemokraten sind für dies Vertrauen dankbar. Wir werden es auch in Zukunft nicht enttäuschen. Jedermann darf und jedermann muß mit unserer Stetigkeit rechnen. – Herzlichen Dank. (Langanhaltender, lebhafter Beifall der SPD – Die Abgeordneten der SPD erheben sich – Beifall bei Abgeordneten der FDP – Erster Bürgermeister Dr. von Dohnanyi, Hamburg, begibt sich zur Regierungsbank und reicht Bundeskanzler Schmidt die Hand)

Rede des FDP-Fraktionsvorsitzenden Wolfgang Mischnick am 1. Oktober 1982 vor dem Deutschen Bundestag

Herr Präsident! Meine sehr verehrten Damen und Herren! Dies ist eine schwere Stunde – nach meiner Überzeugung eine schwere Stunde für den Staat deshalb, weil wir wissen, ganz gleich wo wir stehen, daß die Stabilität der Bundesrepublik Deutschland, die über 35 Jahre selbstverständlich war, heute nicht mehr die gleiche Selbstverständlichkeit hat. Landtagswahlen haben dies bewiesen. Dies ist eine schwere Stunde für dieses Parlament, weil ich weiß – es geht mir selbst so –, daß viele Abgeordnete quer durch die Fraktionen hin- und hergerissen sind zwischen dem, was in dem Wahlkampf 1980 als Grundlage der Entscheidung gesehen wurde, und dem, was die Verfassung dem Abgeordneten, wenn er gewählt ist, aufträgt zu handeln.

Es ist eine schwere Stunde für meine Partei, weil sich in ihr am meisten diese Diskrepanz, diese Spannung, das Spannungsverhältnis, was daraus entsteht, widerspiegelt. Und ich gestehe offen, es ist eine schwere Stunde für mich. Ich habe diese Koalition vor 13 Jahren bewußt mit herbeigeführt. Ich habe zu ihr gestanden bis zur letzten Minute. Manche sagen: zu lange. Auch diese Kritiker mögen recht haben.

Herr Bundeskanzler, Sie haben am 17. September in einem Gespräch, bevor Sie hier Ihre Rede hielten, deutlich gemacht, daß diese Koalition zu Ende geht. Ich habe Sie gefragt, ob das in Ihrer Rede steht. Sie haben mir geantwortet: Ja. Ich habe Sie gefragt, ob Sie erwarten, daß die Minister der Freien Demokraten zurücktreten. Sie haben das bestätigt. Ich habe Ihnen gesagt: Wenn das nicht geschieht, werden sie dann entlassen? Sie haben mir das bestätigt.

Das ist von Ihrem Standpunkt her die Konsequenz Ihrer Rede: es war nicht mehr zumutbar zusammenzuarbeiten.

Herr Bundeskanzler, ich möchte allerdings auch hinzufügen: wenn Sie dann zulassen, daß das als Verrat gekennzeichnet wird, enttäuscht mich das tief (Beifall bei Abgeordneten der FDP und lebhafter Beifall bei der CDU/CSU – Zurufe von der SPD) – Sie brauchen keine Sorge zu haben, daß ich auch nur einen Grund verschweige, den zu nennen ich für notwendig halte. Ich weiß, daß diese Entwicklung, von der Sie meinten, daß sie unaufhaltsam sei, mit dadurch beeinträchtigt worden ist, daß unterschiedliche Meinungen aus meiner Fraktion, aus meiner Partei sichtbar waren. Aber es war doch nicht nur so, daß dies aus der FDP kam, sondern sie kamen ja auch aus der SPD. Die Frage wurde gestellt, ob es noch einen Sinn habe. Wenn man das Postulat – für mich ist es nicht nur ein Postulat, sondern es ist eine innere Einstellung – «Würde» so stark herausstellt, dann, Herr Bundeskanzler und meine Kollegen von der SPD, bitte auch in einem Augenblick, wo man erkennt, daß es eben nicht mehr möglich ist, die gemeinsame Arbeit fort-

174

zusetzen, mit Würde festzustellen, daß es sachlich keine Gemeinsamkeit in vielen Fragen mehr gibt. Dies scheint mir notwendig zu sein.

Ich füge auch hier hinzu, daß das unterschiedlich beurteilt wird, daß es Bereiche gibt, bei denen ich fest überzeugt bin, daß man auch morgen noch gemeinsam arbeiten könnte. Aber jetzt steht im Vordergrund das Problem der Wirtschafts-, der Gesellschafts-, der Finanz- und Steuerpolitik.

Ich füge hinzu, es steht vor uns die Frage auch von einer anderen Seite, als sie hier zum Teil angesprochen worden ist, nämlich, ob hier dieses Parlament in einer so schwierigen Lage bereit ist zu handeln, und in Kauf nimmt, den Vorwurf zu bekommen, nicht sofort zum Wähler zu gehen. Ich kann das um so leichter sagen, als ich ja schon am 9. September, Herr Bundeskanzler, als Sie zum erstenmal von Neuwahlen sprachen, als einziger hier eine andere Meinung vertreten habe. Wir waren uns beide in einem Gespräch darüber klar, daß das Grundgesetz unterschiedliche Möglichkeiten zuläßt. Aber ich wiederhole, was ich Ihnen sagte: Ich bin zutiefst überzeugt davon – das ist meine ganz persönliche Meinung –, daß das Grundgesetz in erster Linie das Parlament aufruft zu handeln, und nur dann, wenn es nicht handeln kann, die Neuwahl als letzte Möglichkeit vorgesehen ist. (Beifall bei Abgeordneten der FDP und der CDU/CSU) Dieses Verfassungsverständnis mag heute stärker als früher im Widerspruch zum allgemeinen Empfinden stehen; dies bestreite ich nicht. Es wird eine gemeinsame Aufgabe sein, das – wozu es harter Diskussionen bedarf – sichtbar und deutlich zu machen.

Ich füge, um hier keinen Irrtum aufkommen zu lassen, sofort hinzu: Es ist zwischen CDU, CSU und FDP eine Vereinbarung getroffen worden, und ich habe gelernt, Mehrheiten zu respektieren. Ich erwarte von meinen Freunden, daß sie Mehrheiten respektieren, und ich respektiere auch Mehrheiten, wenn in einer Koalitionsvereinbarung für die Zukunft etwas festgelegt wird. Ich bitte deshalb darum, in meinen grundsätzlichen Auffassungen, die ich nach wie vor habe, nicht etwa den Versuch des Herausgleitens aus einer Vereinbarung zu sehen. Aber ich halte es für meine Pflicht, die grundsätzliche Meinung auch in diesem Augenblick mit der gleichen Deutlichkeit darzulegen, wie ich es vor wenigen Tagen getan habe, weil auch das zur Glaubwürdigkeit gehört, die hier mehrfach beschworen worden ist.

Meine Damen und Herren, diese Pflicht zum Handeln steht ja auch nicht im Widerspruch zu Auffassungen, die in diesem Hause schon geäußert worden sind. Herr Bundeskanzler, Sie haben als Vorsitzender der SPD-Fraktion in einer Antwort auf meine Rede, die ich im Dezember 1966 zur Regierungserklärung der Großen Koalition hier zu halten hatte, wörtlich gesagt:

Es war das Parlament, das aus sich heraus die neue Regierung geschaffen hat. Ein Beweis für die Funktionstüchtigkeit des Deutschen

Bundestages! (Heiterkeit und Beifall bei der FDP und der CDU/CSU)

Ich stimme Ihnen voll zu.

Heute gibt es nicht die gleichen Umstände, aber ähnliche Umstände. (Zurufe von der SPD) Helmut Schmidt hat damals weiter gesagt:

Eine Regierung muß nach der Möglichkeit einer arbeitsfähigen Mehrheit gebildet werden. (Sehr gut! bei der CDU/CSU)

Dies soll geschehen. – Helmut Schmidt hat seinerzeit auch den damaligen Bundeskanzler Kiesinger zustimmend zitiert und wörtlich gesagt, die gegenwärtige Regierung sei nicht aus einem glänzenden Wahlsieg hervorgegangen, sondern aus einer von unserem Volk mit tiefer Sorge verfolgten Krise. Sehen Sie, meine Damen und Herren, wenn man von Glaubwürdigkeit spricht, bitte ich auch darum, die Glaubwürdigkeit, die diese damalige Äußerung hatte, nicht dann, wenn das in einer anderen Konstellation genauso zutrifft, in Zweifel zu ziehen.(Beifall bei der FDP und der CDU/CSU – Zuruf von der SPD: Sie haben damals Neuwahlen gefordert! – Weitere Zurufe von der SPD)

Ich wiederhole, daß sich die Interessenlage in solchen Situationen verändern kann. Ich werfe niemandem vor, daß er aus seiner Interessenlage zu anderen Entscheidungen kommt. Da aber, wo ich das Gefühl bekomme, daß die eigene Interessenlage plötzlich mit dem Vorwurf verbrämt werden soll, die Interessenlage der anderen oder deren Entscheidungsbereitschaft sei gegen Recht und Sitte, muß ich darauf verweisen, daß Recht und Sitte im Grundgesetz den hier vorgesehenen Weg absolut legitimieren. Wer dies bezweifelt, muß den Mut haben zu sagen, daß er das Grundgesetz in diesem Punkte für falsch hält und ändern will.

Ich stehe auch in dieser Stunde nicht an, die 13jährige Regierungsverantwortung, die ja sehr viel Kritik erfahren hat, so zu beurteilen, wie ich es immer getan habe. Es waren entscheidende Schritte, neue Schritte in der Außen- und Ostpolitik, es waren entscheidende Schritte in der Innenpolitik, in der Gesellschaftspolitik, deren Grundlagen ich heute genauso positiv beurteile wie gestern. (Beifall bei der FDP – Sehr gut! bei der SPD)

Ich bestreite nicht, daß dabei Fehler gemacht worden sind. Wo Menschen tätig sind, werden Fehler gemacht. Das war in der Regierungskoalition CDU/CSU/FDP so, das war in der Großen Koalition so, das war in der jetzigen Koalition so, und das wird in einer künftigen Koalition genauso sein. Aber worauf es ankommt: ob dann, wenn man erkannt hat, daß da oder dort ein Fehler gemacht worden ist, man den Mut hat, aus diesem Fehler zu lernen. Wenn man dann nicht ideologiebefrachtet, sondern aus der Vernunft heraus entscheidet, ist dies leichter. Wir bemühen uns, aus der Vernunft heraus zu entscheiden. (Beifall bei der FDP)

Nun ist hier mehrfach davon gesprochen worden – und ich bin sicher, es wird auch von den Kollegen, die aus meiner Fraktion eine abweichende Meinung darlegen werden, dazu Stellung genommen werden –, daß doch manches, was jetzt vorgesehen ist, auch in der alten Koalition hätte gemacht werden können, (Zurufe von der SPD) manches nicht. Ich stelle fest, daß natürlich auch hier – das ist kein Vorwurf, einfach eine Feststellung – zwischen der ersten Reaktion, dies sei in der alten Koalition möglich gewesen, und der zweiten Reaktion, so etwas könne man nie mit der SPD machen, genau das deutlich wird, was das Problem des letzten halben Jahres in dieser Koalition war: daß nämlich innerhalb der SPD eine unterschiedliche Auffassung in Fragen der Wirtschafts- und Sozialpolitik besteht und deshalb die Voraussetzungen für eine weitere gemeinsame Arbeit immer mehr verlorengegangen sind. (Beifall bei Abgeordneten der FDP und der CDU/CSU – Zurufe von der SPD)

Sie haben sich gewundert, meine verehrten Kolleginnen und Kollegen von der SPD, weshalb in meiner Partei der Münchener Parteitag so oft erwähnt wurde. Ich füge hinzu: Ich habe manche Reaktion aus den Reihen meiner Partei, meiner Fraktion unmittelbar nach dem Münchener Parteitag für überzogen gehalten. Ich muß allerdings heute feststellen, daß die Wirkung dieses Parteitages in ihre Handlungsfähigkeit hinein größer war, als ich am Anfang befürchtet hatte. (Beifall bei Abgeordneten der FDP – Zurufe von der SPD) – Da mögen Sie widersprechen. Die Fakten haben mir in den Beratungen immer mehr recht gegeben. (Zurufe von der SPD) Die Kluft – – – (Dr. Ehmke, SPD: Genscher vergißt er!) Lieber, verehrter Herr Kollege, wenn Sie in allen Sachfragen – auch den für Sie kritischen – mit der inneren Anteilnahme, mit dem inneren Engagement gerungen hätten wie ich, dann hätten Sie mehr Recht zu diesem Zwischenruf. Ich möchte Sie bitten, sich das sehr genau zu überlegen. – (Beifall bei der FDP)

Die Kluft, die zwischen dem entstand – das habe ich doch nun in unendlich vielen Gespräche miterlebt –, was an Übereinstimmung auch des Bundeskanzlers und vieler Kabinettskollegen mit vielen Punkten mit uns, mit vielen Kollegen der Fraktionsführung vorhanden war, und dem, was dann an äußerer Auseinandersetzung kam, zeigte doch, daß hier einfach offensichtlich um der eigenen Identität willen – das schätze ich doch nicht schlecht ein – (Dr. Ehmke, SPD: Genscher vergißt er!) für die Sozialdemokraten eine Grenze erreicht war, wo dann die Möglichkeit der Zusammenarbeit nicht mehr gegeben ist. Dies ist ein durchaus anerkennenswerter Gesichtspunkt. Meine Bitte ist nur: wenn dies eine Rolle spielt, dann dies offen zugeben und nicht so tun, als seien dunkle Machenschaften dahinter, wenn es zu dieser Entscheidung jetzt kommt. (Beifall bei der FDP und der CDU/CSU)

Natürlich frage ich auch mich: hat man immer alles getan, hat man alle Möglichkeiten ausgeschöpft? Ich glaube es versucht zu haben.

Noch an dem Donnerstag vor der Rede des Herrn Bundeskanzlers ist an dem ganzen Abend der Versuch gemacht worden, Kontakt aufzunehmen. Ich sage das, damit hier keinerlei Legendenbildung kommt. – (Zuruf von der SPD: Und Herr Genscher? – Weitere Zurufe von der SPD) Auch diese Reaktion zeigt mir wieder, daß im Augenblick die Emotion – wofür ich Verständnis habe – stärker ist als die nüchterne Betrachtung der Situation.

Wir haben in der Vergangenheit – und wir werden dies für die Zukunft in unserer Politik deutlich machen – darum gerungen, mehr Freiräume zu schaffen. Wir haben das in vielen Bereichen erreicht. Und ich weiß, wie schwer die Aufgabe im rechts- und innenpolitischen Bereich ist, die bei einer neuen Koalition auf uns zukommen wird. (Dr. Ehmke, SPD: Neben Zimmermann!) Dessen bin ich mir bewußt.

Wir haben in der Außenpolitik und in der Deutschlandpolitik manches bewegen können, was vor zehn, fünfzehn Jahren als nicht beweglich galt. Dies werden wir bewahren, weil wir zu dieser Politik auch in Zukunft stehen werden. Denn es gibt keinen anderen Weg als diesen.

Wir wissen aber auch, daß jetzt mehr Eigenverantwortung, mehr Eigenbereitschaft zur Lösung der ganzen Probleme notwendiger ist als der Ruf nach mehr Staat. Es ist doch nicht so, daß das, was jetzt kulminiert hat, in den letzten Wochen auf den Markt gekommen wäre. Mein Kollege Hoppe hat hier jahrelang immer stärker Warnungen und Mahnungen ausgesprochen, was oft mit sehr viel Kritik bedacht wurde. Aber in Wahrheit hat es sich doch gezeigt, wie berechtigt die Warnung war. So sehr die einen sagen: zu lange, so sehr müssen die anderen anerkennen, daß das ein Beweis ist, wie man versucht hat, bis zur letzten Minute den gemeinsamen Weg zu gehen, der aus dieser Situation herausführen kann, dann aber festgestellt werden mußte, daß der Mut zu unpopulären Entscheidungen zuletzt im umgekehrten Verhältnis zu den Notwendigkeiten gestanden hat. Das ist das, was ich feststellen muß. Ich kann nur hoffen, daß für die zukünftige Arbeit, für das, was man sich vornimmt, der Mut bleibt, auch dann, wenn der Widerstand groß wird. Es ist heute notwendig, daß ein Ausstieg aus der Anspruchsmentalität erfolgt, aber nicht ein Ausstieg aus der Gesellschaft oder ein Ausstieg aus der Verantwortung. Die Verantwortung müssen wir wahrnehmen. (Lebhafter Beifall bei der CDU/CSU und Beifall bei Abgeordneten der FDP)

Die Freien Demokraten sind in einer Situation, da eine Koalition beendet und eine neue noch nicht gebildet ist, immer von beiden Seiten unter schwerem Druck. Die hessische Wahl hat es bewiesen. – Die hessische Wahl hat natürlich auch eines bewiesen, Herr Bundeskanzler – das muß man neidlos zugestehen –: Die Art, wie Sie es gemacht haben, war genial, der Augenblickserfolg ungeheuer. (Zurufe von der SPD – Dr. Ehmke, SPD: Nicht so hinterhältig wie das, was Genscher gemacht hat!) Aber, Herr Bundeskanzler, sind Sie sich wirklich im klaren, (Zu-

178

rufe von der CDU/CSU: «Wegharken!») was das auch langfristig bedeutet? Einer Ihrer Wegbegleiter im publizistischen Raum, Theo Sommer, hat in der «Zeit» geschrieben:

Schmidts unverhohlen zur Schau getragene Abneigung gegen Genscher hat die SPD über die vierzig Prozent gehievt. Zugleich hat sie freilich eine Verwerfung der politischen Landschaft mitbewirkt, die uns noch zu schaffen machen wird.

Ich teile diese Meinung. (Zurufe von der SPD: Wahlen!) Wir müssen diese Wirkungen unabhängig davon, welche Entscheidung heute fällt, unabhängig von dem, was an politischen Entscheidungen in der Zukunft in diesem Hause fallen wird, ernst nehmen und sollten uns davor hüten, (Dr. Ehmke, SPD: Herr Mischnick, warum sagen Sie kein Wort zu Genscher?) diesen Weg weiterzugehen, der mit Emotionalisierung am Ende Stabilität in Frage stellt. (Beifall bei der CDU/CSU und Abgeordneten der FDP – Dr. Ehmke, SPD: Dann müssen Sie Ihren Vorsitzenden wechseln!) – Verehrter Herr Kollege Ehmke, Sie haben nun mehrfach den Zwischenruf «Genscher» gemacht. Diejenigen, die als Berater des Bundeskanzlers oder wo auch immer meinten, man müsse einen Keil in die FDP hineintreiben, um zu trennen, täuschen sich. (Zurufe von der SPD)

Es war schon zu Adenauers Zeiten so, als man versucht hat, den Vorsitzenden der FDP von außen zu demontieren. Dann hat sich die Partei um so geschlossener dahintergestellt. Ich möchte Sie herzlich bitten, jetzt in diesem Augenblick nicht das zu tun, was wir 1972 – hier wird ja so oft falsch zitiert – gemeinsam abgewehrt haben, wogegen wir uns gewandt haben, nämlich zu versuchen, in die eigenen Reihen Differenzen hineinzutragen. Daß hier manchmal unterschiedliche Meinungen zwischen dem Parteivorsitzenden und dem Fraktionsvorsitzenden (Dr. Ehmke, SPD: Aber Herr Mischnick!) über taktische Überlegungen bestanden, bestreite ich nicht, aber daß wir gemeinsam immer das Interesse hatten, diese Freie Demokratische Partei als einen Faktor, der diese Bundesrepublik Deutschland mitgestaltet hat, geschlossen zu halten, das wird uns niemand absprechen können. Da wird uns niemand einen Keil dazwischentreiben können. (Beifall bei der FDP)

Meine sehr verehrten Damen und Herren, gerade das, was wir durch Emotionalisierung in manchen Bereichen erreicht haben, ist ja durch den Ausruf des Mitglieds des Bundesvorstandes der Grünen, Herrn Dieter Burgmann, nach der Hessen-Wahl sehr deutlich geworden. Er hat gesagt: Wir würden es begrüßen, wenn es in Bonn zu ähnlichen Verhältnissen wie in Hessen käme. – Das rüttelt an dem Bestand unserer Demokratie. Alle in diesem Hause müssen sich einig sein, daß wir uns dagegen wehren müssen. (Beifall bei der FDP und bei der CDU/CSU – Zuruf von der SPD: Das ist die liberale Partei! – Weitere Zurufe

179

und Unruhe bei SPD) Wir sollten dies auch in einem Augenblick, in dem manches an Entscheidung wehtut, nicht vergessen.

Wir haben aufgefordert, diesen Weg zu gehen, einen neuen Anfang mit politischen Entscheidungen zu treffen. (Zuruf von der SPD: Mit Zimmermann!) – Lieber Herr Kollege, Sie machen jetzt den Zuruf: «Zimmermann!» Ich verstehe, daß Sie dies zu personalisieren versuchen. (Lachen und Zurufe bei der SPD: Ja, genau!) Nur: Der, der vor Ihnen steht, hat in diesem Hause noch jeden Kollegen – aus Ihren Reihen wie aus anderen Reihen – verteidigt, wenn er das Gefühl hatte: Hier wird er zu Unrecht angegriffen. Das werde ich auch in Zukunft tun. Ich werde sachlich meine Meinung nie ändern, wenn ein anderer Innenminister wird, der nicht meiner Meinung ist. Aber ihn dann persönlich als die Inkarnation des Bösen hinzustellen, ist genauso falsch, wie es aus den Reihen der Union gegenüber Herbert Wehner und anderen geschehen ist. Deshalb bitte ich doch, dies hier sein zu lassen.

Meine Damen und Herren, die Verkrampfung, die in den letzten Wochen und Monaten über unserem Land war, muß endlich gelöst werden. Die Agonie über Wochen und Monate, die beklagt wurde, muß ein Ende haben. Wir werden diesen Versuch unternehmen, und ich füge hinzu: Es ist ein Versuch! Ich behaupte nicht, daß, wenn heute eine Entscheidung gefallen ist, alle Probleme gelöst sind. Aber es ist notwendig, diesen Versuch zu beginnen, ihn zu wagen umd damit den Beweis zu liefern, daß – entsprechend der Rede von Helmut Schmidt, die er damals vor dem Bundestag gehalten hat – Mehrheiten in der Lage sind zu handeln.

Ich habe schon darauf hingewiesen – dies wird sich dann hier in Beiträgen niederschlagen –, daß ich im Augenblick mit der Bereitschaft, diesen neuen Weg zu gehen, nur für einen – den größeren – Teil meiner Fraktion spreche. Natürlich wäre ich froh gewesen, wenn es volle Geschlossenheit gegeben hätte. Ich füge hinzu: Ich hätte mich gewundert, weil mir natürlich das harte Ringen um diese Punkte in den eigenen Reihen klar war. (Frau Traupe, SPD: Es konnten doch nicht alle so skrupellos sein!)

Ich habe Verständnis dafür, wenn Kollegen die Notwendigkeit, die vor uns steht, heute noch nicht als gegeben sehen. Ich habe in diesem Parlament schon bei verschiedenen Gelegenheiten mit allem Nachdruck das Recht jedes einzelnen unterstützt, seine andere Meinung zu vertreten. Was für die Kollegen anderer Fraktionen gilt, gilt selbstverständlich genauso für Kollegen meiner Fraktion. Ich sag das weniger zu den Abgeordneten dieses Hauses als vielmehr nach außen, weil oft die Frage gestellt wurde «Ist denn das richtig?»: In diesem Parlament hat jeder das Recht, seine abweichende Meinung zu sagen. Dieses Recht soll er in Anspruch nehmen, wenn er es für notwendig hält. Ich werde dieses Recht verteidigen. Ich gehe aber auch davon aus, daß die Erkenntnis wächst, daß man aus der Augenblickssituation heraus nicht immer Endgültiges für morgen und übermorgen sagen kann. (Sehr richtig! bei der SPD) Ich werde darum ringen, daß die FDP-Fraktion die Geschlossenheit wiederfindet, die sie über lange Jahre ausgezeichnet hat.

Lassen Sie mich noch folgendes sagen: Wir haben viele notwendige Sachentscheidungen zu treffen. Ich will jetzt nicht auf all das eingehen, was als Regierungserklärung, wenn eine Kanzlerwahl stattgefunden hat, dann zur Debatte steht. Ich möchte nur auf eines hinweisen – Kollege Barzel und auch Kollege Geißler haben schon einige Punkte erwähnt –: Man kann natürlich nicht erwarten, daß in der kurzen Zeit, die wir uns vorgenommen haben, nun alle Bereiche mit der Gründlichkeit behandelt werden, wie ich es gern sähe. Aber Sie können sicher sein, wir werden uns bemühen, das auch umzusetzen, was wir uns vorgenommen haben.

Wir müssen die notwendigen Sachentscheidungen treffen. Deshalb ist es falsch zu sagen, jetzt müsse der Bundestag aufgelöst werden. Das würde ich als eine Flucht vor den notwendigen Entscheidungen betrachten. Da kann man anderer Meinung sein, aber sich mit den getroffenen Entscheidungen vor den Wähler zu stellen ist nicht leichter, (Zurufe von der SPD: Wann?) ist wahrscheinlich schwerer, als zum jetzigen Moment zu wählen. Auch das sollte man nicht vergessen.

Wenn Sie wieder fragen, wann, muß ich erwidern: Ich bedaure, daß Sie überhört haben, daß ich klipp und klar gesagt habe, ich stünde zu dieser Vereinbarung. (Liedtke, SPD: Das heißt am 6. März 1983?) – Natürlich, davon gehe ich aus. Das ist ganz klar; das habe ich vorhin schon einmal gesagt, damit kein Irrtum entsteht. Ich habe vorhin schon deutlich gesagt, daß ich mich dazu bekenne, auch wenn ich persönlich eine andere Meinung habe. Aber ich habe das ganz klar gesagt, und dabei bleibe ich.

Gestatten Sie mir zum Abschluß noch zwei persönliche Worte. Herr Bundeskanzler, wir haben über lange Jahre sehr eng zusammengearbeitet. Ich schätze diese Arbeit. Ich respektiere Ihre Leistung. Ich stehe zu dieser Zusammenarbeit. Ich bin dankbar dafür. Daß wir jetzt getrennte Wege gehen müssen, gehört zur Demokratie. Um eines möchte ich Sie bitten: nicht zu vergessen, daß Sie und ich und alle in diesem Hause, diesem Staat, diesem Volk dienen wollen und daß deshalb Handlungen, die so oder so vorgenommen werden, unter diesem Gesichtspunkt und nicht unter anderen Gesichtspunkten zu sehen sind. Herzlichen Dank für diese Zusammenarbeit. (Beifall bei der FDP und bei Abgeordneten der CDU/CSU)

Herr Kollege Wehner, wir haben über 13 Jahre sehr schwere Entscheidungen treffen müssen. Wir haben manchmal allein vor Entscheidungen gestanden, ausgehend von völlig divergierenden Standpunkten, wenn ich an die Mitbestimmung denke. Und es ging um die Verträge, wo wir gemeinsame Grundlagen hatten. Es war immer ein persönlich faires Verhalten. Ich danke Ihnen dafür.

Wir haben bei den schwersten Interessengegensätzen Lösungen gefunden und sie gemeinsam durchgesetzt. Die Kompromisse haben später auch ihre Tragfähigkeit bewiesen. Ich habe Sie kennengelernt als einen fairen Partner, als einen Menschen, der in der Öffentlichkeit oft falsch dargestellt wird. Es tut mir weh, daß wir so auseinandergehen müssen. Herr Kollege Wehner, meine Hochachtung bleibt. (Beifall bei der FDP und der SPD)

Herr Kollege Kohl, wenn die Wahl so ausgeht, wie wir es wollen – ich bin überzeugt, sie geht so aus –, werden Sie einen fairen Partner haben, weil ich faire Partnerschaft als einen entscheidenden Teil der Glaubwürdigkeit dieser Demokratie ansehe.

(Anhaltender lebhafter Beifall bei der FDP – Die Abgeordneten der FDP erheben sich – Beifall bei der CDU/CSU)

Rede des Innenministers Gerhart Baum, FDP, am 1. Oktober 1982 vor dem Deutschen Bundestag:

Herr Präsident! Meine Damen und Herren! Was ich zu sagen habe, ist schmerzhaft für mich und schmerzhaft für andere. Dennoch hat diese Erklärung nicht zum Ziel, neue Wunden zu schlagen oder die aufgerissenen Gräben in meiner Partei oder in diesem Hause zu vertiefen. Ich meine: Notwendige Kritik an Liberalen muß von diesen selber kommen. Auch dies, Herr Mischnick, macht liberale Geschlossenheit aus, von der Sie mit Recht gesprochen haben.

Ich danke Ihnen, Herr Mischnick, für das Verständnis, das Sie bezeugt haben gegenüber dieser abweichenden Meinung. Sie haben eine liberale Haltung bekundet. Ich erweise Ihnen Respekt für Ihre Rede, auch wenn ich Ihre Schlußfolgerungen nicht teile, auch wenn ich den Weg, den Sie gehen, heute nicht mit Ihnen gehen kann. (Beifall bei Abgeordneten der FDP und bei der SPD)

Meine Fraktion hat mit Mehrheit entschieden. Was die unterlegene Minderheit bewegt, was große Teile der liberalen Partei bewegt, will ich deutlichzumachen versuchen. Denn ich bin der Meinung, was viele Menschen in diesem Lande bewegt, muß auch in diesem Parlament ausgesprochen werden, auch wenn es gegen die Mehrheit der eigenen Partei geht.

Viele in meiner Fraktion haben die Entwicklung, die zum heutigen Tag geführt hat, nicht gewollt. Manche von denen, die für die neue Koalition stimmen werden, tun dies, so vermute ich, nur deshalb, weil sie keinen anderen Ausweg mehr sehen.

Ich befürchte, meine Damen und Herren, das Bild, das Politik jetzt bietet, das Bild, das wir jetzt bieten, hat die Zahl derer vermehrt, die die politischen Parteien ablehnen. Darüber müssen wir uns doch Gedanken machen, daß es eine große Zahl in der Jugend gibt, die uns alle ablehnt.

Es werden bald noch mehr Bürger die politischen Parteien ablehnen, wenn es nicht gelingt, zurückzufinden zu glaubwürdigem Engagement für politische Inhalte, zu Eindeutigkeit und zu Klarheit. (Beifall bei Abgeordneten der FDP und bei der SPD – Zurufe von der CDU/CSU)

Wir haben Fehler gemacht. Auch ich habe Fehler gemacht. Wir hätten mehr tun müssen, entschlossener kämpfen müssen um den Erhalt der alten Koalition, in der sich liberale Identität weiter entfalten konnte. Der Konflikt zwischen unserer Loyalität zum Vorsitzenden der liberalen Partei und der Loyalität zu der liberalen Partei, für die wir in der alten Koalition gestanden haben, hat Kraft gefordert.

Meine Freunde und ich werden auch weiterhin in dieser liberalen Partei für liberale Politik eintreten.

Einige von unseren Freunden fragen sich allerdings, ob sie dies noch

können, und ich verstehe sie sehr gut. Ich bitte diese Freunde dennoch –
hier wie überall in der liberalen Partei –, sich nicht abzuwenden. Mir ist
wohl bewußt, wie bitter den vielen Engagierten zumute ist, die 1980 um
das Mandat für liberale Politik mit dem Bundeskanzler Helmut
Schmidt gekämpft haben.

Wir müssen den Wählern nicht sagen, meine Kollegen und Kolleginnen, was sie erwartet, wenn sie uns wählen. Die Verfassung gebietet das
nicht. Wenn wir aber den Wählern etwas versprechen, wenn wir ihnen
sagen, was wir mit ihren Stimmen machen wollten, müssen wir es auch
halten. (Beifall bei Abgeordneten der FDP und bei SPD) Und wenn wir
unser gegebenes Wort nicht halten können – und dafür kann es ja Gründe geben –, müssen wir die wirklichen Gründe nennen, die es uns unmöglich machen, zu dem zu stehen, was wir vorher gesagt haben.

Wir haben 1980 um Wähler für liberale Politik geworben. Wir haben
ihnen gesagt, was wir mit ihren Stimmen machen würden und mit wem
wir es machen würden: Liberale Friedenspolitik mit dem Ziel, die achtziger Jahre zu einem Jahrzehnt der Abrüstung zu machen; liberale
Wirtschaftspolitik mit dem Ziel, Selbstverantwortung und soziale Gerechtigkeit zu verwirklichen, wie wir das im Freiburger Programm vor
zehn Jahren im Sinne eines sozialen Liberalismus niedergelegt haben;
eine Umweltpolitik, die der Verantwortung für künftige Generationen
gerecht werden soll, und eine Rechtsstaatspolitik mit dem Ziel, mehr
Freiheit, mehr Gleichberechtigung für die Frau in unserer Gesellschaft
zu schaffen.

Die Rechtspolitik war eine Domäne der ganzen liberalen Partei. Sie
war immer die Partei der Bürgerrechte, diese liberale Partei. Sie hat
sich hier über Jahrzehnte hinweg engagiert, in der SPIEGEL-Affäre
wie in den großen rechtspolitischen Reformen. Meine ganze Partei hat
daran Anteil!

Nicht alle Ziele, Herr Bundeskanzler, sind in dieser Koalition erreicht worden; vieles ist unerledigt. Aber meine Freunde und ich meinen: Wir waren auf dem Wege. So haben wir die Supermächte an den
Verhandlungstisch gebracht; dies wird nicht reichen, um den Frieden
zu sichern, aber es war ein wichtiger Schritt, mit dem Liberale und Sozialdemokraten gezeigt haben, daß sie an der Friedensbewegung teilnehmen und sie eben nicht ausgrenzen.

Es war die Friedens- und Entspannungspolitik, es war die Deutschlandpolitik mit dem, was sie für die einzelnen Menschen an tatsächlichen Erleichterungen gebracht hat, um deretwillen wir schon in den
sechziger Jahren für die Koalition zwischen Liberalen und Sozialdemokraten gekämpft haben. Die Politik des Brückenschlags zwischen Ost
und West prägt das neue Bild von Politik – strahlend und mitreißend für
uns wie für viele andere.

Im Umweltschutz gab es harte Entscheidungen, präzise Eckwerte
für einschneidende Maßnahmen.

Wir haben wirklich mehr Demokratie gewagt, meine Damen und Herren, indem wir die Bürgerrechte beispielsweise nicht der öffentlichen Sicherheit untergeordnet haben. (Beifall bei Abgeordneten der FDP und bei der SPD) Junge Bürger, die sich für den öffentlichen Dienst bewerben, sollten nicht mehr einer Bürokratie des Mißtrauens unterworfen werden. Verfassungsschutzbehörden, die das Vertrauen der Bürger brauchen, ja, dringend brauchen, sollten heraus aus der Zone des allgemeinen Mißtrauens. Den Rechtsstaat ausbauen hieß deshalb für die alte Koalition, für Herrn Kollegen Schmude und für mich, Vernunft und Augenmaß auch dort durchzusetzen, wo bürokratische Pauschalierung bisher Freiheit und Vernunft behindert haben.

Ich muß leider feststellen: Die Vereinbarung, die meine Partei mit CDU und CSU getroffen hat, bedeutet nicht den Ausbau des Rechtsstaats.

Liberale Rechtsstaatspolitik ist zur Disposition gestellt worden. (Sehr wahr! bei der SPD) Sie wird in den Koalitionsvereinbarungen unter Sonstiges abgehandelt. (Zuruf von der SPD: Unglaublich!)

Die liberalen Zielsetzungen, mit denen wir 1980 um Wähler geworben haben, werden fallengelassen oder ausgeklammert. Dies ist enttäuschend für alle, die wie ich liberale Identität verletzt fühlen. Ich nehme an, das ist enttäuschend für die ganze liberale Partei.

Enttäuschend ist auch, daß für den Umweltschutz eindeutige Festlegungen fehlen. In der neuen Koalition Zugeständnisse zu machen, die dem alten Koalitionspartner verweigert worden sind – dieses Prinzip hat jedenfalls teilweise die Einigung im Bereich der Wirtschafts- und Sozialpolitik bestimmt. Aber eine inhaltliche Begründung kann auch diese Einigung nicht sein, schon deshalb nicht, weil wir niemandem zu erklären vermögen, warum wichtige Abweichungen von früheren Festlegungen nicht schon dem alten Koalitionspartner zugestanden werden konnten. Allerdings muß ich hinzufügen, meine Damen und Herren von der Sozialdemokratischen Partei: Sie haben es uns manchmal verdammt schwer gemacht. (Zuruf von der SPD: Sie uns auch!) Es gab auch in Ihrer Partei eine Fülle von unterschiedlichen Meinungen, und der Bundeskanzler hat manchmal um Ihr Vertrauen werben müssen. Ich hätte mir gewünscht, daß das nicht so hätte sein müssen, daß Sie ihm das Vertrauen von selbst gegeben hätten.

Für die neue Koalition fehlt deshalb für meine Freunde und mich die inhaltliche Begründung. (Sehr wahr! bei der SPD) Es fehlt aber auch die politische Legitimation, nicht die juristische, die verfassungsrechtliche – sie ist unbestritten – für die Abkehr vom Wählerauftrag. Auch die letzte Wahl in Hessen kann nicht eine solche Legitimation sein; dann hätte man die Wahl anders führen müssen. Wenn man in Hessen die angeblich neue Mehrheit zum Thema gemacht hat, wie das geschehen ist, muß man zur Kenntnis nehmen, daß der Wähler diese neue Mehrheit nicht bestätigt hat.

Walter Scheel sagte hier vor zehn Jahren beim ersten Mißtrauensantrag gegen einen Bundeskanzler der sozialliberalen Koalition – ich zitiere:

«Höchster Maßstab der Gewissensprüfung müssen aber die Achtung vor dem Votum der Wähler, die Funktionsfähigkeit des demokratischen Systems und das Ansehen der politischen Parteien sein.»

Das kann man auch heute so stehenlassen, meine Damen und Herren.

Wolfgang Mischnick hat hier in beeindruckender Weise hervorgehoben, daß der Bundeskanzler die alte Koalition beendet hat und wie er sie beendet hat. Ich möchte sagen: Das hat mich auch berührt. Ich war Mitglied in diesem Kabinett und hätte mir eine andere Form der Beendigung gewünscht. Ich füge aber hinzu, daß auch wir diese Koalition zerrüttet haben. In beiden Parteien gibt es Verantwortliche für diesen Prozeß.

Nach der Entscheidung des Bundeskanzlers hätte dies in Bonn die Stunde des Wählers sein müssen. Die liberale Partei hat den Wählern erklärt: wer FDP wählt, garantiert, daß Helmut Schmidt Bundeskanzler bleibt. Wenn dies – und sonst säßen wir ja heute nicht hier – nicht die Stunde des Wählers sein konnte – wir sind in der Minderheit geblieben in unserer Partei –, dann hätte dies die Stunde des Parlaments sein müssen und für Liberale gerade nicht die Stunde der Regierungsbeteiligung. (Beifall bei Abgeordneten der FDP) Daß sich eine Opposition auch durch Zusammenarbeit mit der Regierung darstellen und entfalten kann, hält in unserem Lande kaum jemand für möglich. Es ist aber eine Alternative. Und es wäre gut für das Ansehen der politischen Parteien, wenn diese Alternative auch in diesem Parlament deutlicher würde. Wenn dies also weder die Stunde des Wählers noch die des Parlaments sein konnte, sind also Neuwahlen nach der Regierungsbildung die einzige Chance für einen neuen Anfang.

Und ich stimme allen denen zu, die heute früh gesagt haben: Gerade dieser neue Anfang darf nicht im Zwielicht stehen. Ohne Klarheit und Eindeutigkeit über den Neuwahltermin läßt sich verlorenes Vertrauen nicht zurückgewinnen. Zweifel, ob Neuwahlen nach dem Grundgesetz überhaupt möglich sind, müssen so schnell wie möglich ausgeräumt werden.

Es ist also das Verfahren, das zu dieser Regierungsbildung geführt hat, und die neue Politik des Ausklammerns liberaler Inhalte, die entscheidend das „Nein" zum konstruktiven Mißtrauensvotum für mich und meine Freunde geprägt haben. Aus diesen Gründen können wir Ihnen, Herr Bundeskanzler Schmidt, das Mißtrauen nicht aussprechen. Deshalb können wir Sie, Herr Kohl, nicht zum neuen Bundeskanzler wählen. Wenn mit der Union liberale Politik möglich wird, gibt es auch für uns keine grundsätzlichen Probleme für eine Zusammenarbeit mit ihr.

Wir wollen weiter für die Ziele eintreten, für die wir gewählt worden sind. Die Abkehr vom Wahlversprechen 1980 kann für uns nicht bedeuten, daß Liberale nicht mehr zu den Inhalten stehen, für die sie gewählt sind. Hier täuschen Sie sich bitte nicht, meine Damen und Herren von den anderen Fraktionen: Wir Liberale stehen im großen und ganzen viel geschlossener zu diesen liberalen Inhalten, die wir beschlossen haben, als dies vielleicht in diesem Moment sichtbar wird. (Beifall bei der FDP)

Betrachtet man die Koalitionsvereinbarungen und die vorgesehenen Personen, so bestehen Zweifel, ob die neue Koalition „im Zweifel für die Freiheit" eintreten wird. Daß ein Bundesinnenminister Zimmermann, der unsere Politik bekämpft hat, nunmehr eben diese Politik fortsetzen wird, daran können viele nicht glauben; soll ja auch niemand glauben, mit Verlaub, Herr Kollege Zimmermann, Sie haben eine andere Politik vertreten. (Beifall bei Abgeordneten der FDP und bei der SPD – Dr. Zimmermann, CDU/CSU: Gott sei Dank!) Wir werden jedenfalls den neuen Bundesinnenminister auffordern, nicht zu verheimlichen, was er zu tun gedenkt, in diesem Parlament zu berichten, was er aufheben will im Bereich der Amtshilfereform und des Datenschutzes, im Sicherheitsbereich, um nur zwei Ausschnitte zu nennen, in denen der Freiheitsraum der Bürger erweitert worden ist.

Wir meinen: Die Zukunft des Liberalismus liegt nicht in der Rückkehr zu den sechziger Jahren. Sie liegt in der besonderen Sensibilität für die politischen Ansprüche der Bürger, die selbst Unruhe in dieser Gesellschaft sind, die selbst die freiheits- und zukunftsfeindlichen Verkrustungen aufbrechen und überwinden wollen. Und wir meinen: Die Friedensbewegung und die Menschen, die sich bei den Alternativen zusammenfinden, sind mehr als ein Ausdruck des Unwillens. Sie haben entscheidende Defizite offenkundig gemacht, auch im Umgang zwischen Staat und Bürgern, zwischen Parteien und Politikern untereinander. Der Mangel an partnerschaftlichem Verhalten, meine Kolleginnen und Kollegen, hat viele sensible Bürger abgestoßen und das Bild von Politik überhaupt in Frage gestellt. Die Politik von morgen braucht deshalb vor allem eines: Übereinstimmung von Reden und Handeln, von Person und Sache.

Das Verfahren, das zu der beantragten Abwahl des Bundeskanzlers Helmut Schmidt geführt hat, so befürchten wir, kann eine Veränderung der politischen Kultur in diesem Lande bewirken. (Zurufe von der CDU/CSU) In diesem Augenblick sich der Folgen bewußt zu sein, darum möchte ich Sie, meine Kolleginnen und Kollegen, auch im Namen meiner Freunde in dieser Stunde herzlich bitten. (Beifall bei Abgeordneten der FDP – lebhafter Beifall bei der SPD)

Rede der FDP-Abgeordneten Hildegard Hamm-Brücher am 1. Oktober 1982 vor dem Deutschen Bundestag:

Herr Präsident! Meine sehr geehrten Kolleginnen und Kollegen! Es sind drei Gründe, die mich zu einer Wortmeldung neben Gerhart Baum veranlaßt haben, mit denen ich ausdrücken möchte, was mich zu meinem Abstimmungsverhalten bestimmt hat.

Zum einen, meine sehr geehrten Kolleginnen und Kollegen, möchte ich öffentlich machen, daß es bei dem Dissens innerhalb meiner Fraktion nicht um eine Kontroverse zwischen dem sogenannten rechten und linken Flügel meiner Partei handelt, sondern um eine sehr grundsätzliche Auseinandersetzung, die über inner- und zwischenparteiliche Kontroversen hinausgeht und – Sie haben es ja alle gespürt – in Grundfragen unseres Demokratie- und Parlamentsverständnisses hineinführt. Es geht um die Grundfrage, ob die Abgeordneten einer Fraktion und insoweit sind nur wir betroffen, die mit einer klaren Koalitionsaussage für eine Koalition und gegen eine andere ein hohes Wahlergebnis erzielt haben, ob diese Abgeordneten nach zwei Jahren, entgegen diesem Versprechen, einen Machtwechsel ohne vorheriges Wählervotum herbeiführen dürfen.

Für mich persönlich muß ich diese Frage nach langer und schwerer Gewissensprüfung mit einem klaren Nein beantworten. (Beifall bei Abgeordneten der FDP und bei der SPD) Ich habe dies – und auch meine Kollegen von der CDU/CSU wissen das – ich habe dies von allem Anfang an so gesehen und auch in meiner Fraktion so vertreten.

So betrachtet, ist ein Regierungswechsel für uns, die Liberalen, eben doch keine natürliche Sache, und daher greift der Vergleich mit dem Jahr 1966 auch nicht, denn damals lag ja keine Koalitionsaussage der betroffenen Parteien vor. (Beifall bei Abgeordneten der FDP und bei der SPD – Widerspruch bei der CDU/CSU) So gesehen, ist der Regierungswechsel für uns, die Liberalen, ein schmerzhafter Gewissenskonflikt. Partei- und Fraktionssolidarität, die Loyalität zu dem Vorsitzenden, für mich persönlich vielleicht auch den freiwilligen Verzicht auf ein sehr schönes und ein sehr wichtiges Amt, dieses alles steht versus persönlicher und politischer Verantwortung, Zuverlässigkeit, Glaubwürdigkeit.

Ich bedauere zutiefst, daß der politische Liberalismus, dem ich wie Wolfgang Mischnick seit fast 35 Jahren mit Kopf und Herz verbunden bin, über diesem Konflikt in eine so schwere Existenzkrise geraten ist, und ich werde alles in meinen Kräften Stehende versuchen, daß wir diese Krise überstehen. Auch deshalb stehe ich heute hier. Aber nicht nur das. Der Vorgang, den heute jeder Bürger vor dem Fernsehschirm miterleben kann, ist mehr als nur ein liberaler Familienkrach für oder gegen einen Machtwechsel. Er betrifft das Ansehen unseres Parlaments, der parlamentarischen Demokratie überhaupt. Hier liegt, verehrte Kollegen, der zweite Grund für meine persönliche Wortmeldung. Wir alle beklagen ja gemeinsam den Vertrauensschwund, vor allem bei der jungen Generation, und wir alle denken darüber nach, wie wir das ändern können, und wir alle haben die Pflicht, daraus dann auch Konsequenzen zu ziehen. Ich glaube, wir dürfen nicht die Augen davor verschließen, wie wenig gefestigt unsere Demokratie immer noch ist und wie wenig überzeugend es für unsere Bürger ist, wenn in unserem Parlament immer nur vorgestanzte Partei- und Fraktionsmeinungen vom Blatt gelesen werden. Deshalb sollten wir alle – und ich möchte hier einmal sagen: liebe Freunde – der persönlichen Meinung und Verantwortung des gewählten Abgeordneten wieder mehr Gewicht beimessen und sie zu Gehör bringen. Deshalb sollten wir auch in so heiklen Augenblicken wie diesem offener und spontaner miteinander diskutieren und um die bestmöglichen Lösungen ringen. (Beifall bei Abgeordneten der FDP und bei der SPD) Aus diesem Grunde möchte ich stellvertretend für viele Freunde und Mitbürger erklären, daß nach meiner Überzeugung der Weg über das Mißtrauensvotum zwar neue Mehrheiten, aber kein neues Vertrauen in diese Mehrheiten schafft. Und dies wird sich, so fürchte ich, um so abträglicher auswirken, als das, wie sich herausstellt, ungeprüft gegebene Wahlversprechen für den Monat März nächsten Jahres offenbar nicht eingehalten werden kann.

Der dritte Grund für meine Wortmeldung ist ein offener Protest gegen das, was man da von mir verlangt. Und ich würde es übrigens im umgekehrten Fall, Herr Kollege Kohl, nicht anders halten. Ganz gewiß sind Koalitionen für mich kein Dogma und ganz sicher auch nicht die Koalition zwischen Sozial- und Freien Demokraten, die während 13 Jahren der Zusammenarbeit unbestritten heute auch Verschleißerscheinungen und Defizite aufweist, die Diskussion hat das ja offenkundig gemacht.

Dennoch, Kolleginnen und Kollegen, vermag ich dem Kanzler dieser Koalitionsregierung nicht das Mißtrauen auszusprechen, nachdem ich ihm doch erst vor ganz wenigen Monaten das Vertrauen ausgesprochen habe. (Lebhafter Beifall bei Abgeordneten der FDP und bei der SPD) Auch kann ich doch nicht ihm allein das Mißtrauen für seine Regierungstätigkeit aussprechen und unsere eigenen vier Minister, ja mich selber, dabei aussparen. Ich kann dem Bundeskanzler nicht mein Mißtrauen aussprechen, nachdem ich noch bis vor zwei Wochen mit ihm und seinen Ministern, mit meinen Kollegen, uneingeschränkt loyal und vertrauensvoll zusammengearbeitet habe, wofür ich mich bei Ihnen in diesem Augenblick noch einmal persönlich sehr herzlich bedanken möchte.

Ich möchte Sie – damit möchte ich eigentlich schließen – um Verständnis für diese Position, vielleicht sogar um Verzeihung bitten. Vielleicht ist das eine typisch weibliche Reaktion, davon war ja in den letzten Tage auch viel die Rede. Ganz gewiß verstehe ich sie persönlich als eine christliche Reaktion.

Ich finde, daß beide dies nicht verdient haben, Helmut Schmidt, ohne Wählervotum gestürzt zu werden, und Sie, Helmut Kohl, ohne Wählervotum zur Kanzlerschaft zu gelangen.

Zweifellos sind die beiden sich bedingenden Vorgänge verfassungskonform, aber sie haben doch nach meinem Empfinden das Odium des verletzten demokratischen Anstands. Sie beschädigen, und das entnehme ich so vielen Zuschriften sehr ernsthafter Menschen in diesem Jahr, quasi – – (Dr. Jenninger, CDU/CSU: Wir haben doch auch Wähler, gnädige Frau!) – für Sie mag das, Herr Kollege Jenninger, auch gar nicht so relevant sein, wie das für uns in unserer Gewissensentscheidung ist. Diese beiden Vorgänge haben nach meinem Empfinden also das Odium des verletzten demokratischen Anstands. Sie beschädigen quasi die moralisch-sittliche Integrität von Machtwechseln. (Beifall bei Abgeordneten der FDP und bei der SPD – Dr. Kohl, CDU/CSU: Das ist ein Skandal!) Ich sehe das so, es tut mir leid. Sie sehen es anders und haben es auch gesagt – ich meine, daß darauf kein Segen liegen kann. (Dr. Kohl, CDU/CSU: Es ist skandalös, daß Sie die Verfassung als unmoralisch bezeichnen!) Mit beidem sollten wir sehr behutsam umgehen, meine Damen und Herren, angesichts unserer immer noch schwach entwickelten politischen Kultur.

Vor gerade zwei Jahren hat der Wähler eindeutig zugunsten der sozialliberalen Koalition entschieden. Deshalb müssen wir ihn fragen, bevor wir dies ändern. (Beifall bei Abgeordneten der FDP – Lebhafter Beifall bei der SPD)

Bereits erschienen:

Der Minister und der Terrorist
Gespräche zwischen Gerhart
Baum und Horst Mahler

Überlebensgroß Herr Strauß
Ein Spiegelbild – Heraus-
gegeben von Rudolf Augstein

Ariane Barth/Tiziano Terzani
Holocaust in Kambodscha

Hans Werner Kilz (Hg.)
Gesamtschule
Modell oder Reformruine?

Renate Merklein
Griff in die eigene Tasche
Hintergeht der Bonner
Sozialstaat seine Bürger?

Werner Meyer-Larsen (Hg.)
Auto-Großmacht Japan

Marion Schreiber (Hg.)
Die schöne Geburt
Protest gegen die Technik
im Kreißsaal

Wolfgang Limmer
**Rainer Werner Fassbinder,
Filmemacher**
(erweit. Neuaufl. Sept. 1982)

Fritjof Meyer
**China – Aufstieg und Fall
der Viererbande**

Hans Halter (Hg.)
Vorsicht Arzt!
Krise der modernen Medizin

Adam Zagajewski
Polen
Staat im Schatten der
Sowjetunion

Paul Lersch (Hg.)
Die verkannte Gefahr
Rechtsradikalismus in der
Bundesrepublik

Hans-Dieter Degler (Hg.)
Vergewaltigt
Frauen berichten

Michael Haller (Hg.)
Aussteigen oder rebellieren
Jugendliche gegen Staat
und Gesellschaft

Wilhelm Bittorf (Hg.)
Nachrüstung
Der Atomkrieg rückt näher

Timothy Garton Ash
**Und willst du nicht
mein Bruder sein. . .**
Die DDR heute

Werner Harenberg
Schachweltmeister

Jürgen Leinemann
Die Angst der Deutschen
Beobachtungen zur
Bewußtseinslage der Nation

Rolf Lamprecht
Kampf ums Kind
Wie Richter und Gutachter
das Sorgerecht anwenden

Jochen Bölsche (Hg.)
Natur ohne Schutz
Neue Öko-Strategien
gegen die Umweltzersstörung

Edward M. Kennedy/
Mark O. Hatfield
Stoppt die
Atomrüstung

Walter Gloede/
Hans-Joachim Nesslinger (Hg.)
Fußballweltmeisterschaft

Jörg R. Mettke (Hg.)
Die Grünen
Regierungspartner von morgen?

Joachim Schöps (Hg.)
Auswandern
Ein deutscher Traum